Guía del Explorador

Guiando a los niños en dirección a Cristo

CENTINELA

SCOUT

CARAVANA

MANUAL OFICIAL DE LOS LÍDERES DE LA CARAVANA EXPLORADORES

GUÍA DEL EXPLORADOR NAZARENO

Manual Oficial de Líderes de la Caravana Buscadores

CARAVANA

EQUIPO CREATIVO
Angela Raker, Donna Manning, Peter Shovak, Suzanne M. Cook

ESCRITORES
David Hutsko, Jennifer George, Eric Wright, Stephanie Harris, Suanne M. Cook

Suzanne M. Cook, *Editor*
Kathy Lewis, *Editor*
Stephanie D. Harris, *Editor Asociado*
Beula J. Postlewait, *Editor Ejecutivo de Ministerio de Niños*
Lynda T. Boardman, *Director de Ministerio de Niños*
David W. Graves, *Editor jefe*
C. Hardy Weathers, *Publicista*
Blaine A. Smith, *Director de WordAction*

Yadira Morales, *Traductora*
Bethany Cyr *Maquetador*

FOTOS
Fotographias de Audrey Williamson, Buddie Robinson, Harmon Schmelzenbach, y Phineas F. Bresee son de los Archivos Nazarenos, Global Ministry Center, 17001 Prairie Star Parkway, Lenexa, KS 66220, USA

ART POR EQUIPO DE DESEÑO DE NPH

Translated and contextualized from Caravan Explorer Leaders Guide Copyright © 2004 Published by WordAction Publishing Company, A division of Nazarene Publishing House, Kansas City, Missouri 64109 USA

This Spanish edition was published by arrangement with Nazarene Publishing House

Publicado y distribuido por Ministerios de Discipulado, Mesoamerica Region

www.MieddRecursos.Mesoamericaregion.org

Copyright © 2019

ISBN: 978-1-63580-089-0

Todos los versículos de las Escrituras que se citan son de la Biblia NVI a menos que se indique lo contrario.

Impreso en EE.UU.

CONTENIDO

Capítulo 1

Una Introducción al Programa Caravana

El Programa Caravana - Una Visión General

"Y Jesús crecía en sabiduría, en estatura y en gracia ante Dios y los hombres." (Lucas 2:52)

El propósito de la Caravana es ayudar a los niños en edad primaria a crecer mental, física, espiritual y socialmente. Caravana es un tiempo para que los niños aprendan cómo pueden ser el tipo de personas que Dios quiere que sean en todas las áreas de sus vidas. También ayuda a los niños a desarrollar una apreciación y comprensión del patrimonio y las creencias Nazarenas.

Caravana es una organización tipo exploración que se reúne una vez a la semana, por lo general en la noche del miércoles. Los niños son asignados a uno de los tres grandes grupos - Buscadores (primer y segundo grado), Exploradores (tercer y cuarto grado) y Aventureros (quinto y sexto grado) - según su grado en la escuela. Cada grupo está bajo la dirección de uno o más líderes adultos que son llamados "guías" y guías asistentes.

El programa Caravana Exoploradores incluye niños y niñas de tercer y cuarto grado. El programa ha sido diseñado para satisfacer las necesidades de la organización, tanto de la iglesia pequeña y la iglesia grande.

El plan utilizado por tu iglesia local será determinado por el director local de Caravana, el Equipo de Liderazgo de Caravana, y el Consejo de Ministerio Infantil. Las siguientes páginas le brindarán más información sobre cómo organizar su Programa Caravana.

¡Qué es Caravana?

Caravana es un ministerio semanal diseñado para ayudar a los niños en los grados 1ro a 6to, a crecer mental, física, social y espiritualmente.

Caravana enfatiza los siguientes cuatro elementos:

1. Basado en la Biblia

El versículo Bíblico y el punto Bíblico se incluyen como la base de cada insignia.

2. Formación Espiritual

Se estudian ocho valores centrales (características cristianas) ilustrados por personalidades ejemplares durante los años 3-6 (dos valores principales por año).

Valores Fundamentales

Año 3:

Santidad – Phineas F Bresee – fundador de la Iglesia del Nazareno

Evangelismo – Buddie Robinson – evangelista en la Iglesia del Nazareno

Año 4:

Misiones – Harmon Schmelzenbach – misionero en África

Carácter Cristiano – Audrey Williamson – conocido orador que citó pasajes de las Escrituras

Año 5:

Servicio – R. W. Cunningham – fundó una escuela afroamericana en West Virginia.

Compasión – James P. Roberts – fundó Rest Cottage, hogar para madres solteras.

Año 6:

Trabajo – John Benson – presidente de una empresa

Educación – Olive Winchester – maestra y presidenta de la universidad

3. Patrimonio Nazareno

Caravana ayuda a los niños a aprender sobre la rica herencia y doctrina de la Iglesia del Nazareno y la importancia de cumplir con la Gran Comisión.

- Declaraciones de "Yo Creo"
  A través de las escrituras, las lecciones y actividades, los buscadores aprenden las declaraciones de "Yo creo".

- Artículos de Fe
  Los Exploradores y Aventureros aprenden los 16 Artículos de Fe de la Iglesia del Nazareno.

4. Aplicación de la Vida

Caravana ayuda a los niños a desarrollar habilidades que pueden usar a lo largo de la vida. Estas habilidades ayudan con la vida cotidiana práctica y también fortalecen la vida espiritual de los niños.

5. Oportunidades de Ministerio

Caravana les permite a los niños usar las habilidades que aprenden participando en proyectos de ministerio. Esto ayuda a los niños a darse cuenta de su autoestima y les da un sentido de pertenencia en la familia de su iglesia. En las guías de sus líderes, en la sección "ir, Servir", encontrarás que cada proyecto incluye 3 niveles opcionales de participación. Selecciona el nivel que mejor se adapte a los niños en tu ministerio y que los visitantes se sientan cómodos. Considera alternar entre los niveles para ofrecer una variedad interesante de oportunidades de ministerio.

6. **Desarrollo de Habilidades**

Caravana ofrece experiencias prácticas para ayudar a los niños a descubrir y utilizar sus talentos y habilidades únicas en su vida personal y familiar, la iglesia y su comunidad.

¿Cómo Comenzar un Programa de Caravana?

1. **Designar a un Director Local de Caravana**

El director local es la clave para un exitoso ministerio de Caravana. Designa un director que sea organizado, que trabaje bien con las personas y que pueda facilitar el trabajo.

El director de la Caravana es nombrado por un año. El director trabajará con el pastor / director de niños para desarrollar un equipo de liderazgo de guías y asistentes. Al final del año, el director puede ser reelegido o se puede nombrar un nuevo director.

2. **Aprende Sobre Caravana**

El director local debe aprender sobre el ministerio Caravana.
- Leer los capítulos introductorios de cada Guía del Líder.
- Consultar el Guía del Líder y los libros del alumno para familiarizarse con los grupos, rangos e insignias.

3. **Determinar tu Enfoque**

Hay dos enfoques básicos para Caravana
- **Caravana, el Enfoque del Movimiento Scout Cristiano**

Los niños ganan insignias y premios para exhibir en bufandas o fajines. Los niños pueden ganar ocho o más insignias de habilidad durante el año Caravana: dos insignias de cada categoría: mental, social, espiritual y física. La iglesia local decide que insignias enseñar en cada categoría. Los niños que cumplan con los requisitos de cada año obtendrán la prestigiosa Medalla al Premio Phineas F. Bresee como un alumno de sexto grado.

- **Caravana, el Enfoque de la Actividad**

Los niños participan en proyectos para adquirir habilidades y conocimientos, para tener la oportunidad de la formación espiritual y el discipulado, y para participar en proyectos de ministerio. Insignias, premios y uniformes son incentivos para fomentar la excelencia en la participación.

4. **Selecciona Guías**

Selecciona un guía y un asistente para cada grupo de niños. Los guías son nombrados por un año. Sigue los procedimientos de

7

detección y seguridad de tu iglesia al seleccionar y aprobar cada guía.

Entrega a cada guía un Guía del líder y un Libro del Alumno y habla con ellos sobre sus responsabilidades.

5. Materiales

Cada Guía necesitará:

a. Guía del Líder
b. Manual del Estudiante
c. Formulario de Registro Individual de Seis Años: para cada niño (se encuentra en la Guía del líder)

Cada estudiante necesitará:

a. Manual del Estudiante
b. 1 bufanda Caravana y pañuelo de la bufanda (buscador)
c. 1 Fajín Caravana (Explorador y Aventurero)
d. 1 Pin de Rango
e. 1 pin de logotipo de Caravana

6. Planifica el Año

El director de Caravana, los guías y los asistentes forman el Equipo de Liderazgo Caravana. Este equipo debe reunirse antes del comienzo del año de la Caravana para planificar tentativamente todas las actividades y eventos. El comité también debe reunirse antes del comienzo de cada trimestre para finalizar los planes para ese trimestre.

7. Promover el Ministerio

El Equipo de Liderazgo Caravana es responsable de mantener a la iglesia, a los padres, a los niños y a la comunidad informados sobre todos los aspectos del ministerio Caravana.

8. Registra a los Niños

Establece una fecha y hora definidas para que los niños se registren y los padres paguen la tarifa de registro. El método que tu iglesia local usa para financiar el ministerio Caravana determinará si tú cobras o no una tarifa de registro y el monto de la tarifa.

9. Planifica una Caravana para Niños

Puedes tener un ministerio amigable para los niños al proporcionar una atmósfera que refleje la emoción de las actividades prácticas, el desafío de aprender nuevas habilidades y la alegría de compartir el amor de Dios con los demás.

Como cada sesión de la insignia es independiente, todos los niños, incluidos los visitantes, pueden irse a casa todas las noches con una sensación de logro.

Todos son bienvenidos en Caravana. Un saludo cordial y un aula con una decoración atractiva invitará a los Caravaneros a expresar su creatividad. Los niños felices y seguros a su vez reclutarán nuevos niños Caravana para este ministerio.

¿Cómo Organizar un Ministerio de Caravana?

1. Grupos de Caravana

Los niños de Caravana se organizan en tres grupos: Buscadores, Exploradores y Aventureros. Cada grupo se divide en dos niveles de grado y a cada nivel se le asigna un rango.

Buscador	Año 1	Cazador
	Año 2	Investigador
Explorador	Año 3	Centinela
	Año 4	Scout
Aventurero	Año 5	Descubridor
	Año 6	Pionero

Caravana puede satisfacer las necesidades de cada grupo de tamaño. Puedes organizar tu ministerio de las siguientes maneras.

Comienza Con Un Grupo Y Agrega Un Nuevo Grupo Cada Año

- *El Primer Año*

Comienza con el grupo Buscador para los alumnos de primero y segundo grado. Los Buscadores completan el rango de Cazador el primer año.

- *El Segundo Año*

Este año, los Buscadores completan el rango de Investigador. Comienza el ministerio del grupo para los alumnos de tercer y cuarto grado. Los Exploradores trabajan en el rango de Centinela.

- *El Tercer Año*

Continúa operando los ministerios de Buscador y Explorador. Presenta el grupo de Aventureros para los estudiantes de quinto y sexto grado. Los Aventureros trabajan en el rango de Descubridor.

Grupos Pequeños de Caravana

Se puede operar un ministerio completo de Caravana en tres aulas con tres guías y guías asistentes.

- *Buscador* (1 clase, 1 guía, 1 asistente de guía)

Combina a niños y niñas de primer y segundo grado en una clase con un guía y un asistente. El primer año los niños completan el rango de Cazador. El segundo año trabajan en el rango de Investigador.

- *Explorador* (1 clase, 1 guía, 1 asistente de guía)

Combina a niños y niñas de tercer y cuarto grado en una clase con un guía y un asistente. El primer año los niños completan el rango de Centinela. El segundo año trabajan en el rango Scout.

- *Aventurero* (1 clase, 1 guía, 1 asistente de guía)

Combina a niños y niñas de quinto y sexto grado en una clase con un guía y un asistente. El primer año los niños completan el rango de Descubridor. El segundo año trabajan en el rango de Pionero.

Grupos Medianos de Caravana

Los grupos medianos se pueden dividirse por grado o por género (un grupo de niños y un grupo de niñas). Cada director junto con el Equipo de liderazgo de Caravana toma la decisión de dividir por grado o por género. Por ejemplo:

- *Buscador* (2 clases, 2 guías, 2 guías asistentes)
  1. Dividido por Nivel de Grado
     a. Niños y niñas de primer grado
     b. Niños y niñas de segundo grado
  2. Dividido por Género
     a. Niños de primer y segundo grado
     b. Niñas de primer y segundo grado

Una vez que decidas si dividir por grado o género, usa el mismo esquema para el resto de las calificaciones.

Grandes Grupos de Caravana

Los grupos grandes se pueden dividir por grado y género. Por ejemplo:

- Buscador (4 clases, 4 guías, 4 guías asistentes)
  1. Clase de niños de primer grado
  2. Clase de niñas de primer grado
  3. Clase de niños de segundo grado
  4. Clase de niñas de segundo grados

Continúa con el mismo esquema para el resto de los grados.

Reuniones Semanales

Caravana a menudo se lleva a cabo el miércoles por la noche durante la escuela el año escolar de 9 o 10 meses. Sin embargo, este ministerio se puede llevar a cabo cualquier día de la semana. Las reuniones pueden durar 60 o 90 minutos.

60 Minutos	Actividad	90 Minutos
10 Minutos	Apertura del grupo	15 Minutos
45 Minutos	Proyectos de Insignia Revisión de las declaraciones de "Yo Creo" o Artículos de Fe y Valores Fundamentales	65 Minutos
5 Minutos	Cierre de Clase	10 Minutos

1. **Apertura Grupo**

   Las aperturas de grupo pueden incluir cualquiera de los siguientes:
   - Promesas a las banderas nacionales y Cristianas y la Biblia
   - Lema de la Caravana
   - Devocional
   - Oración
   - Anuncios
   - Canción

2. Proyectos de Insignia

Los guías ayudan a los niños a aprender cada habilidad a través de actividades prácticas. Los niños ganan ocho insignias durante el año.

3. Declaraciones "Yo Creo"/Artículos de Fe y Valores Fundamentales

Los Buscadores trabajan en las declaraciones de "Yo Creo" y los Exploradores y Aventureros trabajan en Artículos de Fe. Hay información en los libros del alumno y en los guías del líder para ayudarle a enseñarles.

Un Valor Fundamental se enfatiza en cada insignia. Durante el año, los niños aprenderán dos Valores Fundamentales y cuatro Artículos de Fe.

4. Clausura

Los cierres brindan un momento ideal para que los niños desarrollen habilidades de liderazgo al planificar y participar. Los cierres pueden incluir cualquiera de los siguientes:

- Anuncios
- Versículo de la Biblia
- Revisión del proyecto de insignia
- Promesas
- Lema de la Caravana/Propósito
- Declaraciones de "Yo Creo"/Artículos de Fe/Valores Fundamentales
- Historia
- Oración
- Skit
- Ceremonia de iluminación de la vela de la Caravana

Líderes Caravana

El director y los guías de Caravana son clave para el éxito de Caravana. Establecen el tono y toman decisiones importantes sobre como conducir el ministerio local.

Número de Trabajadores Necesarios

- **Director de Caravana**

El director local recluta guías, asistentes y otros trabajadores para ayudar a planificar y supervisar el ministerio. El director ordena materiales y es el presidente del equipo de liderazgo de Caravana.

- **Asistente de Director** (Opcional)

Un asistente de dirección sería útil en las iglesias con una gran asistencia en el ministerio de Caravana.

- **Guías**

Necesitas un guía y un asistente para cada clase de seis a ocho niños.

- **Guías A**sistentes

La guía asistente ayuda a la guía con actividades y sustitutos cuando la guía está ausente.

Tenencia de los Trabajadores

Todos los trabajadores de Caravana son nombrados por un año. Al final del año, cada trabajador y director debe evaluar la experiencia de los años y decidir si continuarán en este ministerio. Algunos guías eligen trabajar con un grupo de edad diferente.

11

Calificaciones para los Trabajadores

- Un Cristiano nacido de nuevo que testifica la experiencia de la salvación.
- Un Cristiano que busca o puede testificar de la experiencia de la entera santificación
- Una persona que establece un ejemplo de asistencia regular a los servicios de la iglesia local.
- Una persona que mantiene una oración regular y una vida devocional.
- Un Cristiano que continúa creciendo y madurando espiritualmente
- Una persona de al menos 20 años para ser director o guía. Asistentes y ayudantes pueden ser más jóvenes.

Compromiso de Tiempo

- Pasar tiempo preparándose para la reunión semanal.
- Llegar lo suficientemente temprano para tener todos los materiales listos cuando el primer niño ingrese a la habitación.
- Permanecer con los niños hasta que los padres los recojan.
- Asistir a las sesiones de planificación convocadas por el director.
- Asistir a eventos de capacitación locales y distritales. (Si está disponible)

Métodos de Reclutamiento

- Orar sobre la posición que necesitas llenar
- Seleccionar personas que serían buenos trabajadores. Si es posible, selecciona personas que no sean enseñando en la escuela dominical u otros ministerios para niños.
- Haz una cita para hablar con la persona individualmente
- Reúne los materiales que el potencial trabajador pueda ver. Incluye una copia de un Guía del líder y un libro del alumno para el grupo de edad que la persona enseñará.
- En la reunión, presenta los materiales a la persona y explica cómo usar los libros. Pídele a la persona que estudie los materiales y ore por la decisión. Establece un tiempo para hablar nuevamente con la persona.
- Ponte en contacto con la persona y responde cualquier pregunta que pueda tener la persona. Pídeles su decisión. Si la persona dice "No", agradéceles por considerar el puesto. Si dicen "Sí", proporciónales información sobre sesiones de planificación o sesiones de capacitación.

Responsabilidades del Director Local de Caravana

1. Responsabilidades Generales
   - Estar familiarizado con el ministerio y los materiales de la Caravana
   - Dirigir todas las reuniones y sesiones de entrenamiento de Caravana
   - Mantener registros del ministerio local de Caravana y las decisiones tomadas durante el año.
   - Reclutar trabajadores
   - Capacitar a guías y trabajadores
   - Ser responsable de la apertura y / o cierre semanal
   - Mantener suministros y materiales adecuados.
   - Representar al grupo Caravana local en todas las funciones oficiales, reuniones y eventos.
   - Planificar y dirigir todas las ceremonias de la Caravana

- Compartir la información de la Caravana del distrito con los trabajadores locales.
- Preparar el presupuesto y mantener registros detallados del gasto
- Preparar un informe de fin de año para el Consejo de Ministros de Niños y la iglesia
- Mantén registros precisos y guárdelos donde otros puedan obtenerlos.

2. **Responsabilidades de la Publicidad**
- Promover el ministerio Caravana en la iglesia local
- Informar a padres e hijos sobre fechas de reuniones y cancelaciones
- Publicitar las ceremonias

3. **Responsabilidades de la organización**
- Determinar la cantidad de grupos y guías
- Los guías de ayuda reclutan personas de recursos para que enseñen algunas de las insignias

4. **Responsabilidades para las Ceremonias de la Caravana**
- Ordena los artículos necesarios para las ceremonias. Permite un tiempo adecuado para las entregas de insignias.
- Distintivos separados y de etiqueta otorgados a cada niño.
- Dirige la ceremonia o designa a otro vocero.
- Publicita la ceremonia. Asegúrete de que todos los padres hayan sido notificados.

5. **Responsabilidades del Consejo de Ministros de Niños**
    (si tu iglesia tiene un concilio)
- Representar a Caravana en las reuniones del Consejo de Ministerios de Niños.
- Buscar la aprobación del concilio para las actividades cuando sea necesario.

Responsabilidades del Guía de Caravana

1. **Formación**
- Leer el Guía del líder y el Libro del alumno para el nivel de edad que enseñará.
- Asistir a eventos de entrenamiento locales, de zona y de distrito.

2. **Reuniones Semanales**
- Planifica y prepara materiales para cada reunión semanal.
- Reúne los materiales necesarios antes de cada reunión.
- Llega lo suficientemente temprano para tener la sala preparada y los materiales listos antes de que llegue el primer niño
- Usa el uniforme de Caravana.
- Permite tiempo para que los niños limpien y ordenen la habitación antes de irse
- Quédate con los niños hasta que los padres los recojan
- Mantén un registro preciso de la asistencia de cada niño, la tarifa de inscripción y las credenciales completas.
- Presenta una lista de insignias completas de cada niño al director local cuando se lo solicite.

3. **Responsabilidades del Ministerio**
   - Reflejar una actitud y un estilo de vida Cristianos positivos. Modelar las creencias y los estándares de la Iglesia del Nazareno.
   - Ponerse en contacto con cada niño por teléfono, correo electrónico o tarjeta al menos una vez durante el año de la Caravana.
   - Mantener a los padres informados sobre eventos de Caravana y excursiones.
   - Ayudar a los niños a desarrollar sentimientos de éxito y logro.

Eventos de Caravana

Ronda de Caravana

Dos semanas antes de la primera sesión de la Caravana, planifica un evento para promocionar Caravana y registrar a los niños. Haz de este un momento de comida, actividades divertidas e información para padres e hijos. Esta vez dáles a los padres la oportunidad de pagar el arancel de inscripción del año o las cuotas de la primera semana.

Caravana Dominical

Caravana Dominical es un evento celebrado por la Iglesia Internacional del Nazareno. Siempre es el tercer domingo de octubre. Brinda a las iglesias locales un día para reconocer a los niños y trabajadores que participan en Caravana. El Equipo local de liderazgo de Caravana planifica y promueve Caravana Dominical. Aquí hay algunas sugerencias que puedes usar para planificar tu evento. Elige las cosas que funcionarían mejor para tu iglesia local.

- Publicidad - asegúrate de que tu iglesia local y la comunidad conozcan este evento.
- Mostrar tablas - configura la tabla para mostrar algunas de las cosas que los Caravaneros han estado haciendo.
- Velas de Caravana - Velas de pantalla y una Biblia abierta.
- Pantalla Histórica - prepara una pantalla que cuente sobre la historia de las Caravana en tu iglesia local
- Uniformes - pídeles a los niños y a los trabajadores que usen sus uniformes Caravana.
- Involucrar a los niños.
- Visualización de Fotos - de los niños que trabajan y reciben sus insignias y premios.
- Trabajadores de Caravana –
  - ☐ Incluye un inserto en el boletín del domingo que presente a los trabajadores de Caravana.
  - ☐ Pídele al pastor que incluya un tiempo especial de oración para los trabajadores y partidarios de la Caravana.
- Destinatarios de Premios - reconoce a los ganadores del premio Bresee.
- Reunión de Caravana - invita a todos los miembros actuales y anteriores de Caravana a asistir al día especial de actividades.
- Pantalla de Insignia - muestra las insignias que los niños han ganado durante el año.
- Cena Caravana - planea una cena para niños, padres y trabajadores de caravana.

- Picnic Caravana - planifica un picnic tradicional con buena comida y juegos.
- Cocinero Caravana - planifica una comida al aire libre.

La Ceremonia de Insignia

Las Ceremonias de Insignia se llevan a cabo tan pronto como sea posible después de que los niños completen sus requisitos de insignia. Las ceremonias deben realizarse al menos cada tres meses durante la reunión semanal o cuando los padres puedan asistir.

La ceremonia puede ser formal o informal. Además de la presentación de insignias, puede incluir cualquiera de los siguientes:

- Devocional
- Promesas a: la bandera nacional, la bandera Cristiana y la Biblia
- Demostración de las habilidades aprendidas
- Vídeo clips de niños aprendiendo las habilidades
- Tabla de visualización de insignia
- Reconocimiento de guías de invitados
- Recepción

Ceremonia de Graduación

Este es el último evento oficial del año. La ceremonia de graduación incluye:

- Presentación de insignias obtenidas desde la última ceremonia de insignia
- Graduación de niños de su rango actual
- Presentación de los principales premios (Bunker, Winans, Lillenas, Bresee)

La Ceremonia de Candelabro

La Ceremonia de Candelabro se puede utilizar en ceremonias de premiación, otros eventos especiales de Caravana o aperturas o cierres semanales. La ceremonia especial se basa en Lucas 2:52 y resalta las cuatro áreas de desarrollo. Estas áreas están representadas por colores específicos.

Mental = verde   Física = azul

Espiritual = blanco   Social = rojo

El Caravanero que enciende la vela verde dice: "Jesús aumentó en sabiduría. La vela verde representa el desarrollo mental. A través de Caravana, aprendemos más sobre el mundo que Dios ha hecho".

El Caravanero que enciende la vela azul dice: "Jesús aumentó en estatura. La vela azul representa el desarrollo físico. En Caravana, aprendemos a cuidar los cuerpos que Dios nos ha dado".

El Caravanero que enciende la vela blanca dice: "Jesús aumentó a favor de Dios. La vela blanca representa el desarrollo espiritual. A través de Caravana, aprendemos más sobre Dios y cómo vivir como Cristiano".

El Caravanero que enciende la vela roja dice: "Jesús aumentó en favor del hombre. La vela roja representa el desarrollo social. A través de Caravana, aprendemos la importancia de construir amistades".

Capítulo 2
¿Cómo son los Exploradores Caravana?

El programa Caravana Exploradores está diseñado para niños y niñas de tercer y cuarto grado. ¿Cómo son los de quinto y sexto grado? ¿Cómo debemos enseñarles? Estas son preguntas que muchos guías hacen. La siguiente información te ayudará a responder estas preguntas.

Características Físicas de los Estudiantes de Tercer y Cuarto Grado

1. Crecerán de dos a tres pulgadas y ganarán de tres a seis libras al año.
2. Se mueven rápidamente y son más hábiles que los estudiantes de primer y segundo grado.
3. Su coordinación ojo-mano está mejorando, lo que resulta en habilidades deportivas mejoradas y mayor habilidad en el uso de tijeras.
4. Sus músculos grandes todavía están en desarrollo, por lo que necesitan actividad física. Los Exploradores disfrutan correr y saltar.
5. Ellos disfrutan de un reto físico y les gusta practicar habilidades físicas una y otra vez.
6. Tienen una tendencia a sobrestimar sus habilidades.
7. Disfrutan de juegos de grupo organizados, especialmente fuera de los juegos.
8. Son generalmente sanos y resistentes a la fatiga. Sin embargo, pueden tener dificultad para calmarse después de largos períodos de actividad intensa.

Enseñanza De Tercer Y Cuarto Grado

Los Exploradores necesitan un equilibrio de aprendizaje para sentarse tranquilamente y un mayor tiempo de energía. La mayoría de los niños han estado en la escuela todo el día y responden bien a actividades de aprendizaje que los involucran físicamente. Cada insignia contiene una sección para instruir guías en la enseñanza de insignias. Las actividades deben ser desafiantes. Las metas deben ser realistas.

Características Sociales de los Estudiantes de 3o y 4o Grado

1. Los Exploradores se están desarrollando rápidamente en habilidades sociales. Su círculo social se expande en la escuela, en la iglesia y en la comunidad.
2. Buscan la aceptación y aprobación de sus pares. La aprobación de los pares puede llegar a ser más importante que la aprobación de los adultos, incluyendo la aprobación de los padres.
3. Tienden a tener un amigo especial y un enemigo especial de la misma edad y sexo.
4. Son leales en sus amistades.

5. Los niños y niñas tienden a tener intereses y actividades separadas.
6. Están empezando a desarrollar asociaciones en clubes y grupos.
7. Se están alejando de los adultos, pero todavía necesitan orientación sutil por adultos.
8. Son muy conscientes del valor de los adultos significativos en sus vidas.
9. Admiran a los héroes.

Enseñanza de Tercer y Cuarto Grado

Los Exploradores están empezando a funcionar bien en grupos. Todas las insignias de habilidad están diseñadas con un proyecto de ministerio opcional. Anima a los Exploradores a trabajar juntos en las actividades de la sesión y en los proyectos del ministerio. Ayuda a los Exploradores a ver estos proyectos como ministerio y diversión.

La aprobación de los pares es importante para su autoestima. Ellos necesitan aprender a llevarse bien y cooperar con otros de su edad. Las habilidades positivas y las experiencias ministeriales ayudan a los Exploradores a tener actitudes positivas hacia la iglesia.

Características Mentales de los Estudiantes de 3o y 4o Grado

1. Sus habilidades de lectura y escritura se están desarrollando bien.
2. Ellos disfrutan usando sus habilidades de lectura y escritura para buscar información y aprender cosas nuevas.
3. Son capaces de trabajar de forma independiente.
4. Trabajarán mucho y duro en los proyectos que les interesan.
5. A menudo no escuchan instrucciones e informaciones porque están demasiado ansiosos por comenzar la actividad.
6. Se comunican bien.
7. Les gusta hablar.
8. Son curiosos y hacen muchas preguntas.
9. Pueden memorizar fácilmente.
10. Están desarrollando su comprensión del tiempo y el espacio.

Enseñanza de tercer y cuarto grado

Los requisitos de la insignia deben ser desafiantes pero no abrumadores. Utiliza la curiosidad natural del niño y desarrolla las habilidades de discusión para conducir a las áreas temáticas y proyectos de insignia.

Mientras trabajas en insignias de habilidades, planea tener recursos adicionales disponibles para los niños. Observa la sección Recursos de la insignia. Ellos disfrutan leyendo y haciendo investigación y compartiendo información con el grupo.

Los niños están ansiosos de comenzar proyectos, hacen todas las instrucciones simples y cortas.

Características Espirituales de los Estudiantes de 3o y 4o Grado

1. Pueden cuestionar la realidad de Dios porque no pueden verlo.
2. Ellos oran fervientemente y con fe sobre todo.
3. Saben la diferencia entre el hecho y la fantasía, el bien y el mal.

4. Están comenzando a tomar decisiones basadas en su comprensión de lo correcto y lo incorrecto.
5. Están listos para aprender verdades bíblicas concretas básicas en el nivel de un niño.
6. Algunos están listos para la conversión.
7. Ellos disfrutan de poseer y leer sus propias Biblias.

Enseñanza de Tercer y Cuarto Grado

Espiritualmente, los Exploradores necesitan darse cuenta de que necesitan un Salvador personal. A menudo les resulta difícil admitir que han hecho mal. Los niños de ocho años, en especial, suelen culpar a otros. Sin usar presión indebida, aquellos que trabajan con Exploradores tienen la responsabilidad de ayudarles a entender la seriedad del pecado y lo que Dios ha hecho para hacer posible el perdón. No todos los Exploradores están listos para aceptar a Cristo como Salvador, pero todos pueden comprender la importancia del arrepentimiento y el perdón.

Desarrollo Emocional

El programa Caravana se basa en cuatro pilares de desarrollo: físico, social, mental y espiritual. Los Valores Fundamentales introducen a los Exploradores a un conjunto cristiano de características. Esto puede ayudar en el desarrollo emocional de Exploradores. Es importante entender el desarrollo emocional del tercer y cuarto grado para que sepas qué esperar y cómo tratar con los niños de tu grupo.

Características Emocionales de los Estudiantes de 3o y 4o Grado

1. Son extrovertidos y amistosos.
2. Son conscientes de sí mismos.
3. A menudo son impacientes.
4. Se acercan a otros y se preocupan por la equidad.
5. Sus emociones fluctúan.
6. Pueden sentirse inadecuados o inferiores.
7. Se preocupan por el fracaso y no se aceptan.
8. Resienten las críticas de los adultos.
9. Son curiosos.

Enseñanza de Tercer y Cuarto Grado

Los Exploradores están aprendiendo a manejar sus sentimientos y los sentimientos de los demás. Es importante ayudarles a entender que sus pensamientos y habilidades tienen valor. Guíalos para comentar positivamente sobre sus habilidades.

Capítulo 3
El Papel del Guía Explorador

¿Cuáles Son Mis Responsabilidades?

El guía de la Caravana del Explorador tiene dos responsabilidades principales. La primera responsabilidad del guía es planificar y preparar las actividades de la insignia para las reuniones de los Exploradores. La segunda responsabilidad del guía es mantener registros precisos de la insignia para cada niño.

El objetivo es ayudar a los niños a aprender nuevas habilidades para la vida y aumentar su conocimiento y comprensión de las cosas espirituales. Esta *Guía del Explorador*, el *Estudiante Centinela* y el *Estudeiante Scout,* proporcionan la información de actividad de la insignia. El *Formulario Semanal Individual de Registro* está diseñado para realizar un seguimiento del progreso de todo el camino de los niños a través del programa Caravana. (Puedes encontrar esto al final de este libro.)

Deberá llevar un registro de la asistencia de cada niño. Y la tabla de asistencia se puede encontrar al final de este libro.

Servir como un guía de la Caravana Explorador es un ministerio importante. Los niños miran al guía por el liderazgo. Los padres y la iglesia depositan su confianza en el guía. El guía es el adulto que ayudará a los niños a desarrollar habilidades mentales, físicas, espirituales y sociales.

Los Guías de Caravana son responsables de asistir a las reuniones de Caravana Explorador, entregar premios, y reuniones de liderazgo de la Caravana. Los guías deben asistir a las funciones de zona y distrito de Caravana.

Al final del año Caravana, el guía devuelve los libros Caravana, materiales y registros al director local de Caravana. Los estudiantes mantienen sus manuales completos.

¿Cómo sé qué Insignias cubrir? ¿Cuándo debo trabajar en ellas?

El programa Caravana Explorador es un programa de dos años. Esta Guía contiene dos secciones principales el rango Centinela y el rango Scout. Estas secciones se ajustan a los libros *Estudiante Centinela* y *Estudiante Scout.* Los niños Exploradores completan un rango durante el tercer grado y un rango durante el cuarto grado.

La forma en que tu iglesia organiza la Caravana determinará el rango a enseñar primero. Usted puede realizar un primer año, pero debe completar un año antes de pasar al siguiente. Su director de Caravana local le dirá el rango a enseñar. Ver las páginas 1-2 para obtener una lista de insignias.

NOTA: Completa todos los requisitos para la insignia y actividades para una insignia antes de comenzar la próxima insignia.

¿Qué pasa con los niños con discapacidades físicas o de aprendizaje?

Los Guías pueden hacer cambios de los requisitos de las insignias para los niños con dificultades físicas o de aprendizaje. El requisito debe estar dentro del nivel de habilidad del niño, pero aún debe desafiar al niño. Todos los niños, independientemente de las dificultades físicas o de aprendizaje, pueden ganar insignias Caravana y los premios principales de la Caravana.

¿Cuándo debo enseñar los Juramentos y lema?

Introduce la información en las páginas 6-7 del libro alumno a medida que trabajes en las insignias durante las primeras semanas del año Caravana. Es posible que desees llevar a cabo una ceremonia de "patada inicial", en la que los Exploradores lleven sus uniformes de gala y practiquen el signo de la Caravana, lema, y las promesas bíblicas y las banderas nacionales y cristianas. Puedes hacer las insignias en cualquier orden, siempre y cuando completes dos insignias de cada una de las cuatro categorías durante el año.

Enseñanza de los Artículos de Fe

Las creencias de la Iglesia del Nazareno se escriben en forma de 16 Artículos de Fe. Los Artículos de Fe aparecen en el Manual de la Iglesia del Nazareno. Los Artículos de Fe utilizados en la Caravana son declaraciones simplificadas de las creencias basadas en los 16 Artículos de Fe.

A primera vista, los Artículos de Fe pueden parecer abrumadores. La mejor manera para que el guía y los niños a aprendan acerca de las creencias de la Iglesia del Nazareno, es aprender un concepto a la vez. Cada Artículo de Fe se divide en declaraciones de simple concepto. Un versículo Bíblico se da como apoyo para el concepto. Es importante que los niños aprendan que las creencias de la Iglesia del Nazareno se basan en la Biblia.

Cada Artículo de Fe tiene actividades diseñadas para ayudar a los niños a entender los conceptos y aplicarlos a la vida. Mientras que **la memorización puede ser útil, es más importante que los niños comprendan los Artículos de Fe. Los niños pueden memorizar la declaración tal como aparece en el libro del alumno o decir el artículo en sus propias palabras.**

Los Artículos de Fe son fundamentales para el programa Caravana. **Planea tiempo para intercalar los Artículos de Fe en la enseñanza de las insignias.**

El Premio Esther Carson Winans

El premio más alto para los niños de Explorador es el Esther Carson Winans Award. Para calificar para este premio, los niños deben participar en el programa de Explorador durante los años de tercer y cuarto grado y completar dos valores fundamentales y al menos 2 insignias de cada una de las cuatro categorías cada año, para un total de cuatro valores fundamentales y 16 insignias. También deben completar al menos un proyecto ministerial cada año para un total de al menos dos proyectos ministeriales.

Cuando un niño haya completado todos los requisitos, envíe una copia del *Formulario Semanal Individual de Registro* del niño a su Director local para que puedan ordenar el premio y asegurarse de que el niño reciba un reconocimiento especial en la próxima Ceremonia de insignia de la Caravana.

El Premio Phineas F. Bresee

El premio máximo para todo el programa Caravana es el Premio Bresee F. Phineas. El Premio Bresee es presentado a estudiantes de sexto grado que se ganaban los Premios Esther Carson Winans (Explorador) y el Premio Haldor Lillenas (Aventurero).

Cuando un niño haya completado todos los requisitos, envíe una copia del *Formulario Semanal Individual de Registro* del niño a su director Director local para que registre el premio y asegure el niño reciba el reconocimiento especial en la próxima Ceremonia de insignias de la Caravana.

¿Hay una manera fácil de asegurarse de que los niños completen todo?

Es muy importante mantener registros precisos de las insignias que gana cada niño. La tabla de asistencia de caravanas y el formulario de registro individual de seis años están diseñados para ayudarte a llevar un registro del progreso de cada niño. Ambas formas se encuentran al final de este libro. También es importante llevar un registro de la información personal de cada niño: edad, fecha de nacimiento, dirección, número de teléfono, etc. También querrás mantener un registro de los proyectos ministeriales que haces cada año.

El *Gráfico de Asistencia de la Caravana* rastrea la asistencia semanal de los niños.

El *Formulario Semanal Individual de Registro,* está diseñado para seguir el progreso de todo el camino de los niños desde Buscador hasta Aventurero, culminando con la obtención de la medalla de Phineas F. Bresee. Generalmente, el director local mantiene este formulario. Sin embargo, es responsabilidad del programa local determinar si el guía o el director local mantienen y actualizan este formulario.

Capítulo 4

¿Qué Vas A Hacer?

No Hay Requisitos De Membrecía

No existen requisitos oficiales para unirse a Caravana. Cualquier niño que asista es parte de Caravana y es bienvenido a participar en cualquier nivel.

Insignias

Uno de los principales objetivos del programa Caravana es llegar a nuevos niños y sus familias e incorporarlos a la iglesia local a través de Caravana. Cada insignia está diseñada para ser agradable para el visitante. Cada sesión es independiente, sesiones intercambiables diseñadas para incorporar a los visitantes. Los visitantes no vendrán y se "perderán" o se sentarán detrás, ya que cada sesión es una nueva sesión.

Punto de Entrada de Eventos (E-Eventos)

Los puntos de entrada de eventos son eventos de evangelismo/alcance, oportunidades intencionales para invitar a los visitantes e introducirlos en la Caravana y en la iglesia local. Antes del inicio del año Caravana, celebra una reunión de liderazgo para planificar el año Caravana. Durante este tiempo, planea tener un evento de "punto de entrada" para los visitantes cada trimestre (o más, si deseas).

Proyectos de Ministerio

Los Proyectos de Ministerio, o proyectos de servicio, proporcionan oportunidades para que todos los niños sirvan a los demás. Los Exploradores llegan a la Caravana desde diferentes orígenes. Varían mucho de dónde se encuentren en su camino espiritual. Para los niños que son nuevos en la Caravana y nunca han estado expuestos al cristianismo, participan en proyectos de ministerio junto a los niños cristianos más establecidos. Aprenden que los niños han de ser "discípulos en formación", no "discípulos en espera." (Ver la página 26) Los proyectos de Ministerio pueden orientarse decididamente hacia el alcance de los niños y sus familias.

Niños que se unen a Mitad de Año

No hay requisitos de membrecía para los niños que se unan a la Caravana. Una vez que un niño se ha ganado la primera insignia, proporciona una hoja con el logotipo, el rango, y la primera insignia ganada. Puesto que todas las insignias son optativas, los niños nuevos pueden empezar en cualquier lugar y continuar ganando insignias. Los Exoploradores no pueden trabajar por delante para ganar insignias (en un rango mayor), pero pueden compensar insignias que les falten.

Primo Esther Carson Winans

Tercer y cuarto grado que desean ganar el Premio Esther Carson Winans seguir esta pista:

Centinela
Artículos de Fe 1-4
Valores Fundamentales:
    Santidad
    Evangelismo
2 insignias de cada uno de los siguientes:
    Mental
    Físico
    Espiritual
    Social
1 Proyecto de Ministerio

Scout
Artículos de Fe 5-8
Valores Fundamentales:
    Misión
    Carácter
2 insignias de cada uno de los siguientes:
    Mental
    Físico
    Espiritual
    Social
1 Proyecto de Ministerio

El Uniforme Explorador

1. Uniforme del Guía

El uniforme del guía de Caravana es una parte importante del programa. Simboliza el compromiso del guía para el ministerio de Caravana, identifica al adulto como guía, y le da un aspecto unificado

El uniforme del guía Explorador es como sigue:

■ Polo azul marino con pantalones o falda de color caqui.

2. Insignia del Uniforme del Guía

■ Pasador de Años de Servicio.

3. El Uniforme del Niño

■ El uniforme de formal del Exporadore incluye una camisa/blusa blanca, pantalones/falda azul marino, y banda azul Caravana.

■ El uniforme informal consiste en camiseta y jeans.

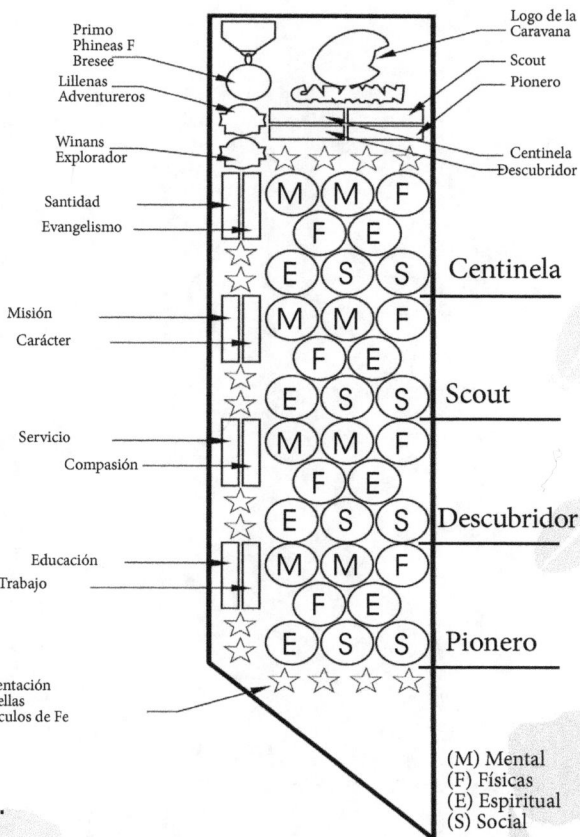

Primo
Phineas F
Bresee
Lillenas
Adventureros
Winans
Explorador
Santidad
Evangelismo
Misión
Carácter
Servicio
Compasión
Educación
Trabajo
Representación de Estrellas
16 Artículos de Fe

Logo de la Caravana
Scout
Pionero
Centinela
Descubridor

(M)(M)(F)
(F)(E)
(E)(S)(S) Centinela
(M)(M)(F)
(F)(E)
(E)(S)(S) Scout
(M)(M)(F)
(F)(E)
(E)(S)(S) Descubridor
(M)(M)(F)
(F)(E)
(E)(S)(S) Pionero

(M) Mental
(F) Físicas
(E) Espiritual
(S) Social

4. Cuando Llevar el Uniforme

Se anima a los niños a usar el uniforme Caravana informal para las reuniones semanales de Caravana, salidas de la Caravana, y los proyectos del ministerio.

Los niños deben llevar el uniforme oficial a la zona y a las actividades Caravana del distrito, a las ceremonias Caravana, y en el Domingo Caravana (el tercer domingo de octubre).

Introduce el uniforme Caravana del Explorador en la primera reunión y alienta fuertemente a los niños a usar sus uniformes para la próxima reunión. Al comienzo del año es posible que necesites utilizar incentivos para ayudar a los Exoploradores a desarrollar el hábito de usar el uniforme en las reuniones semanales.

Se alienta a los guías a vestir el uniforme de guía a todos los eventos.

Artículos de Fe

¿Qué son los Artículos de Fe?

Los Artículos de Fe son las creencias de la Iglesia del Nazareno. Son versiones simplificadas de los 16 Artículos de Fe en el Manual. Explican lo que cree la Iglesia del Nazareno. Los Artículos de Fe se desarrollan en una "insignia" aproximándose con la ayuda del guía, lecciones objetivas, y un lugar para que los Exploradores piensen los significados de cada artículo de la fe y cómo se aplican a sus vidas individuales.

Los niños que completen los programas Explorador y Aventurero, aprenderán los 16 Artículos de Fe. Los Exploradores aprenden sobre los Artículos de Fe 1 - 8. Los Aventureros aprenden sobre los Artículos de Fe 9 - 16.

1. El Dios Trino
2. Jesucristo
3. El Espíritu Santo
4. Las Sagradas Escrituras
5. El Pecado, Original y Personal
6. La Expiación
7. El Libre Albedrío
8. El Arrepentimiento

9. Justificación, Regeneración y Adopción
10. Entera Santificación
11. La Iglesia
12. El Bautismo
13. La Cena del Señor
14. La Sanidad Divina
15. La Segunda Venida de Cristo
16. Resurrección, Juicio y Destino

¿Por qué los niños aprenden los Artículos de Fe?

Es importante que los niños aprendan las doctrinas fundamentales de la fe a medida que maduren espiritualmente. Jesús dio un ejemplo de la importancia de saber de la Escritura cuando se enfrentó a la tentación. Jesús respondió a la tentación con la Escritura. Asimismo, el aprendizaje de lo que la Iglesia cree ayudará a preparar a los niños para la membrecía de la iglesia.

¿Cuándo los niños trabajan en los Artículos de Fe?

Hay varias maneras para que el guía incorpore los Artículos de Fe. Los Artículos de Fe son desarrollados para usar tanto de los cinco sentidos como sea posible. La versión del líder contiene lecciones objetivas, conversación guiada, ayuda al profesor, y versículos Bíblicos para apoyar la enseñanza de cada declaración. El libro del alumno incluye enseñanza y tiempo de reflexión para ayudar con la comprensión del concepto.

Los Artículos de Fe se pueden enseñar en cualquier momento durante el año de Caravana. Considere la posibilidad de combinar una insignia con un Artículo de Fe cuando sea aplicable. (Las Insignias individuales dan las sugerencias para combinar.) Considera las necesidades de los niños visitantes al programar en el calendario Caravana los Artículos de Fe.

¿Cómo debo Enseñar los Artículos de Fe?

1. La estrella indica el comienzo de un nuevo Artículo de Fe.
2. *Los Materiales* dan las provisiones necesarias para enseñar el Artículo de Fe.
3. *Creemos* es el resumen del artículo de fe. Es una versión simplificada en forma de bala para explicar el significado de forma concisa.
4. *Versículo Bíblico* es un versículo (s) que apoya el Artículo de Fe. Puede haber versos adicionales que apoyen y definan los Artículos de Fe.
5. *Tu Turno* es una sección desarrollada para que los Exploradores piensen y escriban el significado del Artículo de Fe en sus propias palabras.
6. *¡Enséñalo!* da consejos para ayudar en la enseñanza y la explicación.
7. *¡Hazlo!* contiene una lección práctica, discusión o actividad que ayuda a enseñar el Artículo de Fe.

La introducción de un Artículo de Fe

Cada Artículo de Fe se ha diseñado con un enfoque de "mini-insignia". Cada artículo debe tener una sesión para completar. El uso de una pizarra blanca sería muy útil en la enseñanza.

Técnicas de Enseñanza

Cada Artículo de Fe tiene una lección de objeto específico, actividad, o discusión incluida para ayudar al guía a enseñar un concepto en un "manos a la obra". Los guías tienen la opción de utilizar una lección objeto diferente de la sugerida. Sin embargo, se consienten de las implicaciones teológicas y practicad de los objetivos de tus lecciones. El libro del alumno se puede imprimir con una actividad diseñada en torno a la lección objeto original.

Los niños aprenden de muchas maneras diferentes. Cada Artículo de Fe está diseñado para utilizar varios estilos de aprendizaje.

¿Los Exploradores recibirán una insignia para los Artículos de Fe?

Los Exploradores reciben una estrella de oro por el aprendizaje de cada Artículo de Fe. La estrella se lleva en el cinturón Explorador. Para ganar la estrella, el Explorador debe:

1. Completar el artículo de la Sesión de Fe.
2. Explicar el significado del Artículo de Fe en sus propias palabras.

RANGO CENTINELA
Instrucciones del Guía del Rango Centinela

Trabajar en las Insignias del Rango Centinela

Los niños en el rango Centinela completan las insignias y los requisitos. Los niños deben trabajar sólo en las insignias del rango Centinela mientras están en el año Centinela.

Excepción: Los alumnos de cuarto grado pueden compensar insignias que necesiten para ganar el premio Esther Carson.

Para prepararse para Enseñar una Insignia

- Leer la información de la placa en el Libro del alumno y en el Guía del líder.
- Decidir qué nivel enseñar (100, 200 o 300)
- Decidir la cantidad de sesiones necesarias y el orden en que se impartirán.
- Considerar reclutar a un "invitado" para enseñar la habilidad
- Reunir los materiales y suministros necesarios

Requisitos de Membrecía

No hay requisitos de membrecía para ser parte de Caravana.

Valores Fundamentales

El rango Explorador tiene cuatro Valores Fundamentales que representan cuatro elementos esenciales a las características Cristianas. Cada Valor Fundamental destaca un líder Nazareno que aprende este valor. El Centinela destaca Santidad y Evangelismo mientras el Scout destaca Misión y Carácter. En cada categoría, cada insignia de habilidad individual destaca uno de los dos Valores Fundamentales para el año. El guía debe hacer hincapié en el Valor Fundamental, junto con la enseñanza de cada Insignia.

Los Valores Fundamentales son una insignia colocada. Los Centinelas pueden completar una insignia en cualquier momento, ya sea en grupo o individualmente. Los guías pueden elegir el momento de enseñar los Valores Fundamentales. Opción: Elige cuatro insignias de habilidades con el mismo Valor Fundamental énfasis.

Los cuatro Valores Fundamentales que se impartirán en el Explorador son los siguientes:

Centinela—Santidad (Phineas F. Bresee)
Evangelismo (Buddie Robinson)

Scout—Misión (Harmon Schmelzenbach)
Carácter (Audrey Williamson)

27

Insignias

Las insignias se clasifican de la siguiente forma: Artículos de Fe (estrellas), Valores Fundamentales e insignias de habilidades. Las Insignias Habilidad se clasifican en cuatro categorías: (mental, física, espiritual y social). Las insignias se distinguen por el color del borde. (Mental-verde, Física-azul, Espiritual-blanco, y Social- rojo)

Cada año los niños ganan cuatro estrellas Artículos de Fe, dos pasadores Valores Fundamentales, y un mínimo de dos insignias por Centinela y Scout al año en cada categoría: Mental, Físico, Espiritual y Social.

Los Exploradores pueden ganar más insignias. Los guías y niños eligen cualquiera de las dos insignias de una categoría. No hay requisitos previos para completar ninguna insignia. Cada insignia tiene tres sesiones intercambiables con una cuarta sesión opcional diseñada para cualquiera enseñanza adicional o un proyecto de ministerio.

Cada una de las primeras 3 sesiones incluye lo siguiente:

- Materiales – los suministros necesarios para la sesión se enumeran aquí.
- Buscando Direcciones – se dan instrucciones paso a paso sobre cómo llevar a cabo la sesión.
- Mirada mas Cercana – algunas insignias tienen estas actividades e información adicionales.
- Envuélvelo (libro para estudiantes) - Los estudiantes reflexionan sobre lo que han aprendido y escriben sus pensamientos

Cada insignia tiene un componente de formación espiritual, con un versículo Bíblico, pensamiento devocional, meta de insignia, conexión con un Valor Fundamental, y un proyecto opcional de ministerio.

Cada insignia tiene las siguientes secciones:

Plan de Acción - Este ofrece orientación al guía para enseñar la insignia y ofrece sugerencias y consejos útiles para ella.

Planificador de Insignia - Esto muestra las actividades y el enfoque de los contenidos de cada sesión. Esta sección te ayudará a prepararte para guiar las próximas sesiones. Las sesiones son intercambiables.

Requisitos de Insignia - Cada insignia tendrá requisitos para su finalización. Los Exploradores pueden elegir cuatro de los cinco requisitos que les gustaría completar. Los requisitos de la Insignia se imprimen en los libros del líder y del estudiante y están diseñados para ser completados dentro de la sesión Caravana.

Recursos - Cada insignia tiene fuentes adicionales disponibles para ayudar al guía al enseñar las habilidades.

¡Ir, Servir! - Desarrollar "Discípulos en formación, no discípulos en espera" es un objetivo principal de Caravana. "¡Ir Servir!" Proporciona una opción para que los guías dirijan a sus Centinelas a través de experiencias de ministerio. Hay tres niveles para ¡Ir, Servir! que se pueden implementar en una insignia.

100—Finalización única de los requisitos de la insignia. Este nivel es genial si estás presionado por el tiempo, quieres tener un montón de visitantes para esta insignia, o no puedes participar en un proyecto de ministerio opcional debido a las finanzas, el transporte, la dotación de personal, u otras consideraciones.

200—Finalización de requisitos para la insignia y un proyecto de ministerio diseñado para usar la habilidad aprendida en la insignia para servir bien a la iglesia local (o a alguien en la iglesia), la comunidad o la iglesia nacional / internacional. Este nivel es muy bueno para la introducción de proyectos de ministerio simples a los Exploradores.

300—Planea combinar al menos dos insignias. Desarrolla un proyecto de ministerio donde están representadas las dos insignias. Al finalizar los requisitos de insignia de ambas insignias, debe tener lugar el proyecto de ministerio. Esta opción promueve una Caravana orientada a eventos que utiliza distintivos para producir eventos. Esta opción permite los puntos de entrada para que los visitantes participen en Caravana. Si tu iglesia quiere tener muchos visitantes, un enfoque orientado a eventos sería una buena opción.

Mantenimiento de Registros

El mantenimiento de registros exactos es esencial en la determinación de las insignias y los premios que los niños reciban.

Responsabilidades del Guía:

■ Preparar y organizar insignias.

■ Desarrollar proyectos ministeriales y reclutar invitados.

■ Firmar y poner fecha en las insignias completas.

— Dar al director local Caravana una lista que contenga los nombres de las insignias, las fechas de terminación de las insignias (mes, día, año), y los nombres de los niños que obtuvieron las insignias.

Responsabilidades del Director Local:

— Mantener un *Formulario de Registro Individual* para cada niño.

— Anotar la fecha de terminación de las insignias (mes, día y año).

— Verificar y registrar la finalización de Valores Fundamentales.

— Registrar los proyectos ministeriales del *Formulario de Registro Individual*.

29

Esquema de Planificación del Rango Centinela

La siguiente es una lista de todas las insignias del rango Centinela. El tiempo que tarda en completar una insignia variará en función de las diferencias en las capacidades e intereses de los niños. Cada insignia contiene tres sesiones, con una cuarta sesión opcional para los proyectos ministeriales. Los Artículos de Fe y Valores Fundamentales se completan en una sesión.

Rango Centinela

Insignia   **Fecha**

Artículos de Fe 1-4
1. El Dios Trino   _____
2. Jesucristo   _____
3. El Espíritu Santo   _____
4. La Biblia   _____

Valores Fundamentales
Santidad—Phineas F. Bresee   _____
Evangelismo—Buddie Robinson   _____

Insignias de Habilidad

Insignias Mentales
Cocina   _____
Música   _____
Cuidado de Mascotas   _____
El Gran Aire Libre   _____
Clima   _____

Insignias Físicas
Gimnasia   _____
Excursionismo   _____
Aptitud Física   _____
Deportes de Nieve   _____
Nadando   _____

Insignias Espirituales
Memoria Bíblica   _____
Héroes de Santidad   _____
Oración   _____
Escuela Dominical   _____

Insignias Sociales
Modales   _____
Mi Comunidad   _____
Construyendo Equipos   _____
Viaje   _____

Artículo de Fe 1:
El Dios Trino (La Trinidad)

Definición: "Trino" significa tres. Dios existe en tres personas: Dios Padre, Dios Hijo (Jesucristo) y Dios Espíritu Santo. Este es un misterio que aceptamos por fe.

Antes de la sesión, recoge los suministros y colócalos en una mesa. Coloca agua y hielo en vasos de plástico transparente. Vierte el agua del recipiente durante la demostración. Haz arreglos para tener estas formas de agua disponibles cuando sea necesario.

Materiales

- hielo
- jarra de agua
- agua hirviendo en un recipiente aislado
- vasos de plastico transparente

Creemos

- Dios siempre ha sido y siempre existirá. En el principio Dios creó el universo. Dios creó nuestro mundo.
- Dios es Santo. Eso significa que Él está completamente sin pecado.
- Sólo hay un Dios. Dios nos es revelado en tres personas: Dios Padre, Dios Hijo (Jesucristo) y Dios Espíritu Santo. Esto se llama la Trinidad.

32

⊛ Buscando Direcciones

- Que los Centinelas lean el Artículo de Fe 1 y la sección "Creemos".
- Que los Centinelas encuentren Génesis 1:1 y 2 Corintios 13:14. Pide a los estudiantes que llenen las palabras que faltan en sus libros. Las respuestas son: "En el principio, (Dios) creó los cielos y la tierra" (Génesis 1:1). "Que la gracia del Señor Jesucristo y el amor de Dios y la comunión del Espíritu Santo estén con todos ustedes" (2 Corintios 13:14).
- Que los Centinelas escriban en sus propias palabras el significado del Artículo de Fe 1. Que voluntarios compartan lo que escribieron.

¡Enséñalo!

Los Centinelas no son expertos en teología. Señala que el Dios Trino, o Trinidad, es un concepto difícil. Los adultos luchan por entenderlo. Cada miembro de la Trinidad tiene un propósito en tu vida. Dios es nuestro Creador y Gobernante. Jesucristo es el Hijo de Dios y nuestro Salvador. El Espíritu Santo vive dentro de los cristianos para guiarlos y dirigirlos. No son tres dioses separados, sino un solo Dios.

¡Hazlo!

Muestra a los Centinelas tres formas de agua: líquido, hielo y vapor. Di: *Los tres son agua, pero son formas diferentes de la misma cosa. Estas formas de agua pueden ayudarte a entender cómo es Dios. El vapor es agua igual que el hielo, pero está en una forma diferente y tiene un propósito diferente. En la Trinidad, Jesús es Dios, tanto como el Espíritu Santo es Dios; Pero Jesús tiene un propósito diferente que el Espíritu Santo.*

Que los Centinelas rodeen a los tres miembros de la Trinidad que se encuentran en 2 Corintios 13:14. Respuestas a las preguntas "Hazlo" en el libro Centinela: Tres formas de agua son (hielo, agua, vapor).

¿Cómo es este ejemplo como la Trinidad? (Cada forma de agua es agua, pero cada una tiene un propósito diferente: la Trinidad es Dios Padre, Dios Hijo y Dios Espíritu Santo. Cada forma de la Trinidad es parte de Dios, pero cada una tiene un propósito diferente en nuestras vidas.)

Respuestas a la actividad: Dios Padre - (Creador y Gobernante); Jesús, Hijo - (nuestro Salvador); El Espíritu Santo - (Vive dentro y guía a los cristianos).

Ora, agradeciendo a Dios por su habilidad para estar con nosotros en cada parte de nuestras vidas.

Artículo de Fe 2:
Jesucristo

Definición: Jesucristo es Dios Hijo. Él es el único Hijo de Dios y el Salvador del mundo.

Antes de la sesión, recoge los suministros y colócalos en una mesa.

Materiales

- Cartulina
- Biblias
- Marcadore
- Permanentes
- Imagen de Jesús
- Pegamento
-
- Tarjetas 3"x5"
- ABC de Salvación de la contraportada
- Mi Mejor Amigo Jesús, Libro Salvación

Creemos

- Jesucristo es Dios Hijo. Él nació como ser humano. Su madre era María, que era virgen cuando él nació.
- Jesucristo es a la vez plenamente hombre y completamente Dios.
- Jesucristo murió por nuestros pecados.
- Jesucristo resucitó de entre los muertos. Regresó al cielo donde Él ahora nos ayuda a vivir como cristianos.

Buscando Direcciones

- Que los Centinelas lean el Artículo de Fe 2 y la sección "Creemos". Contesta cualquier pregunta que los Centinelas puedan tener.

- Que los Centinelas encuentren Lucas 1:31 y completen las palabras que faltan. Las respuestas a las palabras que hablan a María acerca de Jesús son: "Tendrás y darás a luz a un hijo, y le darás el nombre (Jesús).

- Que los Centinelas escriban en sus propias palabras el significado del Artículo de Fe 2. Que voluntarios compartan lo que escribieron.

- Discute las maneras en que Jesús es plenamente humano y completamente Dios. Que los Centinelas trabajen en parejas o grupos pequeños para buscar los versículos. Pídeles que decidan si el versículo describe una característica humana o una característica de Dios. Las respuestas son: Humanas-Juan 11:35, Mateo 15:32, Mateo 8:24, Mateo 4: 2, Lucas 2: 6-7. De Dios-Mateo 4:23, Mateo 8:26, Juan 20: 30-31, Mateo 16:16, Lucas 5:20.

¡Enséñalo!

Ayuda a los Centinelas a entender que el pecado entró en el mundo cuando Adán y Eva desobedecieron a Dios. En el Antiguo Testamento, la gente traía un sacrificio cuando le pedían perdón a Dios. Dios envió a Jesús como único sacrificio por nuestros pecados. Si creemos que murió por nuestros pecados y lo aceptamos como nuestro Salvador, pedimos perdón por el mal que hemos hecho y Dios nos perdonará. Jesús murió en la Cruz, fue sepultado en una tumba, se levantó de la tumba, y apareció a muchas personas. Ahora está en el cielo con Dios, Padre.

Ser salvo del pecado puede ser una idea totalmente nueva para algunos Centinelas. Es posible que nunca hayan tenido la oportunidad de pedir perdón a Dios. Proporciona una oportunidad ahora. Utiliza el ABC de Salvación o el folleto de salvación, *Mi Mejor Amigo, Jesús.* Utiliza métodos de seguimiento con los niños que responden.

¡Hazlo!

Antes de la sesión, ten la cartulina, una foto de Jesús, y el pegamento disponible. Imprime las referencias de la página 10 del libro Centinela en las fichas.

Utiliza este proyecto para mejorar la actividad en la página 11 del libro Centinela. Que los niños adjunten una foto de Jesús en medio de una hoja de cartulina. En la parte superior del lado izquierdo del tablero, escribe "Jesús es completamente humano". En la parte superior derecha, escribe "Jesús es completamente Dios". Que los Centinelas busquen los versículos y determinen en qué categoría deben ir las cualidades de Jesús.

Que los Centinelas se turnen para adjuntar las fichas con referencias al lado correcto de la cartulina.

Que los Centinelas vuelvan a leer Artículo de Fe 2. Pregunta, ¿Cuáles son las tres cosas que nos dice esto acerca de Jesús? Respuesta: (Jesús es Dios el Hijo, Jesús es el único Hijo de Dios, Jesús es nuestro Salvador).

Artículo de Fe 3:
El Espíritu Santo

Definición: El Espíritu Santo es la Persona de la Trinidad que ayuda a los cristianos a saber que son hijos de Dios, les enseña las verdades que Jesús enseñó y les ayuda a vivir la vida cristiana.

Antes de la sesión, recoge los suministros y colócalos en una mesa. Instala un ventilador y colócalo cerca de un to-ma-corriente.

Materiales

- Ventilador
- Avión de Papel
- Biblia

CReemos

- El Espíritu Santo está en todas partes del mundo. Trabaja especialmente en y a través de los cristianos y la Iglesia.

- El Espíritu Santo muestra a la gente que son pecadores y los lleva a convertirse en cristianos. El Espíritu Santo ayuda al cristiano a vivir para agradar a Dios y limpia a los creyentes del pecado.

36

Buscando Direcciones

- Que los Centinelas lean el Artículo de Fe 3 y la sección "Creemos". Contesta cualquier pregunta que tengan los Centinelas.

- Que los Centinelas encuentren a Juan 14: 16-17. Que los Centinelas descodifiquen las palabras para completar el versículo. Las respuestas son: Juan 14: 16-17- "Y yo le pediré al Padre, y él les dará otro (Consolador) para que los acompañe siempre: el (Espíritu) de Verdad, a quien el mundo no puede aceptar, porque no lo ve ni lo conoce. Pero ustedes si lo conocen, porque (vive) con ustedes y estará (en ustedes)". Señala que el Espíritu Santo puede estar en cualquier lugar. El Espíritu Santo le dice a la gente cuando ha pecado y los alienta a pedir el perdón de Dios. El Espíritu Santo vive en los cristianos para enseñarles a vivir la vida cristiana. El Espíritu Santo guía a los cristianos y los anima.

- Que los Centinelas escriban en sus propias palabras el significado del Artículo de Fe 3. Que voluntarios compartan lo que escribieron.

- Habla de los conceptos en "¡Enséñalo!"

- Haz el experimento con el ventilador y el avión de papel. Analicen cómo el viento y el Espíritu Santo son iguales.

¡Enséñalo!

Ayuda a los Centinelas a comprender que el Espíritu Santo es una parte de la Trinidad. También es conocido como Consejero, quien da consejos y consuelo. El Espíritu Santo nos dice cuando hacemos mal y nos alienta a tener una relación correcta con Dios. Cuando Jesús dejó la tierra para regresar al cielo, prometió enviar al Espíritu Santo para ayudar a sus seguidores. Jesús sólo podía estar con unas pocas personas a la vez como un ser humano, pero el Espíritu Santo puede estar con todos a la vez, ya que Él es Espíritu.

¡Hazlo!

Di, *¿Cuántos creen que existe el viento?* Espera la respuesta. *A pesar de que normalmente no puedes ver el viento, se pueden ver los efectos del viento.* Toma un avión de papel y sostenlo delante de un ventilador que sopla. Pregunta: *¿Qué hizo el aire en movimiento al avión? ¿Qué otras cosas hace el viento?* Espera las respuestas. *El Espíritu Santo es como el viento. No puedes ver el viento, pero puedes ver lo que hace el viento. No puedes ver el Espíritu Santo pero puedes ver cómo el Espíritu Santo ayuda a la gente. Dios Padre envió al Espíritu Santo para que nos ayudara después que Jesús regresó al cielo.*

Que los Centinelas observen las preguntas de la página 13 de sus libros. Ayúdalos a descifrar las cartas para descubrir cómo el Espíritu Santo ayuda a las personas.

Las respuestas son: guías, enseña, advierte, anima y ayuda.

Cierra con oración, agradeciendo a Dios por enviar al Espíritu Santo para que nos guíe y nos enseñe a vivir bien.

Artículo de Fe 4: La Biblia

Definición: La Biblia es la Santa Palabra de Dios en forma escrita. A veces lo llamamos las Escrituras o la Palabra de Dios.

Antes de la sesión, recoge los suministros y colócalos en una mesa.

Materiales

- Tarjetas 3" x 5"
- Biblia
- Lápices

Creemos

- Dios inspiró los 66 libros de la Biblia. Inspirar significa que Dios guió la mente y los corazones de los hombres que escribieron el Antiguo y el Nuevo Testamento.
- La Biblia nos cuenta cómo es Dios y te da Su plan de salvación por medio de Jesús.
- El mensaje principal de la Biblia es que Dios nos ama y ha hecho un camino para que seamos salvos del pecado por medio de Su Hijo, Jesús.

Buscando Direcciones

- Que los Centinelas lean el Artículo de Fe 4 y la sección "Creemos".
- Que los Centinelas encuentren 2 Timoteo 3: 16-17. Que trabajen en parejas o grupos pequeños para rellenar las palabras faltantes de los versículos. Las respuestas son: "Toda la Escritura es (inspirada por Dios) y es útil para (enseñar), (reprender), (corregir) y (entrenar) en justicia, para que el hombre de Dios pueda estar perfectamente equipado para toda buena obra".
- Discute los conceptos de la sección "Enséñale". Señala la importancia de que los cristianos lean la Biblia.
- Que los Centinelas hagan el juego de coincidencia en la sección "¡Hágalo!". Luego, que los Centinelas hagan coincidir con las palabras en sus libros Centinelas.
- Cierra con oración, agradeciendo a Dios por darnos la Biblia para que pudiéramos aprender más acerca de Él.

¡Enséñalo!

La Biblia fue escrita por personas, pero Dios les dio a esas personas los pensamientos para escribir. La Biblia sigue siendo el mensaje de Dios para la gente de hoy. Está llena de historia, poesía y guía para las personas sobre cómo vivir para agradar a Dios. Enfatiza que no es un libro de reglas de hacer y no hacer, pero es una hoja de ruta para guiarnos.

¡Hazlo!

Que los Centinelas coincidan las palabras con las definiciones en la página 15 de sus libros. Vean las siguientes definiciones para revisar sus respuestas.

A continuación, jugar a este juego. Escriba cada palabra en la columna de la izquierda debajo en una tarjeta de "3 x 5". Escriba la definición de cada palabra en tarjetas separadas de "3 x 5". Coloca todas las tarjetas en blanco. Divide a los Centinelas en dos equipos. Que un miembro de cada equipo cambie su turno de cartas y que empareje una palabra con su definición. Pasa un poco de tiempo discutiendo cada definición y cómo se relaciona con cómo la Biblia puede tener un impacto positivo en los Centinelas.

Inspirado por Dios. Dios le dio a la gente los pensamientos correctos mientras escribían una parte de la Biblia.

Enseñar: Mostrar a alguien cómo hacer algo que no han hecho antes.

Reprimenda: Corregir a alguien bruscamente.

Correcto: Hacer algo bien.

Entrenar: Prepararse para algo practicando una y otra vez.

Di, ***La Biblia fue escrita por diferentes autores durante un período de 1.000 a 1.500 años. Sin embargo, tiene un mensaje importante: Dios nos ama y tiene un plan de salvación a través de Jesús para ayudarnos a tener una relación correcta con Él.***

Cuando los Centinelas leen la Biblia, pueden aprender más acerca de Dios y Su amor por ellos. Hay algunas áreas del mundo donde la gente no tiene acceso a una Biblia o no tiene una Biblia en su propio idioma. Es un privilegio tener una Biblia para leer.

Cierra con oración, agradeciendo a Dios por el privilegio de aprender más acerca de Él y Su plan de salvación a través de nuestras Biblias.

Santidad

Santidad—*Ser santo significa "ser apartado" para Dios. Dios quiere que vivamos una vida santa, y el Espíritu Santo nos ayuda a ser semejantes a Cristo.*

Conoce a:
Phineas F. Bresee

Phineas F. Bresee (Fineas Brushi) es conocido como el fundador de la Iglesia del Nazareno. Phineas nació en una cabaña cerca de Franklin, Nueva York, el 31 de diciembre de 1838. Los padres de Phineas le dieron sólo un nombre y apellido. Más tarde, Phineas eligió el segundo nombre Franklin para sí mismo.

En 1854, la familia se trasladó a West Davenport, Nueva York, para abrir una tienda general. Phineas, de seis años, trabajaba en esta tienda como empleado. Tres cosas importantes le ocurrieron a Phineas mientras vivía en Davenport: se hizo cristiano; Comenzó a hacer obra cristiana; Y conoció a su futura esposa, María Hebbard.

Como adolescente, Phineas realizó reuniones de oración y le dijo a la gente cómo ser salvo.

Phineas recibió una licencia especial para los predicadores principiantes.

Cuando la familia se trasladó a Iowa, Phineas se convirtió en asistente de un predicador de circuito. Estos predicadores iban de un lugar a otro predicando a la gente en una comunidad. Cuando tenía 20 años, se convirtió en pastor de una iglesia metodista en Pella, Iowa. Durante los siguientes 25 años, pastoreó iglesias en todo Iowa. A menudo, Phineas servía como nuestros superintendentes de distrito hoy. Mientras estaba en Iowa, Phineas tuvo una experiencia espiritual en la cual estaba lleno del Espíritu Santo.

Sin embargo, no fue hasta más tarde que él entendió exactamente lo que sucedió.

Después de mudarse a California, Phineas se convirtió en el pastor de la Primera Iglesia Metodista de Los Ángeles. Una universidad en Iowa lo honró con un doctorado. Se reunió con varios pequeños grupos

de cristianos que formaban parte de un "movimiento de santidad".
La gente de santidad creía que Dios podía cambiar a una persona
tanto que él o ella amaría a Dios completamente y viviría sin pecado.
El pueblo llamó a esta experiencia "entera santificación". El Dr. Bresee
comenzó a enseñar y predicar acerca de vivir una vida santa.

El Dr. Bresee estaba preocupado por la gente pobre y disfrutaba del
trabajo de la misión. Fundó la Misión Peniel en Los Ángeles. Cuando
terminó su trabajo, no regresó a la Iglesia Metodista. Empezó una
nueva iglesia donde los pobres se sentirían cómodos y donde él podría
predicar sobre la santidad.

En octubre de 1895, se organizó una nueva iglesia como Iglesia
del Nazareno. Otros grupos alrededor del país comenzaron a formar
iglesias de santidad. Varias iglesias se reunieron durante un período de
tiempo para unirse al grupo del Dr. Bresee. El 13 de octubre de 1908 es
considerado el "cumpleaños" oficial de la Iglesia del Nazareno.

Phineas Franklin Bresee pastoreaba la Iglesia de Nazareno de
Los Ángeles, era un superintendente general de la denominación
Nazarena, era presidente de una universidad, escribía para el periódico
de la iglesia, hablaba en muchos lugares y visitaba a los pobres y
necesitados en casa.

Phineas F. Bresee murió el 13 de noviembre de 1915 a la edad de
77 años. Dejó atrás una nueva y creciente Iglesia del Nazareno. La
denominación sigue creciendo hoy.

Vida Santa

Santidad no significa sentarse en la iglesia todo el día orando. La
mejor manera de demostrar la santidad es a través de las relaciones (amigos, familia y la gente de tu escuela). Cuando tratas a
la gente de la manera en que Jesús vivió y enseñó, estás siendo
como Cristo. No tienes que adivinar cómo tratar a la gente, porque
la Biblia te dice cómo hacerlo. Lee estos y otros versículos para ayudarte a entender: Romanos 12:1; 1 Pedro 1:15-16; 2 Pedro 1:3-8.

¿Por qué crees que la santidad es tan importante
para la vida de un cristiano?

Evangelismo

Evangelismo—*la obra de decir el evangelio (la "buena noticia" de Jesucristo) a las personas que no son cristianos. El propósito es ayudar a estas personas a tener Fe en Jesús.*

Conoce a: Buddie Robinson

Reuben Robinson nació en una pequeña cabaña en Tennessee en 1860. Cuando él tenía 12 años, su padre murió, y su familia se trasladó a Texas. Trabajaba en un rancho y llevaba un sombrero ancho y botas de vaquero con espuelas.

Un día, fue a un servicio de avivamiento, se dio cuenta de que era un pecador, le pidió a Dios que perdonara sus pecados y se convirtió en cristiano.

Reuben se hizo conocido como "Buddie". Él sintió que Dios lo había llamado para ser predicador. Algunas personas trataron de desanimarlo porque tenía un problema de habla. Buddie no sabía leer. Cuando era un niño pequeño en Tennessee, no había escuelas para que él asistiera.

Buddie tenía muchas dificultades para superar. Luchó para asegurarse de que era cristiano. Justo en medio de un campo de maíz, Dios lo santificó y le aseguró que era un cristiano. Buddie aprendió a leer y escribir y comenzó a predicar y a escribir libros. Superó sus problemas de habla y lectura para convertirse en un evangelista. Viajó por todo el país con servicios de avivamiento.

Dios ayudó al "Tío Buddie" Robinson, un niño sin educación con un problema de habla, a convertirse en uno de los evangelistas más famosos y amados de la Iglesia del Nazareno.

Practica el Evangelismo

Un evangelista es un "mensajero de las buenas nuevas de Jesús". Dile a tus amigos que Jesús los ama (Juan 3:16)! ¡Si quieren pedirle a Jesús que sea su Salvador, es tan fácil como ABC!

A—Admite que has pecado (hecho mal, desobedecido a Dios). Dile a Dios lo que has hecho, arrepiéntete de ello y debes estar dispuesto a dejarlo. (Romanos 3:23)

B—Busca de Dios, proclama a Jesús como tu Salvador. Di lo que Dios ha hecho por ti. Ama a Dios y sigue a Jesús. (Romanos 10:13)

C—Cree que Dios te ama y envió a su Hijo, Jesús, para salvarte de tus pecados Pide y recibe el perdón que Dios te está ofreciendo. Ama a Dios y sigue a Jesús. (Juan 3:16)

¿Qué tuvo que sobreponer Buddie Robinson para llegar a ser un evangelista?

¿Qué maneras usarias para compartir a tus amigos de Jesús?

¿Qué tan importante es para tí saber como contarle a la gente de Jesús?

¿A quién conoces tú que necesite escuchar del amor de Dios y Su plan de salvación?

COCINA

Mental

Bases Bíblicas: "[Dios] Haces que crezca la hierba para el ganado, y las plantas que la gente cultiva para sacar de la tierra su alimento: el vino que alegra el corazón..."(Salmo 104:14-15).

Punto Bíblico: Dios provee para nuestras necesidades físicas y espirituales.

Meta de la Insignia:

■ Los Centinelas deben conocer vocabulario básico de cocina y mediciones equivalentes, y ser capaces de medir ingredientes líquidos, secos y suaves.

■ Los Centinelas deben ser capaces de demostrar la seguridad de cocinar y preparar una merienda simple siguiendo la receta.

■ Los Centinelas debe comenzar a entender que Dios está preocupado por su bienestar total y quiere una relación con ellos.

■ Los Centinelas pueden participar en un proyecto de ministerio opcional usando las habilidades de Cocinar.

Valor Fundamental: Evangelismo. Lee la información acerca de Buddie Robinson. Los Centinelas y sus familias pueden usar las habilidades de Cocinar para cocinar u hornear un artículo y llevarlo a alguien como un regalo para "familiarizarse con Jesús".

Plan de Acción

Los niños que adquieren habilidades básicas de cocina pueden ganar independencia y autoestima. A medida que aprenden a cocinar, fortalecen sus habilidades de lectura y matemáticas. El desafío emocionante de cocinar también proporciona una oportunidad de aprender el arte de la hospitalidad. El conocimiento obtenido a través de la cocina puede ayudar a los niños a lograr el éxito con esfuerzos futuros.

Cada semana es independiente. Los Centinelas aprenderán diferentes aspectos de la cocina que no dependen necesariamente del aprendizaje de la semana anterior.

Si los Centinelas quieren seguir un proyecto de ministerio, toma unos minutos de cada sesión para discutir el proyecto y los pasos necesarios para llevar a cabo el proyecto. Los proyectos ministeriales son opcionales.

44

PLANIFICADOR DE INSIGNIAS

Sesión

Mental

1 Los Centinelas aprenderán acerca de las medidas, leer una receta y consejos de seguridad. Ellos harán Apple Cinnamon Dough.

2 Los Centinelas se prepararán palomitas de maíz utilizando la estufa, microondas, o Poporopera de palomitas de maíz.

3 Los Centinelas harán un postre.

4 Los Centinelas pueden participar en un proyecto de ministerio opcional usando las habilidades de Cocina.

Nota: Programa el uso de la cocina de la iglesia para las sesiones en las que trabajes en esta insignia.

Requisitos ✓ de Insignia

Elige cuatro de los cinco requisitos a continuación para completar la insignia de Cocina.

☐ Mostrar cómo medir líquidos, ingredientes secos e ingredientes suaves.

☐ Explicar los procedimientos básicos de cocción y las reglas de seguridad, y contar la importancia de ellos.

☐ Leer y seguir todas las instrucciones para dos recetas.

☐ Utilizar sus habilidades de cocinar para complacer a alguien.

☐ Encontrar una manera de usar sus habilidades para cocinar para servir a otra persona.

RECURSOS

• Visita tu biblioteca local y echa un vistazo a los libros de cocina de niños.

• Comprueba los sitios web de cocina de niños.

• Pide a un cocinero que visite y demuestre técnicas de seguridad.

¡SeRViR!

Los Centinelas pueden usar cualquiera de estas sugerencias para proyectos ministeriales. (Estos proyectos ministeriales son opcionales y no se requieren para completar los requisitos de la insignia.

100 Completa los requisitos para la insignia de Cocina.

200 Usa los requisitos para la insignia de cocina como un proyecto de ministerio para servir a otro grupo o persona.

300 Combina las habilidades de las insignias de Empresa y de la Cocina. Haz golosinas para vender en un evento de recaudación de fondos para un futuro evento Caravana o viaje misionero.

#1 SeguRidad

- **SiEMPRE** girar las manijas de una sartén o sartén en una dirección segura.

- **SiEMPRE** utilizar asas para quitar los recipientes calientes de la estufa, horno o microondas.

- **SiEMPRE** abrir las cubiertas de los recipientes calientes lejos de tu cara y las manos para evitar quemaduras de escape de vapor.

- **NuNca** sostener sartenes o cacerolas en el gabinete o en el fregadero.

- **NuNca** colocar objetos metálicos en el microondas.

- **NuNca** usar agua para apagar un fuego en una sartén o cacerola.

Nota: Antes de cocinar, consulta con los padres sobre las alergias.

PALABRAS PARA SABER

Receta: Una receta dice cómo cocinar los alimentos. Una receta te dice cuatro cosas: (1) El nombre del alimento que estás haciendo, (2) las cosas que necesitarás para hacerlo, (3) cómo hacerlo, y (4) la cantidad.

Cucharas y tazas de medir: Estas son cucharas y tazas especiales. Están marcadas para ayudarte a medir los alimentos. Las cuatro cucharas de medición más comunes son: cucharadita ¼ , cucharadita ½ , 1 cucharadita, 1 cucharada. Los tamaños más comunes de tazas de medir son: taza ¼ , taza 1/3, ½ taza, 2/3 taza, ¾ taza, y 1 taza, y 2 tazas.

Ingredientes: Los elementos necesarios para hacer la comida.

PREPARADOS . . . LISTOS . . . FUERA

MEDICIÓN: Sesión 1

Los Centinelas aprenderán a leer una receta y a medir ingredientes.

Antes de esta sesión, recoge los suministros necesarios y compra los ingredientes. Confirma la disponibilidad de las instalaciones de la cocina. Asegúrate de que haya un mostrador o un espacio de mesa para medir los ingredientes.

Materiales

- Varios libros de recetas infantiles
- Tazas de medir y cucharas
- Agua
- Harina
- Azúcar moreno
- Sal
- Barra de margarina
- Puré de manzana
- Canela
- Bolsa de plástico ziploc
- Papel encerado
- Cucharas plásticas
- Servilletas o toallas de papel
- Cuencos o platos de papel

Buscando Direcciones

- Cuando lleguen los Centinelas, déjalos mirar los libros de recetas de niños. Que los Centinelas compartan sus experiencias con la cocina.

- Que voluntarios lean el versículo Bíblico, la sección "¿Qué puedes hacer con esta habilidad?", Los requisitos de la insignia, las cuestiones de seguridad y las palabras del vocabulario.

- Lee acerca de "Ingredientes Líquidos", "Medidas Secas y Sólidas" y "Medición con Cucharas". Muestra a los Centinelas cómo medirlos y déjalos practicar. Muestra a los niños cómo leer y usar las medidas en un barra de margarina.

- Discutir las abreviaturas y las mediciones equivalentes.

- Que los Centinelas escriban las partes de una receta. "Las respuestas son: El nombre para el alimento que estas fabricando. Los ingredientes o cosas que necesitarás para hacerlo. Las instrucciones, o cómo poner los ingredientes juntos. La cantidad que la receta hace.

- Que los Centinelas hagan Apple Cinnamon Dough. Esta es una receta no cocinada, no comestible. Sigue la receta en el *Estudiante Centinela*.

- Lee el Salmo 104: 14-15. Di: ***Dios creó el mundo y la gente. Le dio a la gente plantas para comer. Él amorosamente provee para la gente. El Valor Fundamental de esta insignia es Evangelismo. Buddie Robinson era un evangelista que viajaba de un lugar a otro diciéndole a la gente acerca del amor y del cuidado de Dios.***

Cierra con oración. Agradece a Dios por proveer nuestras necesidades.

47

MIRAR LO QUE SE ESTÁ COCINANDO: **Sesión 2**

Los Centinelas aprenderán a hacer palomitas de maíz de varias maneras diferentes.

Antes de esta sesión, obtén suministros. Confirma la disponibilidad de instalaciones de cocina.

Materiales

- Lápices
- Microondas
- Sartenes
- Cacerolas
- Potecillos
- Recipiente para hacer palomitas
- Estufa
- Bolsa de palomitas de microondas
- Aceite
- Palomitas de maíz

Buscando Direcciones

- Cuando lleguen los Centinelas, dales papel y lápices. Que escriban un poema de cuatro líneas sobre su comida favorita o cualquier comida.

    ¡Los panqueques y el sirope son ricos!
    Con mantequilla o leche son más riquitos
    ¡No he comido esto desde que era chiquito!

- Que voluntarios lean " la Seguridad en Cocinar ", "Antes de comenzar", "Cuando estés cocinando" y "Cuando termines".

- Haz las palomitas de maíz de la siguiente manera: microondas, estufa y recipiente.

- Lee el Salmo 104: 14-15. Di: *Este versículo nos recuerda que Dios provee alimento para nuestras necesidades físicas. Dios también sabe que tenemos necesidades espirituales. El Valor Fundamental para la insignia de cocina es Evangelismo. Una gran manera de decirle a alguien acerca del amor de Dios es compartir primero algo que has cocinado o horneado.*

Concluye en oración. Agradécele a Dios por las nuevas habilidades que los Centinelas están aprendiendo.

Mirada más De Cerca!

La seguridad es una preocupación importante cuando se trabaja con calor, utensilios afilados y niños. Enfatiza la importancia de la seguridad en la cocina.

CHEF JUNIOR: **Sesión 3**

Los Centinelas aprenderán cómo hacer un postre.

Materiales

Antes de esta sesión, obtén los suministros e ingredientes necesarios. Confirma la disponibilidad de las instalaciones de la cocina.

- Marcador (blanco) y marcadores
- Recetas
- Tazas de medir y cucharas
- Galletas de sándwich de chocolate
- Pudding de chocolate
- Batido
- Gusanos gomosos
- Bolsas de plástico Ziploc

Buscando Direcciones

- Cuando lleguen los Centinelas, que escriban en la pizarra su postre favorito. Luego, que los Centinelas voten sobre el postre favorito No. 1 para la clase.

- Que los Centinelas sigan la receta en el *Estudiante Centinela* para hacer Copas de Suciedad. Que los Centinelas limpien y guarden todo.

- Lee el Salmo 104: 14-15 a los Centinelas. Que los Centinelas informen de las formas en que Dios cuida sus necesidades físicas y espirituales.

PROYECTOS MINISTERIALES: **Sesión 4**

Elige y completa uno o más proyectos en la sección *Ir, Servir* de este capítulo. Hay infinitas combinaciones de proyectos ministeriales que se pueden hacer. Usa tu imaginación.

¡Envuélvelo!

Que los Centinelas respondan las preguntas para reflexionar sobre lo que han aprendido a través de esta Insignia de Cocina.

MÚSICA

Bases Bíblicas: "¡Aclamen alegres al Señor, habitantes de toda la tierra! ¡Prorrumpan con alegres cánticos y salmos! ¡Aclamen alegres al Señor, el Rey, al son de clarines y trompetas!" (Salmo 98: 4-6).

Punto Bíblico: Podemos alabar y honrar a Dios a través de la música.

Meta de la Insignia:

- Los Centinelas deben aprender los fundamentos de la lectura de la música.

- Los Centinelas deben practicar la lectura de melodías.

- Los Centinelas deberían pensar en cómo la música afecta su relación con Dios.

- Pueden introducirse Centinelas en un proyecto ministerial opcional utilizando las habilidades musicales.

Valor Fundamental: La Santidad Cuando dedicamos nuestras vidas a Dios, queremos complacerlo con nuestros pensamientos y acciones. La música tiene un efecto profundo en nuestros pensamientos. Es importante que los cristianos tomen decisiones sabias acerca de la música.

EXPLORADOR

Plan de Acción

La música afecta la vida de los niños. La escuchan dondequiera que vayan. Las canciones populares, los cantantes y los músicos influyen incluso en los niños pequeños. Es importante que los niños se den cuenta de cómo la música les afecta. En el lado positivo, pueden usar la música para alabar a Dios y compartirla con otros. Esta insignia es una gran oportunidad para que los Centinelas que ya tocan instrumentos musicales compartan sus conocimientos.

PLANIFICADOR DE INSIGNIAS

Sesión

1 Los Centinelas pensarán en cómo la música afecta nuestras vidas. Discutirán a músicos populares o talentosos y los mensajes que envían.

2 Los Centinelas aprenderán lo básico de la lectura de música. Como grupo, aprenderán y cantarán una nueva canción.

3 Los Centinelas irán a un concierto y hablarán de la música que escuchan. O, tendrán un servicio de alabanza y adoración con todo el grupo de Caravans.

4 Los Centinelas pueden participar en un proyecto opcional del ministerio usando las habilidades Musicales.

Requisitos ✓ de Insignia

Elige cuatro de los cinco requisitos para completar la Insignia de Música.

☐ Aprender hechos básicos sobre música.

☐ Aprender cómo puedes usar la música para alabar a Dios.

☐ Asistir o participar en un concierto.

☐ Decir cómo los músicos pueden afectar tu vida.

☐ Encontrar una manera de usar las habilidades musicales para ministrar a alguien más.

RECURSOS

Estos son algunos recursos para ayudarte:
- Consulta con tu tienda de música local o librería cristiana.

SeRViR!

Los Centinelas pueden usar cualquiera de estas sugerencias para los proyectos ministeriales. (Los proyectos ministeriales son opcionales y no se requieren para completar los requisitos de la insignia.)

100 Requisitos completos para la Insignia de música.

200 Requisitos de uso para esta insignia, completar un proyecto ministerial. Considera la posibilidad de realizar un musical o participar en el equipo de adoración de la iglesia.

300 Combina las habilidades de Música, Hospitalidad y Oración para hacer un retiro de oración y alabanza para los niños en tu comunidad. Trabaja con otras iglesias en tu área para coordinar el evento y planea música, aperitivos y actividades.

SÍMBOLOS A CONOCER

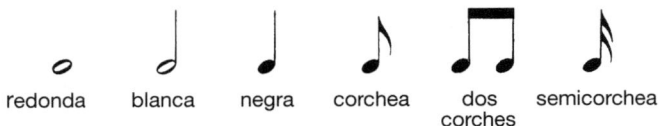

| redonda | blanca | negra | corchea | dos corches | semicorchea |

silencio

| silencio de redonda | silencio de blanca | silencio de negra | silencio de corches | silencio de semicorchea |

clave de sol   clave de fa   Do central

1   2   3   4   5

PREPARADOS . . . LISTOS . . . FUERA

MÚSICA EN TODO LUGAR: Sesión 1

Los Centinelas aprenderán cómo la música afecta sus vidas.

Antes de esta Sesión, pídele a un músico que visite el grupo Centinela. Que el músico traiga un instrumento. Si toca un instrumento, aprovecha esta oportunidad para compartir sus conocimientos con el grupo. Si alguno de tus Centinelas toca un instrumento, invita (pero no obligues) a que él o ella lo toque para el grupo.

Materiales

- Instrumento musical
- Tablero blanco con marcadores
- Reproductor de CD
- CDs apropiados para la edad o música cristiana
- Un músico invitado

Buscando Direcciones

- A medida que lleguen los Centinelas, ten un CD cristiano tocando música. Deja que los niños discutan sus canciones favoritas. Pregúntales lo que les gusta de la música.

- Que el grupo discuta las formas en que la música puede ayudar a la gente. Asegúrate de mencionar la importancia de la música en la iglesia y en la vida de muchos cristianos.

- Que voluntarios lean el versículo Bíblico, la sección "¿Qué puedes hacer con esta habilidad?",

- Los requisitos de la insignia, "¿Qué pasa si no soy bueno en la música?" Y los "Símbolos a saber". Da tiempo a los Centinelas para responder a las preguntas en el *Estudiante Centinela*. Que voluntarios compartan sus respuestas.

- Lee el Salmo 98: 4-6. Di: **Muchos de los salmos en la Biblia son canciones de alabanza a Dios.** Podemos usar la música para alabar a Dios. Pregunta al grupo cuáles son sus canciones favoritas de alabanza. NOTA: Algunos Centinelas pueden no estar familiarizados con la música cristiana.

- Explica que algunas (aunque no todas) canciones no agradan a Dios. Pídeles a los Centinelas que den ejemplos de canciones que saben que hablan de cosas que no agradan a Dios. Recuerda a los Centinelas que escojan su música cuidadosamente.

- Que el orador invitado comparta acerca de su experiencia con la música y realice una canción o canciones favoritas.

- Cierra la sesión con oración y un coro de alabanza.

CANTAR JUNTOS: Sesión 2

Los Centinelas aprenderán los fundamentos de la lectura de la música.

Materiales

Antes de esta Sesión, pídele al líder de la iglesia o a otro músico que conozcas que asista a esta sesión.

- Un músico invitado
- Partituras para un estribillo simple
- Un instrumento musical, como un piano o una guitarra

■ A medida que lleguen los Centinelas, que nominen su canción favorita. Escribe los títulos de las canciones en la pizarra. Después de que todos los Centinelas lleguen, has una votación para encontrar qué canción gana el premio. (Puedes hacer un nombre para el premio.)

■ Revisa la información en el *Estudiante Centinela* acerca de las claves de agudos y bajos, el personal y las líneas y espacios, y los valores de las notas y los descansos. Limita esta actividad a 10 minutos. Puedes hacer explicaciones más detalladas si tienes conocimiento musical y deseas hacerlo.- Pídele al músico que revise rápidamente las notas de la escala, usando su instrumento para demostrarlo. Que el grupo practique cantando arriba y abajo de la escalera.

■ Distribuye copias de la música de alabanza y que el músico guíe al grupo para aprender la melodía. Cuando los Centinelas aprendan la canción, pídeles que practiquen varias veces usando la partitura y escuchando el acompañamiento. Luego, que los Centinelas canten la canción sin mirar la música. Di: **Podemos cantar alabanzas a Dios en cualquier momento, en cualquier lugar. Es importante decirle a Dios cuánto lo amamos. Trata de cantar esta canción a Dios esta semana.**

■ Si el tiempo lo permite, pide al músico que muestre cómo tocar su instrumento y tocar una canción favorita. Dependiendo del instrumento y si el músico está dispuesto, deja que los Centinelas lo intenten.

■ Lee el Salmo 98: 4-6. Pregunta: **¿Cuántos instrumentos musicales se mencionan en este versículo? ¿A quién debemos cantar?** Concluye en oración, agradeciendo a Dios por ayudar a los Centinelas a desarrollar sus habilidades musicales. Agradece a Dios por la alegría que la música puede traerle y a Él al pueblo.

ESCUCHAR LA MÚSICA: Sesión 3

Los Centinelas asistirán a un concierto o evento musical y discutirán la música que escuchan.

Antes de esta Sesión, has arreglos para el transporte, chaperones adultos y boletos (si es necesario) para un concierto local. Ten a mano formularios de permiso adicionales para los visitantes y pide a los padres que firmen los formularios antes de dejar al niño en la iglesia.

Materiales

■ Un músico o cd de culto
■ Reproductor de cd
■ Formularios de permiso
■ Medio de transporte
■ Chaperones adicionales

Si tu grupo no puede asistir a un concierto, ten un servicio de alabanza y adoración como grupo. Invita a un músico para que te ayude, o utiliza CDs de adoración. Este sería un buen momento para usar los talentos de los niños de tu grupo o niños mayores y adolescentes de tu iglesia.

■ Si puedes asistir a un concierto, ¡disfruta del espectáculo! Después del concierto, discute el estilo de música Pregunta si la música sería agradable a Dios.

O . . .

■ Ten un tiempo de alabanza y adoración con tu grupo de Centinelas. Si tu grupo es pequeño y sus miembros tímidos, invita a otros grupos de Caravana u otros niños en tu iglesia para asistir a esta sesión.

■ Lee el Salmo 98: 6 al grupo. Di: *La música es una manera divertida de alabar a Dios. Elige la música que alaba o enseña acerca de Dios y ayuda a mantener buenos pensamientos en la mente.*

El Valor Fundamental de esta insignia es Santidad. Cuando decimos que queremos vivir una vida santa, llevamos ese pensamiento a todas las elecciones que hacemos. Hay algunas canciones que plantan pensamientos equivocados en nuestras mentes. Haz elecciones que agraden a Dios.

Cierra con oración, agradeciendo a Dios por la alegría que la música trae. Pide a Dios que ayude a los Centinelas a tomar decisiones sabias sobre la música y a estar dispuestos a usar sus habilidades musicales para honrarlo.

PROYECTOS DEL MINISTERIO: Sesión 4

Elige y completa uno o más proyectos en la sección *Ir, Servir* de esta insignia. Hay infinitas combinaciones de proyectos ministeriales que se pueden hacer. Usa tu imaginación. Considera la posibilidad de que los Centinelas participen en el equipo de adoración de tu iglesia.

¡Envuélvelo!

Que los Centinelas respondan las preguntas para reflexionar sobre lo que han aprendido a través de esta insignia de música.

CUIDADO DE MASCOTAS

Bases Bíblicas: "y dijo: "Hagamos al ser humano a nuestra imagen y semejanza. Que tenga dominio sobre los peces del mar, y sobre las aves del cielo; sobre los animales domésticos, sobre los animales salvajes, y sobre todos los reptiles que se arrastran por el suelo.'" (Génesis 1:26)

Punto Bíblico: Todos los animales son creación de Dios y un regalo de Dios a la gente. Dios quiere que seamos buenos administradores de los animales que Él nos ha dado.

Meta de la Insignia:

- Los Centinelas aprenderán los fundamentos sobre tres tipos de animales domésticos y cómo cuidarlos. Ellos aprenderán la buena administración de los animales de Dios.
- Los Centinelas aprenderán qué tipo de mascota les conviene mejor y su estilo de vida.
- Los Centinelas pueden ser introducidos a un proyecto opcional de ministerio que use habilidades del cuidado de mascotas.

Valor Fundamental: La Santidad. Lee la información sobre la que Phineas F. Bresee. El Dr. Bresee predicó acerca de vivir una vida santa. Esto incluye mostrar preocupación y amabilidad a las personas y a los animales.

EXPLORADOR

Plan de Acción

Los niños disfrutan de los animales. Las mascotas suelen ser buenas para los niños porque los animales pueden enseñar a los niños un sentido de responsabilidad. Es importante elegir una mascota sabiamente. Esta insignia ayudará a los Centinelas a evaluar qué tipo de mascota sería mejor para ellos.

Cada sesión es autónoma e intercambiable. Si tus Centinelas quieren hacer un proyecto ministerial, toma unos minutos cada semana para discutir el proyecto y los pasos necesarios para llevar a cabo el proyecto. Los proyectos ministeriales son opcionales.

PLANIFICADOR DE INSIGNIA

Sesión

1 Los Centinelas aprenderán las características básicas, las necesidades y el cuidado de los gatos.

2 Los Centinelas aprenderán las características básicas y las necesidades de un perro y cómo elegir el perro adecuado para su situación.

3 Los Centinelas aprenderán las necesidades y el cuidado de peces.

4 Los Centinelas pueden participar en un proyecto de ministerio opcional usando las habilidades del Cuidado de mascotas.

Requisitos ✓ de Insignia

Elija cuatro de los cinco requisitos a continuación para completar la insignia de Cuidado de mascotas.

☐ Decir lo que se requiere para cuidar de un gato.

☐ Decir lo que se requiere para cuidar a un perro.

☐ Decir lo que se requiere para cuidar de un pez.

☐ Decir cómo elegir el tipo de mascota que coincida con su situación actual de vida.

☐ Encontrar una manera de usar las habilidades de cuidado de mascotas para ministrar a alguien más.

RECURSOS

- Tiendas de mascotas locales, agencias de rescate de animales y veterinarios.

- Biblioteca local para libros o CDs sobre perros, gatos, peces u otros animales.

- Padres o miembros de la iglesia que tengan animales bien educados.

¡SeRViR!

Los Centinelas pueden usar cualquiera de estas sugerencias para proyectos ministeriales. (Estos proyectos ministeriales no son obligatorios para completar los requisitos de la insignia y son opcionales):

100 Requisitos completos para la insignia de Cuidado de Mascotas.

200 Requisitos completos para la insignia de Cuidado de Mascotas. Los Centinelas usan sus conocimientos básicos de cuidado de mascotas para ofrecerse como voluntarios para cuidar mascotas a través de un proyecto de iglesia, o una agencia de rescate de animales, o un "desfile de mascotas".

300 Combina las insignias Cuidado de Mascotas y Comunidad. Sirve a tu comunidad local a través de un baño de perros, o clases de obediencia que se celebrará en tu iglesia.

#1 seguridad

- **Ten en cuenta** a los niños que tienen alguna alergia a los animales.
- **Habla** con el dueño de un animal antes de tratar de acariciarlo o jugar con él.

PALABRAS PARA SABER

Raza: Un tipo particular de animal.

Cepillar: Cepillar y limpiar un animal.

Agencia de rescate: Un grupo de personas que salvan animales que están en peligro.

Veterinario: Un médico que esté entrenado para tratar animales enfermos o lesionados.

PREPARADOS . . . LISTOS . . . FUERA

FELINOS PELUDOS: Sesión 1

Los Centinelas aprenderán cómo cuidar a un gato.

Antes de esta sesión, recopila elementos del "Materiales" y muéstralos en una mesa. Organiza transporte, formularios de permiso y supervisión adulta adecuada si realizas una excursión.

Materiales

- Un "gato invitado especial" y su dueño
- Investigación adicional
- Transporte
- Formularios de permiso
- Bolsa de arena para gatos
- Caja de arena y cucharada
- Comida para gatos y plato
- Juguetes para gatos

Buscando Direcciones

- A medida que llegan los Centinelas, déjalos mirar los objetos para gatos en la mesa.

- Que los voluntarios lean el versículo de la Biblia, la sección "¿Qué puedes hacer con esta habilidad?", Los requisitos de la insignia, las cuestiones de seguridad y las palabras del vocabulario.

- Discute con los Centinelas cómo pueden mostrar amabilidad y cuidado a los gatos.

- Que los voluntarios lean "Personalidades de las mascotas", "Hechos felinos" y "Detalles de mascotas".

- Introduce estos hechos acerca de los gatos, o que tu orador invitado hable de ellos.

  1. Los gatitos necesitan más atención y entrenamiento.
  2. Un gato de unos cuatro meses de edad es una buena opción para un gato nuevo en una casa con niños pequeños.
  3. Elige un gato que sea juguetón, alerta, activo y cómodo.
  4. Los gatos toman tiempo para adaptarse a un nuevo entorno.
  5. Es mejor mantener a los gatos dentro de casa, especialmente si han sido desgarrados.
  6. Asegúrate de que se les dé atención médica y atención para una vida larga y feliz.
  7. Los gatos de pelo largo son más trabajosos porque necesitan ser cepillados más.
  8. Si consigues un gatito, considera conseguir dos. Así tienen compañía mutua.
  9. Es una gran idea tener tu gato esterilizado o castrado.

- Que un voluntario lea "gatos y tu." Deja a los Centinelas decidir si harían buenos dueños del gato.

- Lee de nuevo Génesis 1:26. Di: ***Dios nos dio animales para nuestro disfrute. Pero Dios también nos dio la responsabilidad de cuidar adecuadamente a los animales. Los cristianos deben tratar a los animales con bondad y amor.***

Mirada más De Cercana!

Considera la celebración de esta sesión en una tienda de mascotas, la oficina de un veterinario, o un refugio. ¿Tienes un gato que puede hacer trucos y ama a una multitud? Este es el "gato invitado" perfecto para llevar.

PATAS JUGUETONAS: Sesión 2

Los Centinelas aprenderán cómo cuidar a un perro.

Materiales

Antes de esta sesión, recopila los suministros necesarios y muéstralos en una mesa. Si vas a una excursión, has arreglos para el transporte, formularios de permiso y supervisión adulta adecuada.

- Un "perro invitado especial" y propietario
- Investigación extra
- Transporte y formas de permiso
- Tazón de comida para perros
- Tazón de agua
- Comida para perros y cepillo
- Collar de perro y correa
- Juguetes de perro para masticar
- Marcador y marcadores

Buscando Direcciones

- A medida que llegan los Centinelas, que escriban los animales que pueden ser mascotas. Que los Centinelas vean cuántos pueden enumerar. Que los Centinelas rodeen a los que tienen como mascotas.
- Lee Génesis 1:26. Discute cómo nuestra preocupación por los animales cumple una responsabilidad que Dios nos dio.
- Discute qué suministros son necesarios para mantener a un perro sano.
- Que un orador invitado o tu presente la información de la sesión.
- Que los voluntarios lean "Personalidades de Mascotas", "Hechos de Fido" y "Detalles de Mascotas".
- Lee "Los Perros y tú" para ayudar a los Centinelas a entender cómo ser amables con los perros.
- Que los Centinelas decidan si serían buenos dueños de perros.
- Introducir estos hechos acerca de los perros o hacer que su orador invitado hable de ellos.
  1. Los cachorros necesitan mucha supervisión y entrenamiento. Considera la escuela de obediencia.
  2. Enseña a tu perro un buen comportamiento. Se consistente y usa elogios.
  3. Dar a tu perro el tipo correcto de alimentos y mucha agua.
  4. Mantén la ropa de cama de tu perro libre de pulgas y garrapatas.

60

5. Un perro limpio es uno sano, pero no bañes de más a un perro.
6. Prepara a tu perro y corta sus uñas.
7. Proporciona juguetes para masticar. Esto mantiene sus dientes fuertes.
8. Respeta el espacio de un perro.

■ Que voluntarios lean Génesis 1: 26. Diga: **Dios creó diferentes tipos de animales. Dios le dio a la gente la responsabilidad de cuidar a los animales.**

Cierra con oración. Agradece a Dios por crear animales tan maravillosos. Pide a Dios que ayude al Centinela a hacer su parte para cuidar y proteger a los animales.

Mirada mas **DE** Cercana!

Examina cuidadosamente a los perros invitados y explica a los Centinelas cómo comportarse alrededor de los perros para evitar cualquier problema. Refuerza la idea de "respetar el espacio de un perro".

DE PESCA: Sesión 3

Los Centinelas aprenderán a cuidar los peces.

Antes de esta sesión, obtén los suministros necesarios y muéstralos sobre una mesa. Opcional: ubicación del viaje de campo, arreglos de transporte, formularios de permiso y supervisión adulta adecuada. Utiliza tablero marcador para la discusión.

Materiales

■ Tanque de pescado con peces
■ Pecera con peces
■ Marcador y marcadores
■ Agua
■ Grava

■ Filtro y bomba de aire
■ Comida para pez
■ Productos químicos
■ Sifón
■ Decoraciones

Buscando Direcciones

■ Que los Centinelas miren los elementos necesarios para cuidar el pez.
■ Que voluntarios lean "Personalidades de mascotas", "Detalles de mascotas" y "Hechos de pesca".
■ Discutir con los Centinelas los pros y contras de tener peces como mascotas.
■ Que los Centinelas decidan si serían buenos propietarios de peces.
■ Pide a un niño que lea Génesis 1:26. Di: *Hemos disfrutado aprendiendo más sobre las mascotas. Ver a un lindo animal nos hace querer llevarlo a casa. Sin embargo, las mascotas requieren mucho cuidado. No es justo que lleves un animal a casa y luego lo descuides.*

Cierra en oración. Agradece a Dios por darnos el privilegio de cuidar a los animales. Pide a Dios que ayude a los dueños de mascotas a cuidar bien a los animales.

PROYECTOS DE MASCOTA: **Sesión 4**

Habla con tus Centinelas acerca de servir a través de un proyecto de ministerio que involucre mascotas o cuidado de mascotas. Esta es una manera tangible de enseñar a los Centinelas responsabilidad, cuidado y amabilidad. Elige y completa uno o más proyectos en la sección *Ir, Servir* de este capítulo.

¡Envuélvelo!

Han respondido los Centinelas las preguntas para reflexionar sobre lo que han aprendido en esta insignia de cuidado de mascotas.

EL GRAN AIRE LIBRE

Bases Bíblicas: "El Señor Dios tomó al hombre y lo puso en el huerto del Edén para que lo trabajara y lo cuidara." (Génesis 2:15)

Punto Bíblico: La naturaleza revela quién es Dios.

Meta de la Insignia:

- Los Centinelas deberían ser capaces de describir las formas en que Dios se revela en la naturaleza.
- Los Centinelas deben poder estudiar la naturaleza que los rodea.
- Los Centinelas pueden ser introducidos a un proyecto del ministerio que usa habilidades del gran aire libre.

Valor Fundamental: La santidad. Lee la información acerca de Phineas F. Bresee. El estudio de la naturaleza es una gran manera para que los niños vean a Dios en el trabajo en el mundo. Mientras pasan tiempo con sus amigos al aire libre, pueden hablar sobre Dios y su relación con Él. Dios quiere que la gente viva una vida santa. Con Su ayuda, ellos pueden hacerlo.

Plan de Acción

Los Centinelas son más activos y físicamente más capaces que los estudiantes de primero y segundo grado. Sus grandes grupos musculares se están desarrollando, haciendo de la actividad al aire libre una gran oportunidad para sus cuerpos jóvenes. Anímalos a mantenerse dentro de sus habilidades, ya que a menudo tratarán de sobreestimar sus habilidades.

Los Centinelas trabajarán mucho y duro en los proyectos que les interesan, pero sus intervalos de atención son muy bajos en actividades que no les gustan. Ayúdales a encontrar áreas de estudio de la naturaleza que les guste.

A los Centinelas les encanta hablar. Mientras estudian la naturaleza, deja que hablen libremente, pero séñales que hay cosas que nunca verán si son demasiado ruidosos. Su curiosidad conducirá a muchas preguntas, especialmente cuando interactúan con la naturaleza. Ten guías de campo disponibles para contestar sus preguntas sobre árboles, clima, insectos y vida animal.

PLANIFICADOR DE INSIGNIAS

Mental

Sesión

1 Los Centinelas aprenderán varios aspectos del estudio de la naturaleza. Discutirán cómo estudiar la naturaleza, adónde ir, cómo hacer un cuaderno de estudio de la naturaleza.

2 Los Centinelas pasarán un tiempo estudiando la naturaleza. Explorarán las plantas y los árboles en su área, y registrarán la información en un cuaderno de estudio de la naturaleza.

3 Los Centinelas pasarán tiempo estudiando la naturaleza. Explorarán la vida de insectos y animales en su área y registrarán información en su cuaderno.

4 Los Centinelas pueden participar en un proyecto opcional del ministerio usando las habilidades de El Gran Aire Libre.

Nota: Cada estación del año ofrece una oportunidad diferente para estudiar la naturaleza. Ayuda a tus Centinelas a descubrir la maravilla de la naturaleza independientemente de la época del año.

Requisitos ✓ de Insignia

Elige cuatro de los cinco requisitos que se indican a continuación para completar la insignia de El Gran Aire Libre.

☐ Hacer una granja de hormigas. Observa la granja diariamente por lo menos una semana.

☐ Ir a un estudio de la naturaleza para observar las plantas y los árboles. Enumera cinco tipos de plantas y cinco tipos de árboles que vea.

☐ Ir a un estudio de la naturaleza para observar los insectos y animales. Enumera cinco tipos de insectos y cinco tipos de animales o pájaros que vean.

☐ Comenzar un cuaderno de estudio de la naturaleza. Registra la información que observe.

☐ Participar en un proyecto de ministerio opcional utilizando las habilidades de El Gran Aire Libre.

RECURSOS

• Guías de campo para plantas, árboles, animales e insectos

A SeRViR!

Los Centinelas pueden usar cualquiera de estas sugerencias para proyectos ministeriales. (Los proyectos del ministerio son opcionales y no se requieren para completar los requisitos de la insignia.)

100 Requisitos completos para la insignia de El Gran Aire Libre.

200 Usa los requisitos para la insignia como un proyecto ministerial que sirva a otras personas. Que sus Centinelas inviten a un amigo al viaje de estudio de grupo.

300 Combina las habilidades de las insignias de Aire Libre y Excursionismo para crear un proyecto ministerial para que los Centinelas iviten a sus amigos y les enseñen las habilidades de estudio de la naturaleza mientras participan en un viaje de senderismo.

#1 SeguRidad

- **Nunca** ir en un viaje de estudio de la naturaleza solo.
- **SiemPRe** dígale a sus padres u otros adultos a dónde va.
- **SiemPRe** ir a la zona más buena o mejor que la encontrada.
- **SiemPRe** mantenerse en los senderos marcados.
- **Nunca** destruyas o dañes plantas o animales.
- **Nunca** tires basura.
- **Nunca** ingresa en la propiedad marcada como "Privada", "Mantenerse Fuera", "Sin Invasión" o "Condenada".

PALABRAS PARA SABER

Granja de Hormigas: Un contenedor utilizado para albergar una colonia de hormigas. Este contenedor permite ver los túneles de hormigas, los trabajadores y los huevos.

Clasificación: Poner las cosas en grupos de acuerdo a sus características.

Medio Ambiente: El mundo que te rodea.

Guía de Campo: Un libro usado para clasificar varias cosas encontradas en la naturaleza. Estos libros son pequeños y fácilmente transportados en un bolsillo.

Larvas: Insectos infantiles. Pueden parecer un huevo pequeño o un pequeño gusano blanco.

Ciclo de Vida: La serie de cambios que cada ser vivo atraviesa desde el nacimiento hasta la muerte.

Nutrientes: Proteínas, vitaminas y minerales necesarios para que las plantas y los animales vivan.

Planta: Un ser vivo que tiene un pigmento verde que le permite hacer la comida de la energía del sol.

Rastro: Un camino marcado correctamente para ir de excursión.

PREPARADOS . . . LISTOS . . . FUERA

DESCUBRIENDO LOS GRANDES EXTERIORES: Sesión 1

Los Centinelas aprenderán varios aspectos del estudio de la naturaleza. Discutirán cómo estudiar la naturaleza, dónde ir y cómo hacer un cuaderno de estudio de la naturaleza. También harán una granja de hormigas para la observación.

Antes de esta sesión, reúne todo el equipo necesario para la sesión de clase. Ordena hormigas vivas de una tienda de suministros de estudio de la naturaleza, como <www. Insectlore. com>, o desentierra hormigas del patio durante la sesión de clase. Planea con anticipación porque ordenar hormigas vivas puede tomar de dos a tres semanas para la entrega. Si estás utilizando las hormigas del patio trasero, utiliza una llana para desenterrar las hormigas y colocarlas con la suciedad directamente en el frasco. Si estás usando hormigas vivas por correo, usa una mezcla de arena y suciedad. Usa una mezcla de un tercio de arena para cortar el tejido o la pantalla en cuadrados de cinco pulgadas por cinco pulgadas.

Materiales

- Tarro enlatado para cada niño
- Papel de construcción negro
- Tejido transpirable o una malla estrecha
- Pan, migas de galleta o cereal rancio
- Hormigas vivas (de pedido por correo)
- Papel de construcción
- Engrapadora
- Materiales para que los Centinelas decoren
- Cinta
- Dos tercios de tierra.
- Bandas de goma

Buscando Direcciones

- Cuando lleguen tus Centinelas, da a cada estudiante 10 hojas de papel de construcción. Ayuda a los Centinelas a grapar los bordes izquierdos del papel para hacer un libro. Que los Centinelas decoren el frente del libro. Los Centinelas usarán el libro como un cuaderno de estudio de la naturaleza. Querrás crear algunos cuadernos adicionales para los visitantes en las siguientes sesiones.

- Que voluntarios lean el versículo Bíblico, la sección "¿Qué puedes hacer con esta habilidad?", Los requisitos de la insignia, las cuestiones de seguridad y las palabras del vocabulario.

- Da a cada estudiante los materiales necesarios para crear una granja de hormigas. Dile a los Centinelas que van a crear una granja de hormigas para que puedan observar la naturaleza. Que los niños llenen el frasco dos tercios con arena y la mezcla de arena. Envuelve el papel de construcción negro alrededor de la jarra y la cinta. Esto mantendrá la luz fuera de la sección inferior del frasco. Coloca las migas de pan en la parte superior de la tierra. Inserta las hormigas, y cubre con la pantalla. Utiliza una banda de goma para mantener la pantalla en su lugar en el frasco.

■ Mientras que tus estudiantes están poniendo sus granjas de hormigas juntos, discute con ellos cómo pueden disfrutar del mundo que les rodea y cómo son responsables de su mundo. Que voluntarios lean el *Estudiante Centinela* "Disfrutando de su mundo" y "Responsable de su mundo". Luego analiza el uso de un cuaderno de naturaleza leyendo "Mantener un cuaderno de naturaleza".

■ Pide a un voluntario que lea Génesis 2:15. Di: **Este versículo nos dice que Dios creó el mundo y puso a Adán en el Jardín del Edén para cuidarlo. ¿Cuáles son algunas maneras en que ustedes y yo podemos cuidar el mundo que nos rodea?** (Que respondan los Centinelas.)

El Valor Fundamentale de la insignia es Santidad. Phineas F. Bresee creía que la gente podía vivir una vida santa. A medida que vemos el orden y la belleza en la naturaleza, nos recuerda lo maravilloso que es Dios. Es fácil dar nuestras vidas a un Dios tan grande y santo.

Concluye en oración. Agradece a Dios por su hermosa creación y por permitirnos disfrutar de ella.

Utiliza el cuaderno de estudio de la naturaleza, y que tus Centinelas creen una entrada discutiendo la creación de sus granjas de hormigas. Alienta a los Centinelas a ser creativos dibujando dibujos, escribiendo instrucciones sobre cómo hicieron su granja de hormigas o cualquier otra observación que deseen recordar.

PLANTAS Y ÁRBOLES: Sesión 2

Esta sesión presentará a tus Centinelas a estudiar la naturaleza en el aire libre. Pasarán el tiempo observando las plantas y los árboles en su área, y recogerán las muestras para un estudio más cercano.

Antes de esta sesión, distribuye formularios de permisos para cada niño. Compra o solicita guías de campo para plantas y árboles en tu área. Si te quedas en tu iglesia, asegúrate de que haya un suministro suficiente de diferentes árboles y vida vegetal. Permite suficiente tiempo para llegar al área de estudio y regresar a la iglesia. Es posible que desees planificar una sesión adicional para llevar a cabo esta lección. Organiza el transporte, siguiendo las pautas de seguridad de tu iglesia.

Materiales

■ Cuadernos de estudio de la naturaleza
■ Lápices
■ Formularios para cada niño
■ Binoculares
■ Bolsas de sándwich de plástico para la recogida de muestras
■ Lupa
■ Pinzas
■ Microscopio y diapositivas (si están disponibles)
■ Guía de campo para árboles y plantas locales
■ Ayudantes adultos adicionales
■ Transporte

Buscando Direcciones

■ Revisa con tu grupo el equipo necesario para estudiar la naturaleza y formas de hacer una entrada en el cuaderno de estudio de la naturaleza. Ten algunos cuadernos adicionales para que los visitantes lo usen.

■ Que voluntarios lean "la vida de la planta", "Tu turno" y "Hoja solo" del *Estudiante Centinela*.

■ Demuestra cómo usar las guías de campo para descubrir los nombres y tipos de plantas y árboles en tu área. Que tus Centinelas recojan hojas de varios árboles en la zona.

■ Una vez que hayan recolectado las hojas, los Centinelas las guardarán en bolsas de sándwich y las etiquetarán con su nombre, el nombre del árbol, la fecha y la ubicación. Los centinelas también pueden colocar esta información en su cuaderno de estudio de la naturaleza.

■ Lee Génesis 2:15. Di: *Cuando estudiamos la naturaleza, vemos la belleza de todo lo que Dios ha creado. Cuando vemos lo complejo que es incluso una simple hoja, sabemos que Dios ha creado un mundo maravilloso.*

Ora, agradeciendo a Dios por Su amor y Su regalo de la creación. Anima a tus estudiantes a decir una oración para agradecer a Dios por lo que han aprendido.

INSECTOS Y ANIMALES: Sesión 3

En esta sesión, los Centinelas estudiarán insectos, pájaros y animales locales. Da suficiente tiempo para llegar al área de estudio y regresar a la iglesia. Es posible que desees planificar una sesión adicional para llevar a cabo esta lección.

Antes de esta sesión, distribuye los formularios de permiso a cada niño participante. Reúne el equipo necesario para el viaje de estudio. Asegúrate de que cada niño tenga un cuaderno de estudio de la naturaleza. Organiza el transporte, siguiendo las pautas de seguridad de tu iglesia.

Materiales

■ Formulario de permiso para cada niño
■ Prismáticos
■ Guías de campo para insectos, pájaros y animales locales
■ Ayudantes adultos adicionales
■ Transporte

Buscando Direcciones

■ Repasa con tus Centinelas un poco de vida silvestre que pueden encontrar en este viaje de estudio de naturaleza. Habla acerca de los insectos, aves y cualquier otra vida animal en tu área. Que voluntarios lean "Insectos" y "Animales" del *Estudiante Centinela*.

- Que sus Centinelas observen la naturaleza e identifiquen cualquier vida animal que puedan descubrir. Ayúdales a usar las guías de campo para hacer una identificación positiva. Esto también les ayudará a aprender otros hechos relacionados con la vida animal que observan.

- Si tu grupo hizo granjas de hormigas en otra sesión, discute las observaciones de los Centinelas de la granja de hormigas. Recuerda a los Centinelas que liberen a las hormigas.

- Lee Génesis 2:15. Diga: *Han disfrutado estudiando la naturaleza. Ustedes han visto lo hermoso y complejo de incluso las cosas simples en la naturaleza. Anima a los Centinelas a compartir las maravillas de la creación de Dios con sus amigos. Agradece a Dios por las nuevas habilidades que los Centinelas están aprendiendo.* Agradece a Dios por Su amor y bendiciones.

Mirada más De cerca!

Si está lloviendo, puedes ser capaz de localizar una reserva natural interior o un museo que da una idea del mundo natural. Ten en cuenta que la mayoría de los museos y las reservas naturales toman la teoría de la evolución por sentado.

PROYECTOS DEL MINISTERIO: Sesión 4

Elige y completa uno o más proyectos en la sección *Ir, Servir* de esta insignia. Si seleccionaste un proyecto que combina dos credenciales, considera el número de semanas que tarda en completar los requisitos de credencial para ambas credenciales. Hay infinitas combinaciones de proyectos ministeriales que se pueden hacer. Usa tu imaginación. Adapta proyectos ministeriales para satisfacer las necesidades de tus Centinelas, sus familias y la iglesia. Considera la posibilidad de tener una noche de visitante.

¡Envuélvelo!

Pide a los Centinelas que respondan a las preguntas para reflexionar sobre lo que han aprendido a través de la insignia del Gran Aire Libre.

CLIMA

Mental

Bases Bíblicas: "Con agua de lluvia carga las nubes, y lanza sus relámpagos desde ellas; y estas van de un lado a otro, por toda la faz de la tierra, dispuestas a cumplir sus mandatos." (Job 37:11-12)

Punto Bíblico: La creación de Dios muestra la grandeza de Su poder.

Meta de la Insignia:

■ Los Centinelas deben conocer el vocabulario básico del clima, demostrar una comprensión del ciclo del agua, contar cómo se crea el viento e identificar tipos básicos de Nubes.

■ Los Centinelas deben conocer las reglas de seguridad para las condiciones climáticas severas que podrían afectar la zona donde viven.

■ Los Centinelas deberían empezar a entender que Dios creó el mundo con todo lo que hay en él.

■ Pueden introducirse Centinelas en un proyecto ministerial opcional utilizando las técnicas meteorológicas.

Valor Fundamental: Evangelismo. Lee la información acerca de Buddie Robinson. Cuando los Centinelas estudien el clima, se les recordará lo maravilloso que es Dios. Entonces es natural decir a otros cuán grande y maravilloso es Dios. Buddie Robinson fue un evangelista que viajó a muchos lugares diciéndole a la gente acerca de la grandeza de Dios y Su voluntad de salvar a la gente de sus pecados.

Plan de Acción

Los niños que adquieren destrezas climáticas básicas tendrán una mejor comprensión del mundo de Dios. Su conocimiento sobre el clima les ayudará a sentirse cómodos en su entorno y les dará un sentido de respeto por las inclemencias del clima.

Cada sesión es autónoma. Los Centinelas aprenderán diferentes aspectos del clima que no dependen del aprendizaje de la semana anterior.

Si los Centinelas quieren seguir un proyecto de ministerio, toma unos minutos de cada sesión para discutir el proyecto y los pasos necesarios para llevar a cabo el proyecto. Los proyectos ministeriales son opcionales.

EXPLORADOR

70

PLANIFICADOR DE INSIGNIA

Sesión

1 Los Centinelas aprenderán las reglas de seguridad para las condiciones climáticas, los significados del ciclo del agua.

2 Los Centinelas aprenderán cómo se forman las nubes y cómo afectan al clima. Los Centinelas harán una nube en un frasco.

3 Los Centinelas aprenderán sobre las velocidades del viento. Ellos harán un anemómetro.

4 Los Centinelas pueden participar en un proyecto opcional del ministerio usando las habilidades del Clima.

Requisitos ✓ de Insignia

Elige cuatro de los cinco requisitos a continuación para completar la insignia del clima.

☐ Conocer el vocabulario básico para el clima.

☐ Explicar el ciclo del agua.

☐ Identificar y describir tres tipos básicos de nubes. Contar cómo afecta cada uno al clima.

☐ Dar reglas de seguridad para las condiciones climáticas severas que afectan tu área.

☐ Encontrar una manera de usar las habilidades meteorológicas para ministrar a alguien más.

RECURSOS

- Visita tu biblioteca o librería local.
- Comprueba los sitios web meteorológicos, como
  <www.weather.com>
  <www.fema.gov>
- Visita una estación meteorológica local para aprender sobre los instrumentos meteorológicos, mapas meteorológicos y predecir el clima.

71

R SERVIR!

Los Centinelas pueden usar cualquiera de estas sugerencias para los proyectos ministeriales. (Los proyectos ministeriales son opcionales y no se requieren para completar los requisitos de la insignia.)

100 Requisitos completos para la insignia de Clima.

200 Requisitos de uso de la insignia como un proyecto de ministerio para servir a otro grupo o persona. Haga un folleto meteorológico para dar a los ancianos. Incluye reglas de seguridad para condiciones climáticas severas.

300 Combina las habilidades para la insignia de El Aire Libre y la insignia del Clima y planifica un día de exploración y observación de cómo el clima afecta a las plantas y los animales.

PALABRAS PARA SABER

Meteorólogo: Un científico que estudia el clima y luego intenta predecirlo.

Evaporación: El agua cambia a vapor de agua, o gas, y se eleva.

Condensación: A medida que el vapor de agua sube, se enfría y se convierte en gotas de agua, formando nubes.

Precipitación: Cuando las nubes no pueden contener más gotas de agua, caen a la tierra como lluvia, nieve o hielo.

Relámpago: Electricidad que destella a través del cielo mientras se mueve entre las nubes o entre una nube y el suelo.

Tornado: Un cono de aire giratorio y que cae desde el fondo de una nube hacia el suelo.

Huracán: Un viento violento y lluvia que comienza sobre el océano y se extiende cientos de millas.

Anemómetro (a-nó-me-tro): Instrumento utilizado para medir la velocidad del viento.

PREPARADOS . . . LISTOS . . . FUERA

LO QUE SUBE VENDRÁ ABAJO: Sesión 1

Los Centinelas aprenderán reglas de seguridad para las condiciones climáticas, los términos meteorológicos y el significado del ciclo del agua.

Antes de esta sesión, recoge los suministros necesarios.

- Lápices
- Papel
- Recipiente de agua muy caliente
- Placa caliente o almohadilla

Buscando Direcciones

- Que los voluntarios lean el versículo de la Biblia, la sección "¿Qué puedes hacer con esta habilidad?", Los requisitos de la insignia, "Reglas de seguridad para el clima severo" y las palabras del vocabulario.

- Que los Centinelas completen la "Sabiduría del Clima" en sus libros. Las respuestas son:

  1. Es cierto. El anillo se produce cuando la luz de la luna brilla sobre las nubes de cirros llenos de cristales de hielo. El hielo caerá como lluvia o nieve.

  2. Falso. La mayoría de los tornados ocurren en la parte central de los Estados Unidos.

  3. Falso. El rayo golpea al mejor conductor, un objeto que permite que la electricidad fluya a través de él. El mejor conductor puede ser un ser humano.

  4. Verdadero. Cuanto más caluroso sea, más rápido gritará un grillo. Cuente los chirridos durante 14 segundos. Agrega 40. Esto le dará la temperatura Fahrenheit.

  5. Verdadero. Cuenta los segundos entre el momento en que veas el rayo y escuches el trueno. Divide el número por cinco para averiguar a cuantas millas de distancia está el relámpago.

- Revisa el ciclo del agua. Utiliza la ilustración en el *Estudiante Centinela* para mostrar el ciclo del agua. Pide a los estudiantes que identifiquen cada uno de los tres pasos básicos del ciclo del agua. Muestra el recipiente de agua hirviendo.

  1. Evaporación. El agua cambia a vapor de agua, o gas, y se eleva. Esto incluye océanos, ríos, lagos y arroyos.

     La respuesta al No. 1 es Evaporación.

     Pide a un voluntario que coloque una mano de 6 a 8 pulgadas por encima del agua caliente y conteste la siguiente pregunta: ¿El agua se siente caliente o fría?

  2. Condensación. A medida que el vapor de agua aumenta, se enfría y se convierte en gotas de agua formando nubes.

     La respuesta al número 2 es Condensación.

     Pide a un voluntario que coloque una mano sobre el agua caliente y levante la mano lentamente. Pregunta si el aire se siente más caliente o frío cuanto más lejos se mueve la mano. Pregunta qué sucede con el aire caliente cuando entra en contacto con la mano.

3. Precipitación. Cuando las gotitas de agua se vuelven demasiado pesadas, caen de la nube como lluvia, nieve o hielo dependiendo de la temperatura.

   La respuesta al número 3 es Precipitación.

   A medida que el sol caliente la tierra, el ciclo comenzará de nuevo.

■ Lee Job 37: 11-12. Pregunta, ¿Alguna vez estuvieron involucrados en un proyecto al aire libre y querían que el viento dejara de soplar? ¿Podrías detener el viento? No controlamos las fuerzas de la naturaleza, pero nuestro Dios impresionante puede.

El Valor Fundamental de esta insignia es el Evangelismo. Buddie Robinson viajó de un lugar a otro en todo tipo de clima para decirle a la gente acerca del amor de Dios. Cuando pensamos en nuestro Creador impresionante, es natural decirle a otros acerca de Él.

Concluye en oración, agradeciendo a Dios por ser tan impresionante.

ALGODÓN, RIZOS Y MANTAS: Sesión 2

Los Centinelas aprenderán acerca de las nubes y las condiciones climáticas.

Materiales

Antes de esta sesión, obtén suministros e imágenes de cúmulos, estratos y cirros.

■ Lápices
■ Imágenes de nubes
■ Jarra de vidrio
■ Agua muy caliente

■ Papel de aluminio
■ Banda elástica
■ Cubos de hielo

Buscando Direcciones

■ Deja que los Centinelas miren las imágenes de las nubes. Deja que los Centinelas digan lo que ya saben sobre las nubes.

■ Repasa las siguientes palabras de vocabulario: Meteorólogo, Evaporación, Condensación y Precipitación.

■ Discute los tres tipos básicos de nubes. Deja que un voluntario lea la información en el *Estudiante Centinela*. Muestra a los Centinelas cualquier foto de nubes que hayas traído y discute sus características. Pregunta qué tipo de clima cada uno podría traer.

■ Prepara la demostración de "una nube en un frasco" como se describe en el *Estudiante Centinela*. Asegúrate de usar agua muy caliente y sellar con seguridad el frasco. Utiliza suficientes cubitos de hielo ya que el frasco se celebrará. Espere 10-15 minutos.

Pide a un estudiante que explique lo que está sucediendo dentro del frasco.

Retira los cubitos de hielo y levanta con cuidado la hoja. Permite que los estudiantes digan lo que observan dentro de la lámina. (Gotitas de agua) Pregunta qué son estas gotitas de agua. (El comienzo de las nubes) Explica cómo el agua caliente se evapora y se convierte en vapor de agua. El vapor de agua se enfría a medida que se eleva y se condensa, convirtiéndose en gotas de agua.

■ Deja que un voluntario lea "Puede hacer una nube" y "Diagrama sus nubes". Anima a los Centinelas a hacer una gráfica simple, como el que se muestra a continuación, para registrar durante una semana el tipo de nubes y las condiciones climáticas.

Gráfica del Clima

	Condiciones	Tipo de Nubes
Domingo		
Lunes		
Martes		
Miércoles		
Jueves		
Viernes		
Sábado		

■ Lee el Job 37: 5-7a a los Centinelas. Di: J*ob había experimentado un tiempo muy malo. Todo había salido mal. Job tenía algunos amigos que vinieron a consolarlo, pero no fueron de mucha ayuda. Job preguntó a Dios y por qué le había sucedido todo. Dios recuerda a Job lo poderoso que es. Sólo Dios puede controlar el clima.*

El Valor Fundamental de esta insignia es Evangelismo. Tenemos que decirles a nuestra familia y amigos lo grande que es Dios, el Creador.

Concluye en oración. Deja que cada Centinela haga una oración diciéndole a Dios que es impresionante y grande.

BAJA PRESIÓN VS. ALTA PRESIÓN: Sesión 3

Los Centinelas aprenderán sobre la presión del viento y del aire. Ellos harán un simple anemómetro.

Materiales

Antes de esta sesión, obtén los suministros necesarios. Corta el cartón pesado en dos tiras de "4 x 12" para cada niño. Solicita ayuda para ayudar a los estudiantes a apretar los clavos a través del cartón.

■ Cuatro tazas de espuma de poliestireno por estudiante
■ Cartulina pesada
■ Papel de construcción
■ Tijeras

■ Reglas
■ Crayones o marcadores
■ Cinta adhesiva
■ Un clavo largo con cabeza grande por estudiante

■ Discute las siguientes palabras de vocabulario: relámpago, tornado y huracán.

■ Deja que voluntarios lean "Presión baja contra presión alta", "Gráfica de viento" y "Seguridad meteorológica".

Ayuda a los estudiantes a entender que el aire caliente aumenta porque pesa menos y tiene baja presión. El aire frío es más pesado y tiene mayor presión. La diferencia en la presión que hace que el aire se mueva como el viento.

Diles a los estudiantes que las velocidades del viento de más de 60 mph causan daño extendido a árboles, edificios y autos. Pregunta a los estudiantes qué tipos de tormentas tienen velocidades de viento de 74 millas p/h o más. (Huracán) Los tornados pueden tener velocidades del viento de más de 200 millas p/h.

A veces la gente debe prepararse para condiciones climáticas severas. Dirige a los estudiantes a "La Seguridad Primero" en el *Estudiante Centinela.* Divide en grupos pequeños y asigna a cada grupo las reglas de seguridad para una condición climática particular. Pide a cada grupo que revise sus reglas con la clase.

■ Que los Centinelas hagan su anemómetro.

■ Lee el Trabajo 36: 27-30 a Centinelas. Di: ***Job había experimentado un momento difícil en su vida. Habría sido fácil para Él apartarse de Dios. En su lugar, Job se dirigió a Dios para encontrar las respuestas a sus problemas. Dios le recordó a Job que sólo Dios puede controlar toda la naturaleza.***

Nuestro Valor Fundamental para esta insignia es Evangelismo. Al observar las fuerzas de la naturaleza, la consistencia de la naturaleza y la grandiosidad de la creación de Dios, queremos contarles a otros acerca de Dios.

Concluye en oración. Agradece a Dios por ser un Creador maravilloso. Pídele a Dios que ayude a los Centinelas a decirles a otros acerca de Él.

PROYECTOS DEL MINISTERIO: Sesión 4

Considera el proyecto del ministerio en la sección *Ir, Servir.*

¡Envuélvelo!

Pide a los Centinelas que respondan preguntas para reflexionar sobre lo que han aprendido a través de este Insignia de Clima.

GIMNASIA

Bases Bíblicas: "Pues aunque el ejercicio físico trae algún provecho, la piedad es útil para todo, ya que incluye una promesa no solo para la vida presente, sino también para la venidera." (1 Timoteo 4:8)

Punto Bíblico: Dios llama a los cristianos a centrarse en el entrenamiento espiritual.

Meta de la Insignia:

- Los Centinelas conocerán las técnicas básicas de estiramiento.

- Los Centinelas conocerán las posiciones básicas de partida para la gimnasia.

- Los Centinelas podrán completar movimientos gimnásticos básicos.

- Los Centinelas entenderán la importancia del entrenamiento espiritual.

- Pueden introducirse Centinelas en un proyecto ministerial opcional utilizando las habilidades de Gimnasia.

Valor Fundamental: La Santidad. Lee
la información acerca de Phineas F. Bresee. Parte de vivir una vida santa es dedicarse a Dios. Esto incluye nuestros cuerpos. Dios quiere que los Centinelas sean buenos administradores de sus cuerpos.

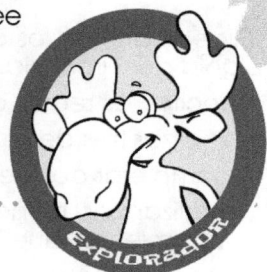

Física

Explorador

Plan de Acción
La Insignia de la Gimnasia dará a Centinelas una descripción de diversos estiramientos, de posiciones que balancean, y de otros movimientos gimnásticos. Esta insignia puede parecer simplista para los estudiantes que han estudiado gimnasia, pero el novato encontrará esta insignia desafiante.

Considera la posibilidad de celebrar sus sesiones de insignia en una YMCA local o escuela de gimnasia. Si tienes la suerte de tener un instructor de gimnasia en tu iglesia o comunidad, solicita que él o ella enseñe una porción de esta insignia.

PLANIFICADOR DE INSIGNIAS

Sesión

1 Los Centinelas aprenderán técnicas apropiadas de estiramiento y practicarán posiciones básicas de gimnasia.

2 Los Centinelas practicarán varios movimientos de gimnasia. Ellos jugarán un juego utilizando sus nuevas habilidades.

3 Los Centinelas crearán y realizarán una rutina de gimnasia con un grupo de tres a cuatro personas.

4 Los Centinelas pueden participar en un proyecto opcional del ministerio usando las habilidades de la Insignia de Gimnasia.

Física

Requisitos ✓ de Insignia

Elige cuatro de los cinco requisitos a continuación para completar la insignia de Gimnasia.

- ☐ Recitar las reglas de "Seguridad Primero" para la Gimnasia.
- ☐ Realizar tres de los ejercicios de estiramiento.
- ☐ Completar dos de los movimientos de gimnasia de cada sesión.
- ☐ Realizar una rutina de gimnasia que involucre cada uno de los movimientos que ha aprendido.
- ☐ Encontrar una manera de usar las habilidades de Gimnasia para ministrar a alguien más.

¡SERVIR!

Los Centinelas pueden usar cualquiera de estas sugerencias para proyectos ministeriales. (Los proyectos del ministerio son opcionales y no se requieren para completar los requisitos de la insignia.)

100 Completar los requisitos para la insignia de Gimnasia.

200 Usar los requisitos de la insignia como un proyecto de ministerio para servir a otras personas. Patrocinar una clínica gratuita para niños de tres a seis años de edad. Que instructores de gimnasia locales enseñen las lecciones y los Centinelas pueden ser sus ayudantes.

300 Combinar las habilidades de la insignia de Gimnasia y la insignia de Viaje. Planear un viaje nocturno donde asistirán a una reunión de gimnasia.

seguRidad #1

- **SieMPRe** mirar el entorno antes de realizar un movimiento de gimnasia.
- **Al intentaR nuevos movimientos,** entrenar en una superficie suave, como una estera de gimnasia.
- **SieMPRe** entrenar con un compañero u observador.
- **Nunca** usar equipo de gimnasia sin aprender a usarlo de manera segura.
- **SieMPRe** usar ropa cómoda y apropiada.

PALABRAS PARA SABER

Estiramiento: Para extender tu cuerpo, brazos o piernas con el fin de aumentar la flexibilidad.

Flexibilidad: La capacidad de doblarse o moverse con toda la amplitud de movimiento.

Becerro: El músculo en la parte trasera de la pierna, debajo de la rodilla.

Músculo isquiotibial: El músculo en la parte trasera de la pierna, por encima de la rodilla.

Abdominal: La parte de su cuerpo donde se encuentran los músculos del estómago.

Cuadríceps: El músculo en la parte delantera de la pierna, por encima de la rodilla. Los cuádriceps se dividen en cuatro partes y se denominan comúnmente sus músculos del muslo.

PREPARADOS...LISTOS...FUERA

¡ESTIRARSE Y MOVER! Sesión 1

Los Centinelas aprenderán la importancia del ejercicio y practicarán los "Fundamentos del Gimnasio."

Antes de esta sesión, comunícate con los Centinelas y sus padres sobre los planes para esta insignia. Recuerda a los Centinelas que usen ropa apropiada. Recuerda reservar una habitación y un equipo adecuados si no te sientes calificado para enseñar esta insignia, ponte en contacto con un maestro de educación física u otro adulto calificado.

MateRiales

- Estera deportiva o estera suave (una para cada Centinela)
- Habitación o fuera del área lo suficientemente grande para la actividad atlética
- Libros o artículos de revistas que demuestran movimientos gimnásticos

- Cuando los Centinelas comiencen a llegar, déjalos mirar los libros y los artículos de la revista que ilustran movimientos gimnásticos. Que los Centinelas informen de su experiencia.
- Deja que voluntarios lean el versículo de la Biblia, la sección "¿Qué puedes hacer con esta habilidad?", requisitos de la insignia, ediciones de la seguridad, "vestido como un campeón," y las palabras del vocabulario.
- Instruye a los Centinelas para hacer ejercicios de calentamiento (saltos).
- Luego, guía a tus Centinelas a través de los tramos descritos en el *Estudiante Centinela*. (Las siguientes sesiones deben comenzar con estos tramos.)
- Después de los tramos, guía a los Centinelas a través de cada posición "Gimnasio básico".
- Lee otra vez 1 Timoteo 4: 8. Señala el Valor Fundamental para esta insignia es Santidad. Di: *Phineas F. Bresee fue uno de los fundadores de la Iglesia del Nazareno. Él y otros primeros nazarenos enseñaron y vivieron la idea de una vida santa. ¿Qué crees que significa la palabra santo o santidad?* (Ser santo significa "ser separado" para Dios y dedicarse a Dios.) Habla acerca de la importancia de obedecer a Dios y vivir lo que Él dice que hagas. *La autodisciplina que se necesita para vivir una vida piadosa es el mismo tipo de autodisciplina que se necesita para el entrenamiento físico.* Concluye en oración, pidiendo a Dios que ayude a los Centinelas a crecer físicamente y espiritualmente.

MOVIMIENTOS Y POSICIONES: Sesión 2

Es importante ser consciente de las limitaciones físicas, así como las ansiedades que algunos de sus Centinelas pueden tener. Crear un ambiente de estímulo. Estás introduciendo habilidades, no buscando la perfección.

Antes de esta sesión. Considera la posibilidad de celebrar Sesiones 2 y 3 en un gimnasio local o YMCA equipado con esteras de gimnasia. Anuncia cualquier necesidad a tu congregación para suministros.

Materiales

- Habitación o fuera del área lo suficientemente grande para la actividad atlética
- Estera deportiva o estera suave (una para cada niño)
- Una estera deportiva grande

Buscando Direcciones

- Toma de 3 a 5 minutos para estirar adecuadamente.
- Revisa las palabras de vocabulario y las cuestiones de seguridad del *Centinela Estudiante*. Permite que los Centinelas demuestren cada movimiento.

80

- Coloca a tus Centinelas en parejas. Proporciona a cada par con dos esteras atléticas.

- Permite a los Centinelas practicar cada jugada. Dedica 10 minutos a la práctica.

- Luego, divide tu grupo en dos equipos (Equipos A y B). Instruye a cada equipo para que elija una persona para completar cada uno de los movimientos.

- Juega un juego similar a "Simón Dice." Una guía debe desempeñar el papel de Simón. Di algo como, "Simón dice que hagan un rollo hacia atrás." Una persona en cada equipo es responsable de la mudanza. Premio de un punto. Aumenta la velocidad de las instrucciones mientras juegan. Marca los puntos al final del juego.

- Concluye leyendo 1 Timoteo 4: 8. Que los Centinelas se reúnan en un círculo. Discute con ellos diferentes maneras de entrenar para fortalecer su vida espiritual. Concluye en oración, pidiendo a Dios que ayude a los Centinelas a tomar tiempo para fortalecer su vida espiritual, así como sus habilidades físicas.

¡EQUILIBRAR! **Sesión 3**

Los Centinelas estarán en equipos y serán responsables de crear y realizar una rutina de gimnasia.

Materiales

Antes de esta sesión, ponte en contacto con tres personas para actuar como jueces de la competencia. Luego, crea las tarjetas de puntuación y elije un CD con música enérgica.

- CD musical optimista
- Reproductor de CD
- Tres juegos de tarjetas de puntuación, numeradas 5-10
- Una estera deportiva grande (opción: varias esteras más pequeñas pegadas)
- Tres jueces
- Estera deportivas

Buscando Direcciones

- Toma de 3 a 5 minutos para estirarte. Mientras los Centinelas se están estirando, divídelos en equipos.

- Luego deja que los Centinelas se reúnan con sus equipos para practicar sus movimientos. Los Centinelas pueden trabajar en sus rutinas durante 10 minutos. Explica las siguientes reglas y directrices.

   1. Cada miembro del equipo debe participar en la rutina.

   2. Cada movimiento y posición debe ser completado por al menos un miembro del equipo.

   3. Las rutinas deben tener de 1 a 2 minutos de duración.

4. Los jueces anotarán cada rutina en una escala de 5-10, siendo 5 la puntuación más baja y 10 la más alta.

■ Permite que cada equipo realice su rutina. Los equipos no deben recibir una calificación inferior a 8. La participación y el entusiasmo son más importantes que las habilidades perfectas. Considera tener un empate dramático para concluir la competencia.

■ Lee 1 Timoteo 4: 8 una vez final. Di: **Hemos tenido un montón de entrenamiento divertido para nuestra competencia de gimnasia. Sin embargo, también hemos aprendido que es aún más importante entrenarnos para nuestra vida espiritual.**

Ora, agradeciendo a Dios por personas como Phineas F. Bresee que se dio cuenta de la importancia de vivir una vida santa. Agradece a Dios por las habilidades físicas que los Centinelas han aprendido. Pídele que ayude a los Centinelas a tomar tiempo para fortalecer su vida espiritual, así como sus habilidades físicas.

PROYECTOS MINISTERIALES: Sesión 4

Elige y completa uno o más proyectos en la sección *Ir, Servir* de esta insignia. Hay infinitas combinaciones de proyectos ministeriales que se pueden hacer. Usa tu imaginación.

¡Envuélvelo!
Pide a los Centinelas que respondan las preguntas para reflexionar sobre qué han aprendido a través de esta Insignia de Gimnasia.

EXCURSIONISMO

Bases Bíblicas: "El Señor afirma los pasos del hombre cuando le agrada su modo de vivir; podrá tropezar, pero no caerá, porque el Señor lo sostiene de la mano." (Salmo 37:23-24)

Punto Bíblico: Dios ayuda a los que le siguen.

Meta de la Insignia:

■ Los Centinelas deben ayudar a planear un viaje de senderismo.

■ Los Centinelas deben ser capaces de contar algunas maneras en que Dios les ayuda.

■ Los Centinelas pueden presentar un proyecto del ministerio utilizando habilidades de Caminata.

Valor Fundamental: Evangelismo. Enfatiza que esta habilidad puede ser usada para ayudar a los Centinelas a construir relaciones con otros de su edad. Mientras pasan tiempo con amigos, los Centinelas pueden hablar con ellos acerca de Dios y su relación con Él. Buddie Robinson, un conocido evangelista en la Iglesia del Nazareno, probablemente experimentó Muchas de las maravillas de la naturaleza en sus viajes.

Física

Explorador

Plan de Acción

El Excursionismo es una gran forma de recreación. Anima a los Centinelas a mantenerse dentro de sus habilidades, ya que a menudo tratarán de sobreestimar sus habilidades.

El Excursionismo también complementa su naturaleza social. Al planificar la caminata, que los niños trabajen en grupos y moderen el proceso de planificación.

A Los Centinelas les encanta hablar. Su curiosidad conducirá a muchas preguntas, especialmente cuando interactúan con la naturaleza. Proporciona guías de campo para responder a sus preguntas sobre los árboles, el clima, los insectos y la vida animal.

PLANIFICADOR DE INSIGNIAS

Sesión

1 Los Centinelas aprenderán varios aspectos del excursionismo. Ellos discutirán lugares para ir, que traer, y que usar en un viaje de excursionismo.

2 Los Centinelas pasarán el tiempo creando un plan para su viaje de excursión. Explora lugares, actividades, equipo necesario y ropa.

3 Los Centinelas participarán en un viaje de excursionismo. También observarán las precauciones de seguridad necesarias para una experiencia de caminata segura.

4 Los Centinelas pueden participar en un proyecto opcional del ministerio usando habilidades de Excursionismo.

Nota: Cada estación del año ofrece una oportunidad diferente para el excursionismo. Ayuda a tus Centinelas a descubrir la maravilla de la naturaleza en cualquier estación.

Física

Requisitos ✓ de Insignia

Elige cuatro de los cinco requisitos a continuación para completar la Insignia de Excursionismo.

☐ Identifica tres lugares seguros y apropiados en tu área donde puedan practicar el Excursionismo.

☐ Aprender las reglas de seguridad para el senderismo.

☐ Reúne todo lo necesario para hacer senderismo.

☐ Ir a hacer Excursionismo. El viaje debe durar al menos tres horas.

☐ Encontrar una manera de usar las nuevas habilidades de Excursionismo para ministrar a alguien más.

RECURSOS

- Varios "Guías de Campo"
- *El Manual Oficial de Boy Scouts* de Boy Scouts de América y William Hillcourt

84

¡SeRViR!

Los Centinelas pueden usar cualquiera de estas sugerencias para los proyectos ministeriales. (Los proyectos ministeriales son opcionales y no se requieren para completar los requisitos de la insignia.)

100 Requisitos completos para la insignia de Excursionismo.

200 Requisitos de uso para esta insignia, completar un proyecto ministerial e invitar a un amigo.

300 Combina habilidades de las insignias de Excursionismo y El Aire Libre para invitar a amigos y enseñarles las habilidades de senderismo natural.

#1 Seguridad

- **Nunca** ir de excursión solo.
- **Siempre** decirle a sus padres u otros adultos a dónde va.
- **Nunca** hacer cambios. Siempre ir a donde dijiste que ibas.

- **Nunca** correr delante de su grupo o quedarse atrás.
- **No te apresures.** Tómate tu tiempo y disfruta de la vista.
- **Siempre** busca los posibles peligros.
- **Siempre** toma descansos. Asegúrate de que todos estén presentes.
- **Siempre** llevar agua en la caminata.
- **Nunca** ingresar en la propiedad marcada como "Privada", "Manténgase fuera", "Sin infracción" o "Condenada".

PALABRAS PARA SABER

Pausa: Para llevar un nuevo artículo de ropa (como botas) antes de un evento para hacerlo más cómodo.

Cantina (botella o pachón): Contenedor de metal o plástico utilizado para transportar agua potable.

Brújula: Una herramienta que usa el campo magnético de la tierra para determinar el Norte. Se utiliza para encontrar la dirección.

Plan de caminata: El plan para un viaje de senderismo. Explica los detalles de un viaje.

Marcador: Un signo o marca para ayudar a saber donde se encuentra el sendero.

Acolchado de Moleskin: Un relleno suave que se adhiere a tu piel. Ayuda a amortiguar contra las ampollas.

Rastro: Un camino marcado correctamente para ir de excursión.

PREPARADOS . . .LISTOS . . .FUERA

PREPARACIÓN: Sesión 1

Los Centinelas aprenderán lo básico de un viaje de senderismo.

Antes de esta sesión, has dos juegos de palabras de vocabulario escritas en fichas. Reúne todo el equipo como se indica en el *Estudiante Centinela*. Coloca estos elementos en una cubierta de mesa con una manta. Reúne un surtido de artículos de ropa.

Materiales

- Equipo de senderismo listado en el *Estudiante Centinela*
- Tarjetas de índice
- Papel
- Manta
- Pizarra o tableta
- Marcadores o tiza
- Plumas / lápices
- Surtido de ropa

Buscando Direcciones

- Cuando llegue el grupo, divídelos en dos grupos y pídeles que definan las palabras del vocabulario. Que los Centinelas escriban su definición en el reverso de la ficha. Compara sus respuestas con la definición del libro.

- Que voluntarios lean en el *Estudiante Centinela*: el versículo Bíblico, "¿Qué puedes hacer con esta habilidad?", requisitos de la insignia y temas de seguridad.

- Que voluntarios lean en el *Estudiante Centinela* "¿Adónde voy?". Discute algunos lugares seguros y apropiados para su edad en o cerca de su comunidad.

- Divide en dos equipos diferentes. Retira la manta de los elementos de la mesa. Da a los Centinelas cinco minutos para mirar sobre los artículos, y después cubrirlos con la manta. Que los Centinelas trabajen en dos grupos para enumerar todo el equipo necesario de excursionismo. Compara cada lista con los elementos de la tabla. Que voluntarios lean en el *Estudiante Centinela* "¿Qué debo tomar?" Compara esta lista con la lista que hicieron.

- Pide a un voluntario que lea el Salmo 37:23-24. Di: **Este versículo nos dice que Dios cuida a los que le siguen y le obedecen. ¿Cómo te ha cuidado Dios en el pasado?** Ora, pidiendo a Dios que ayude a los Centinelas a obedecerle y a pedirle a Dios que cuide de ellos.

Mirada mas De Cercana!

Para desafiar a tus Centinelas, incluye artículos innecesarios con el equipo debajo de la manta. Después de que los Centinelas hayan compilado su lista de artículos, pídeles que eliminen cualquier elemento que no sea necesario para un viaje de excursionismo.

TRAER UN PLAN: **Sesión 2**

Esta sección presentarás a tus Centinelas los pasos de su viaje de excursionismo.

Antes de esta sesión, solicita, descarga o compra mapas de zonas de excursionismo locales. Además, escribe las preguntas de planificación del *Estudiante Centinela* en la pizarra. Reúne los Artículos enumerados en el *Estudiante Centinela* "¿Qué debo tomar?" Incluir elementos innecesarios.

Materiales

- Papel
- Bolígrafos
- Pizarra o tableta
- Tiza o marcadores
- Mapas de las zonas de excursionismo locales

Buscando Direcciones

- Revisa con tu grupo el equipo necesario y las necesidades de ropa para cualquier viaje de excursionismo. Que los Centinelas seleccionen los artículos que no sean innecesarios o inapropiados para hacer excursionismo.

- Deja que voluntarios lean del *Estudiante Centinela* "Ropa adecuada", "Fundamentos de la Bota" y "Superando las ampollas".

- Usando las preguntas en la pizarra, mapas de senderos locales, y cualquier material adicional que puedas tener, planea un viaje de excursionismo con tus Centinelas. Usa la información en las páginas 62-63 del *Estudiante Centinela*. Los Centinelas usarán este plan cuando vayan de excursión.

- Lee el Salmo 37: 23-24. Di: *Cuando caminamos, habrá momentos en los que tropezaremos con una roca. Incluso podemos caer. En nuestras vidas espirituales, una persona puede dejar de obedecer a Dios.*

     En nuestra caminata, no paramos la caminata si viajamos sobre una roca. Nos aseguramos de que estamos bien, y seguimos adelante. Esto es cierto en nuestra vida cristiana. Sigue obedeciendo a Dios, y Él estará contigo.

- Proporciona un tiempo de oración silenciosa. Permite a los Centinelas hablar con Dios acerca de su relación con Él. Utiliza el libro Mi Mejor Amigo, Jesús, o el ABC de la Salvación si cualquier estudiante indica que quiere convertirse en cristiano.

TOMANDO UNA CAMINATA: **Sesión 3**

En esta sesión, los Centinelas experimentarán la alegría de ir de excursión.

Antes de esta sesión, asegura los permisos necesarios para el área del sendero y familiarízate con las rutas de senderismo en la zona. Distribuye los formularios de permiso a cada niño participante. Organiza el transporte y siga las pautas de seguridad de la iglesia.

Materiales

- Formulario de permiso para cada niño
- Plano de la región
- Ayudantes adultos adicionales
- Transporte

Buscando Direcciones

- Antes de salir para la caminata, revisa con tus Centinelas las reglas de seguridad para una caminata segura, y revisa si hay hojas de permiso y equipo y ropa apropiados. Revisa el Plan de Caminata y lee "Cómo Evitar Estar Perdido" del *Estudiante Centinela*.
- Pasa tiempo caminando y disfrutando de la naturaleza. ¡No olvides tu cámara!
- Lee el Salmo 37: 23-24. Di: ***Ustedes han disfrutado de excursionismo en el hermoso al aire libre. Podrían comparar nuestra experiencia con Dios como una caminata o viaje espiritual.*** Agradece a Dios por las nuevas habilidades que los Centinelas están aprendiendo, Su amor y Sus bendiciones.

PROYECTOS DEL MINISTERIO: Sesión 4

Planea un viaje de caminata extendido. Considera un viaje de noche.

Mirada mas de cerca!

Si está lloviendo, todavía puedes continuar en tu caminata. Si la lluvia es demasiado severa para continuar, ten un plan de respaldo. Visita un museo, un sitio histórico u otra área interior.

¡Envuélvelo!

Pide a los Centinelas que respondan a las preguntas para reflexionar sobre lo que han aprendido a través de este Insignia de Excursionismo.

APTITUD FÍSICA

Bases Bíblicas: "¡Te alabo porque soy una creación admirable! ¡Tus obras son maravillosas, y esto lo sé muy bien!" (Salmo 139: 14)

Punto Bíblico: Dios creó nuestros cuerpos, y Él espera que nosotros cuidemos de ellos.

Meta de la Insignia:

■ Los Centinelas deben conocer los fundamentos de estar físicamente en forma.

■ Los Centinelas deben practicar ejercicios de flexibilidad, resistencia y fuerza.

Valor Fundamental: la santidad. Lee la información acerca de Phineas F. Bresee. Dios nos dio un cuerpo maravilloso. Parte de vivir una vida santa es dedicar nuestras mentes y cuerpos a Dios. Los cristianos deben ser buenos administradores de sus cuerpos.

Plan de Acción

Los niños que obtienen habilidades de Aptitud Física temprano en la vida tienen una mejor oportunidad de mantener buenos hábitos de salud a lo largo de sus vidas. Se consciente de los niños que encuentran esto difícil. Anímalos a hacer lo que puedan.

Cada sesión es autónoma. Si los Centinelas quieren seguir un proyecto ministerial, toma unos minutos de cada sesión para discutir el proyecto y los pasos necesarios para lograrlo. Los proyectos ministeriales son opcionales.

PLANIFICADOR DE INSIGNIAS

Sesión

1 Los Centinelas aprenderán qué hacer para estar físicamente en forma.

2 Los Centinelas aprenderán ejercicios de flexibilidad, resistencia y fuerza.

3 Los Centinelas utilizarán un cuadro de aptitud física para registrar las actividades durante una semana.

4 Los Centinelas pueden participar en un proyecto ministerial opcional usando habilidades de Aptitud Física.

Nota: Obtén formularios médicos que los padres deben rellenar. Asegúrate de tener información de contacto de emergencia.

F
í
s
i
c
a

Requisitos ✓ de Insignia

Elige cuatro de los cinco requisitos a continuación para completar la insignia de Aptitud Física.

☐ Contar cuatro maneras de mantenerse saludable.

☐ Decir seis acciones que pueden dañar el cuerpo.

☐ Demostrar cinco ejercicios de flexibilidad, dos ejercicios de fuerza y tres ejercicios de resistencia.

☐ Utilizar un cuadro de aptitud física para registrar las actividades durante una semana.

☐ Encontrar una manera de usar las habilidades de aptitud física para ministrar a otra persona.

RECURSOS

- Visitar tu biblioteca local para obtener libros de instrucción y videos.

SeRViR!

Los Centinelas pueden usar cualquiera de estas sugerencias para los proyectos ministeriales. (Los proyectos ministeriales son opcionales y no se requieren para completar los requisitos de la insignia):

100 Requisitos completos para el distintivo de Aptitud Física.

200 Requisitos de uso para esta insignia, completar un proyecto ministerial para servir a otro grupo o persona.

300 Combina las habilidades para las insignias de Aptitud Física y Natación para crear confianza y resistencia en el agua.

#1 seguridad

- Dale calentamiento adecuado a los músculos estirando de 5 a 10 minutos antes de hacer ejercicio o practicar un deporte.
- Usar ropa suelta, preferiblemente de algodón.
- No hacer ejercicio durante mucho tiempo en condiciones extremas de calor.
- No hacer ejercicio si sientes mareos, desmayos o náuseas.
- Beber mucha agua después de hacer ejercicio para reemplazar los líquidos perdidos por la sudoración.

PALABRAS PARA SABER

Aptitud Física: El estado de estar en buena salud como resultado del ejercicio y una dieta nutritiva.

Inmunización: Protección contra una enfermedad usualmente dada en forma de inyección.

Flexibilidad: La capacidad de doblar y estirar los músculos en una amplia gama de movimiento.

Resistencia: La capacidad de un músculo para repetir el mismo movimiento.

PREPARADOS . . . LISTOS . . . FUERA

CUESTIONES DE SALUD: Sesión 1

Los Centinelas aprenderán a estar físicamente en forma.

Materiales

Antes de esta sesión, recoge suministros. Configura el vídeo aeróbico.

- Vídeo de ejercicios aeróbicos de bajo impacto y equipo para mostrarlo
- Orador invitado, tal como maestro de educación física, instructor de club de salud, enfermera o médico

Buscando Direcciones

- A medida que llegan los Centinelas, muestra un vídeo de ejercicio aeróbico de bajo impacto. Que los Centinelas comenten sobre los tipos de ejercicio que hacen cada día.
- Pide a voluntarios que lean el versículo bíblico, la sección "¿Qué puedes hacer con esta habilidad?", Los requisitos de la insignia, los temas de seguridad, y el vocabulario.
- Que los Centinelas lean y completen las actividades en el *Estudiante Centinela*. Las respuestas a las palabras del rompecabezas en la página 65 son (dormir), (correcto), (higiene), (médico), (dentista). Que los Centinelas hagan el rompecabezas de palabras.

f	a	l	c	d	h	i	g	i	e	n	e	n	i
t	l	r	e	g	n	r	e	ó	h	l	t	c	n
n	c	y	j	u	b	m	d	f	u	m	a	r	c
c	o	m	e	r	d	e	m	a	s	i	a	d	o
o	h	g	r	ó	c	f	g	d	n	r	b	r	r
r	o	l	c	h	l	t	u	o	e	d	m	o	r
r	l	e	i	f	ó	b	r	c	h	n	l	g	e
e	m	f	c	e	d	e	n	t	i	s	t	a	c
c	n	g	i	d	l	m	b	o	t	g	y	c	t
t	u	d	o	r	m	i	r	r	d	h	f	t	o
o	i	n	m	u	n	i	z	a	c	i	ó	n	l

- Que un invitado hable con los Centinelas sobre la buena forma física y cómo es beneficioso a lo largo de la vida. Da tiempo a las preguntas y respuestas.
- Lee el Salmo 139: 14. Di: *Este versículo nos recuerda a nuestro Dios maravilloso que creó nuestros maravillosos cuerpos. Dios espera que cuidemos bien nuestros cuerpos. Hoy hemos hablado de algunas maneras de hacerlo.*

Concluye en oración. Agradeciendo a Dios por crearnos con tan maravillosos cuerpos.

MOVIMIENTOS INTELIGENTES: Sesión 2

Los Centinelas aprenderán ejercicios de flexibilidad, resistencia y fuerza.

Antes de esta sesión, recoge cualquier material necesario, especialmente las alfombras de seguridad. Notifica a los Centinelas y a sus padres para que los Centinelas lleven ropa adecuada para el ejercicio. Si no puedes enseñar estos ejercicios, arregla para que una persona calificada haga esto.

Materiales

- Una persona calificada para enseñar los ejercicios
- Estera de seguridad

Buscando Direcciones

- Deja que voluntarios lean las reglas de seguridad. Lee la descripción de cada ejercicio en el *Estudiante Centinela*. Enseña los ejercicios a los Centinelas y déjalos practicar. Anima a los Centinelas a comenzar el hábito de hacer ejercicio todos los días.

- Lee el Salmo 139: 14. Di, ***Nuestro Valor Fundamental para esta insignia es la Santidad. Phineas F. Bresee predicó acerca de vivir una vida santa. Parte de una vida santa es dar control de tu mente y cuerpo a Dios.***

Concluye en oración. Agradeciendo a Dios por dar a los Centinelas un cuerpo maravilloso. Pide a Dios que los ayude a cuidar bien de sus cuerpos.

HAZLO UN HÁBITO: Sesión 3

Los Centinelas usarán un cuadro de aptitud física para registrar sus actividades durante una semana.

Antes de esta sesión, obtén los suministros. Que un orador diga cómo la práctica de las actividades de Aptitud Física le ha ayudado a mantener una buena salud. Escribe las letras APTITUD FÍSICA en el pizarrón. Los Centinelas escribirán frases al lado de cada letra para decir lo que significa para ellos.

Materiales

- Un invitado para decir cómo la Aptitud Física le ha ayudado
- Pizarra de marcador y marcadores

Buscando Direcciones

- A medida que llegan los Centinelas, señala las letras de APTITUD FÍSICA en el marcador. Deja que los Centinelas escriban frases en la pizarra de marcador al lado de cada letra para contar acerca de la aptitud física. Luego, que voluntarios lean las reglas de seguridad y las palabras del vocabulario del *Estudiante Centinela*.

■ Discute con los Centinelas la tabla de Aptitud Física en el *Estudiante Centinela*. Que los Centinelas llenen el gráfico en función de su actividad durante la última semana. Que los Centinelas dibujen un nuevo gráfico para usarlo para la próxima semana. Al final de la semana, los Centinelas compararán los resultados.

■ Introduce un invitado que le dirá a los Centinelas cómo ha mantenido su estado físico. Da tiempo a preguntas y respuestas.

■ Lee el Salmo 139: 14. Pregunta, *¿Por qué es importante cuidar tu cuerpo? ¿Cómo afecta la forma en que cuidas tu cuerpo ahora y cómo vivirás en el futuro? ¿Cuál crees que es la actividad física más importante?*

Junto con nuestros cuerpos físicos, Dios quiere que cuidemos nuestras mentes. Los Centinelas deben tener cuidado con el tipo de pensamientos que ponen en sus mentes. Nuestro Valor Fundamental es la santidad. Dios quiere que pensemos en pensamientos puros y santos. Te reto a que estés física y espiritualmente en forma. Algunos de ustedes pueden estar físicamente en forma, pero pueden no estar en forma espiritual. Puedes tener pecado en tu vida que te separa de Dios. Si quieres estar espiritualmente en forma, puedes orar y pedirle a Dios que perdone tus pecados.

Ora con cualquier Centinela que responda a tu invitación. Usa el ABC de Salvación o el Libro de la salvación de Mi Mejor Amigo, Jesús.

Concluye en oración. Agradeciendo a Dios por ser un Creador tan maravilloso. Pídele que ayude a que los Centinelas estén física y espiritualmente aptos.

PROYECTO MINISTERIAL: Sesión 4

Elige y completa uno la sección *Ir, Servir* de este capítulo. Hay infinitas combinaciones de proyectos que se pueden hacer. Usa tu imaginación.

¡Envuélvelo!

Pide a los Centinelas que respondan las preguntas para reflexionar sobre lo que han aprendido a través de esta insignia de Aptitud Física.

DEPORTES DE NIEVE

Nota: Para países sin nieve, es imposible hacer completamente los requisitos de este insignia. Pero, será bueno para tus estudiantes aprender sobre los deportes de nieve. Tú puedes enseñar todo lo que tú puedas, pero sin dar la insignia.

Bases Bíblicas: "Manténganse alerta; permanezcan firmes en la fe; sean valientes y fuertes." (1 Corintios 16:13)

Punto Bíblico: Dios nos ayuda a ser fuertes y valientes.

Meta de la Insignia:

- Los Centinelas conocerán las costumbres de esquí y snowboard.
- Los Centinelas aprenderán cómo vestirse adecuadamente para los deportes de nieve.
- Los Centinelas sabrán qué tamaño de esquís y snowboard deben utilizar, el tamaño de sus botas, y otras prendas de deporte de nieve diferentes.
- Los Centinelas aprenderán que Dios ayuda a los cristianos a ser fuertes y valientes.

Valor Fundamental: El Evangelismo.
Aprender un deporte al aire libre les da a los Centinelas la oportunidad de compartir su fe.

Física

Explorador

Plan de Acción

NOTA: ESTA INSIGNIA REQUIERE PARTICIPAR EN UNA ESCUELA DE ESQUÍ O SNOWBOARDING DURANTE LA TERCERA SESIÓN. Intentar enseñar a tus Centinelas cómo esquiar sin esquiar realmente es como tratar de enseñar a alguien cómo conducir sin tener que ponerse detrás del volante de un coche. Si no estás calificado para enseñar esta insignia, encuentra a alguien que lo esté.

Es importante que pases la Sesión 3 en las pistas. Las sesiones 1 y 2 describirán algunas reglas básicas para esquiar y practicar snowboard, así como introducir a los Centinelas los equipos de esquí y snowboard. Es posible que desees considerar combinar el contenido de la Sesión 3 con la Sesión 2. Esto permitirá pasar toda la Sesión 3 en las pistas.

Esta insignia puede ser un poco más desafiante desde el punto de vista de la logística. Sin embargo, la diversión de tus Centinelas en el aprendizaje de esquí o snowboard valdrá la pena.

PLANIFICADOR DE INSIGNIAS

Sesión

1 Los Centinelas aprenderán "Los Seis Seguros" para las maneras del sendero, cómo vestirse para los deportes de nieve, y consejos para ayudar a un esquiador o snowboarder herido.

2 Los Centinelas practicarán el esquí y snowboard y aprenderán de qué tamaño es el equipo apropiado para ellos.

3 Los Centinelas asistirán a una escuela de esquí o snowboard. Registrarán su experiencia en su *Estudiante Centinela.*

4 Los Centinelas pueden participar en un proyecto ministerial opcional usando las habilidades de la insignia de Deportes de Nieve.

Física

Requisitos ✓ de Insignia

Elige cuatro de los cinco requisitos a continuación para completar la insignia de deportes de nieve.

☐ Nombrar los diferentes niveles de dificultad para una pista de esquí y explicar lo que significa cada símbolo.

☐ Decir cómo vestirse apropiadamente para los Deportes de Nieve.

☐ Recitar consejos de seguridad y primeros auxilios para Deportes de Nieve.

☐ Participar en un curso de instrucción de esquí o snowboard.

☐ Encontrar una manera de usar las habilidades de Deportes de Nieve para ministrar a alguien más.

SeRVİR!

Los Centinelas pueden usar cualquiera de estas sugerencias para los proyectos ministeriales. (Los proyectos ministeriales son opcionales y no se requieren para completar los requisitos de la insignia.)

100 Completar los requisitos para la insignia Deportes de Nieve.

200 Requisitos de uso para esta insignia, completar un proyecto ministerial. Crea un cartel que describa los últimos equipos de esquí. Has una lista de los cinco primeros para cada producto. Pon un rango de productos de acuerdo a la calidad y el costo. Envía esta información a las clases o grupos de tu iglesia que participen en Deportes de Nieve.

300 Combina las habilidades para la insignia de los Deportes de Nieve y la insignia Excursionismo. Planifica un retiro a una estación de esquí. Dedica tiempo a desarrollar tu vida espiritual, así como sus habilidades de esquí snowboard.

#1 seguRidad

- **SieMPRe** esquía o snowboard en pareja.
- **CoNoceR tus límites.** Sólo esquí o snowboard en las montañas que son adecuados a tu nivel de experiencia.
- **NuNca** esquíes fuera de la rastro. Si una señal dice MANTENGASE ALEJADO, entonces ¡MANTENTE ALEJADO!
- **SieMPRe** usar un silbato. Si tienes un accidente y no puedes moverte, un silbato ayudará a los trabajadores de rescate a localizarte.
- **¡Usa tu CeRebRo!** La mayoría de los accidentes de esquí y snowboard se pueden prevenir mediante el uso del sentido común.

PALABRAS PARA SABER

Ticket de Ascensor: Un billete que te permite tener acceso a los diferentes senderos en una estación de esquí.

Telesilla: Una silla unida a un carril que te lleva a la cima de la montaña.

Barra en T: Las barras en T son similares a las cuerdas de remolque. Cada barra T tiene capacidad para dos pasajeros y te llevará hasta la montaña.

Mapa de Rastro: Esto muestra el diseño de la montaña. El mapa de ruta te permitirá saber dónde se encuentran los senderos para principiantes, intermedios y avanzados.

97

PREPARADOS . . . LISTOS . . . FUERA

¡JUEGA INTELIGENTE! Sesión 1

Los Centinelas aprenderán las maneras apropiadas para las pistas aprendiendo los "seis seguros".

Antes de esta sesión, recopila los elementos necesarios. La ropa debe ser de material sintético y estar en tamaños más grandes. Reserva una habitación grande o gimnasio para esta sesión. Los Centinelas necesitarán mucho espacio para correr. Puedes descargar información sobre estaciones de esquí desde Internet.

Materiales

- Ropa apropiada para deportes de nieve en tamaños más grandes
- Cámara digital (opcional)
- Cartulina (cuatro hojas por cada cuatro Centinelas)
- Marcadores y crayones
- Tijeras
- Folletos de estaciones de esquí

Buscando Direcciones

- Cuando los Centinelas lleguen, déjalos mirar tu exhibición de folletos de estación de esquí. Deja que los Centinelas informen sobre sus experiencias con los deportes de nieve.

- Que voluntarios lean el versículo Bíblico, la sección "¿Qué puedes hacer con esta habilidad?", Los requisitos de la insignia, los temas de seguridad, la sección "¿Qué tan difícil puede ser?" Y las palabras del vocabulario. Da a los Centinelas la oportunidad de crear sus propios signos que muestran la dificultad del rastro. Proporciona materiales del "Materiales".

- Revisa la sección "Los seis seguros".

- Juega "Apílalos", un juego que utiliza la información de "Apílalos! Vestir en capas". Coloca la pila de ropa que has recogido en un extremo de la habitación. Que los Centinelas estén en el extremo opuesto de la habitación. Cuando grites una capa o varias capas, los Centinelas deben ir a la pila de ropa y vestir a uno de los miembros de su equipo en las capas especificadas. Por ejemplo, si gritas "Interior", sólo se vestirán con la capa interior. Sin embargo, cuando grites "Apílalos", los Centinelas deben vestir a su compañero de equipo con tres capas. Puedes jugar este juego en un grupo grande, o dividir en equipos. Ten tamaños más grandes de ropa, para que los Centinelas puedan obtener la ropa sobre su propia ropa.

- Deja que un voluntario lea la sección "Ayuda!!!!!".

- Cierra la sesión haciendo que un voluntario lee 1 Corintios 16:13. Di, *El Evangelismo es el trabajo de decirle a la gente acerca de Jesús y su amor por ellos. Buddie Robinson no sabía leer bien, y tenía un problema de habla. Dios le dio a Buddie la fe y el coraje para convertirse en un gran evangelista. Dios te dará la fuerza y el coraje para decirles a otros acerca de Él.* Cierra en oración.

EQUIPAMIENTO: Sesión 2

Los Centinelas harán un viaje a una tienda de artículos deportivos o tienda de esquí. Cada explorador completará la información en su *Estudiante Centinela*.

Antes de esta sesión, recoge los artículos y completa las tareas descritas en el "Materiales". Sigue las pautas de seguridad de tu iglesia para el transporte.

Ponte en contacto con una tienda de artículos deportivos, un club de esquí local, o un instructor calificado para enseñar esta sesión.

Materiales

- Formularios de permiso para las Sesiones 2 y 3
- Bolígrafos o lápices
- Arreglos de transporte y acompañantes (si es necesario)
- Viaje de campo local para la sesión

Buscando Direcciones

- Cuando lleguen los Centinelas, asegúrate de que cada uno tenga un formulario de permiso.

- Cuando lleguen a la tienda, divide a tus Centinelas en grupos de tamaño manejable. Que cada acompañante lleve a un grupo a una parte diferente de la tienda. Esto hará que sea más fácil para el ayudante ayudar al grupo a probar botas, esquís y tablas de snowboard. Da vueltas a cada 5 o 10 minutos. Asegúrate de que cada Explorador tenga la oportunidad de llenar la información en su *Estudiante Centinela*.

- Cuando regreses a la iglesia, lee 1 Corintios 16:13. Pídeles a los Centinelas que compartan acerca de una época en que hablaron con alguien acerca de Jesús. Comparte una de tus propias experiencias. Señala que Dios ayuda a los cristianos a tener fuerza, fe y valor en cada situación.

Cierra en oración, agradeciendo a Dios por ayudar a los Centinelas a aprender nuevas habilidades y ser cristianos efectivos.

¡LA BASE DE LA MONTAÑA! Sesión 3

Los Centinelas asistirán a una escuela de entrenamiento para practicar snowboard o esquí. Revisa la información de las dos primeras sesiones.

Antes de esta sesión, informa a los padres sobre el costo y la información de transporte. Asegura los artículos necesarios del armario de la fuente. Sigue las pautas de seguridad de la iglesia. Registra a los Centinelas para la escuela de esquí o snowboard.

Materiales

- Transporte a una pista de esquí o snowboard
- Chaperones adicionales (según sea necesario)
- Formularios de permiso

Buscando Direcciones

- Asegúrate de haber recibido un formulario de permiso para cada Centinela antes de salir.
- Revisa la información de las sesiones anteriores en tu camino a las pistas. Además, sitúa a los Centinelas en grupos (de dos a tres personas en cada grupo) con un chaperón.
- Después de la clase, ten el diario Centinela sobre tu viaje. Deben usar las preguntas guiadas en el *Estudiante Centinela*.
- Lee 1 Corintios 16:13. Que los Centinelas digan cómo Dios les ayudó a tener valor mientras aprendían nuevas habilidades.

Cierra en oración, agradeciendo a Dios por ayudar a los Centinelas a aprender nuevas habilidades. Pídele a Dios que ayude a los Centinelas a permanecer firmes en su fe y tener valor.

PROYECTOS DEL MINISTERIO: Sesión 4

Esta insignia funcionaría muy bien como un evento de alcance. Utiliza la sección *Ir, Servir* para planificar el viaje.

¡Envuélvelo!

Que los Centinelas respondan las preguntas para reflexionar sobre lo que han aprendido a través de esta insignia de Deportes de Nieve.

NADANDO

Bases Bíblicas: "Porque el Señor tu Dios te conduce a una tierra buena: tierra de arroyos y de fuentes de agua." (Deuteronomio 8:7a)

Punto Bíblico: Dios provee agua para la salud y el disfrute.

Meta de la Insignia:

■ Los Centinelas deben practicar la seguridad en y alrededor del agua y demostrar cómo rescatar a alguien que cae al agua.

■ Los Centinelas deben demostrar las habilidades básicas de mantener su respiración bajo el agua, flotando, nadando, y el buceo simple.

■ Los Centinelas puede ser introducidos en un proyecto ministerial opcional usando habilidades de natación.

Valor Fundamental: El Evangelismo. Lee la información acerca de Buddie Robinson. Los Centinelas deben agradecer a Dios por proveer agua como un recurso natural que sustenta la vida y trae placer. También pueden practicar buenas habilidades de conservación cuando se aplican a nuestro suministro de agua.

Es genial para los Centinelas llevar a un amigo cuando van a nadar. Conversar en la piscina o el lago puede incluir agradecimiento a Dios por el agua que es tan necesaria para la vida y para el disfrute. Buddie Robinson aprovechó muchas oportunidades diferentes para decirle a la gente acerca de Jesús. Los Centinelas pueden usar una experiencia de natación para contarle a un amigo acerca de Jesús o de lo maravilloso de Dios.

Plan de Acción

Los niños que adquieren habilidades básicas de natación disfrutarán nadando sin miedo al agua y aprenderán habilidades avanzadas más fácilmente. Más importante aún, las habilidades que aprenden podrían salvar sus vidas, así como las vidas de otros.

Se recomienda encarecidamente que los Centinelas aprendan las habilidades básicas de esta insignia en secuencia. Esta insignia se puede completar en una sesión extendida.

Si los Centinelas quieren seguir un proyecto de ministerio, toma unos minutos de cada sesión para discutir el proyecto y los pasos necesarios para llevar a cabo el proyecto. Los proyectos ministeriales son opcionales.

101

PLANIFICADOR DE INSIGNIAS

Sesión

1 Los Centinelas aprenderán vocabulario de natación y reglas de seguridad, sosteniendo el aliento bajo el agua y golpes básicos de natación.

2 Los Centinelas aprenderán vocabulario de natación y reglas de seguridad y trazos combinados.

3 Los Centinelas aprenderán la seguridad de la natación y una técnica básica de buceo.

4 Los Centinelas pueden ser introducidos a un proyecto ministerial opcional usando las habilidades de nadando.

Nota: Programa un instructor, un salvavidas y una instalación calificados. Revisa el seguro de la iglesia y obtén los formularios de permiso y formularios médicos.

Física

Requisitos ✓ de Insignia

Elige cuatro de los cinco requisitos a continuación para completar la insignia de nadando.

- ☐ Decir ocho reglas de seguridad para nadar.
- ☐ Demostrar qué hacer si alguien cae en el agua.
- ☐ Demostrar retener la respiración bajo el agua, flotar y nadar.
- ☐ Demostrar una técnica básica de buceo. (Ganar el Certificado de Inicio de la Cruz Roja en lugar de los requisitos 3 y 4.)
- ☐ Encontrar una manera de usar habilidades de nadando para completar un proyecto de ministerio.

RECURSOS

- Visita tu biblioteca local para obtener libros de instrucción y videos.
- Visit www.redcross.org

SeRViR!

Los Centinelas pueden usar cualquiera de estas sugerencias para los proyectos ministeriales. (Los proyectos ministeriales son opcionales y no se requieren para completar los requisitos de la insignia).

100 Completar los requisitos para la insignia de nadando.

200 Requisitos de uso para esta insignia, alcanzar a los amigos.

300 Combinar las habilidades de las insignias de Cocina y Nadando. Los Centinelas pueden planear una barbacoa como un evento de alcance.

#1 seguRidad

- **Nunca** nadar solo o poco después de comer.
- **Nunca** hundir ni sujetar a otra persona bajo el agua.
- **Nunca** correr por el lado de la piscina.
- **Nunca** bucear en el agua a menos que sepas lo profundo que es.
- **Nunca** saltar al agua cerca de otros nadadores.
- **Nunca** nadar sin un salvavidas o un adulto al cuidado tuyo.
- **Nunca** nadar o bucear si un letrero dice "NO NADAR" o "NO HACER BUCEO".

PALABRAS PARA SABER

Salvavidas: Alguien que está entrenado para salvar a los nadadores cuando están en peligro.

Chaleco salvavidas: Un chaleco usado para mantener a una persona a flote en el agua.

Preservador De vida: Un anillo usado para mantener a una persona a flote en el agua.

Boca abajo: Permanecer plano o boca abajo.

Flotador: Para descansar en el agua.

Deslizar: Para moverse con suavidad y facilidad.

Gatear: Un estilo de natación boca abajo en el que los brazos y las piernas son utilizados.

Espalda: Un estilo de natación hecho mientras está acostado en la espalda.

PREPARADOS . . . LISTOS . . . FUERA

FLOTAR, PLANEAR Y PATEAR: Sesión 1

Los Centinelas aprenderán habilidades básicas de natación.

Antes de esta sesión, recoge el equipo. Obtén los formularios de permiso necesarios de los padres incluyendo información de contacto de emergencia. Organiza el transporte, siguiendo las pautas de seguridad de la iglesia.

NOTA: NO hagas que un niño que tenga miedo al agua entre en el agua.

Materiales

- Chaleco salvavidas
- Salvavidas
- Formularios de permiso
- Transporte a una piscina
- Guías o padres adicionales
- Instructor de natación o salvavidas calificado

Buscando Direcciones

- Que voluntarios lean el versículo Bíblico, la sección "¿Qué puedes hacer con esta habilidad?", Los requisitos de la insignia, las cuestiones de seguridad y las palabras del vocabulario. Que los Centinelas miren las ilustraciones de sus libros de las habilidades de natación que aprenderán.

- Discutir las reglas de seguridad.

- Habla de Deuteronomio 8: 7a. Di: *El pueblo de Dios había estado viajando en el desierto. No había mucha agua allí. En este versículo, Dios estaba diciendo a su pueblo que los sacará del desierto a una tierra con arroyos y charcos de agua. Dios cuida a su pueblo.* Ora por la protección de Dios mientras aprenden nuevas habilidades.

- Que los estudiantes cambien y se reúnan en un área designada.

- Di a los niños si alguien cae en el agua, no deben saltar en ayuda incluso si pueden nadar. En su lugar, los Centinelas deben pedir ayuda y lanzar algo que flote a la persona (chaleco salvavidas o salvavidas, pelota de playa) o algo a lo que la persona pueda aferrarse (palo, cuerda). La persona puede entonces intentar flotar o retroceder a la seguridad.

- Mostrar a los niños el chaleco salvavidas y el salvavidas. Demostrar y practicar cómo usar el salvavidas.

- Ayuda a los niños a sentirse cómodos y seguros en el agua. Que los niños empiecen sosteniendo la respiración bajo el agua. A continuación, procede con los trazos básicos. Asegúrate de que los Centinelas puedan realizar cada habilidad antes de pasar a la siguiente.

Concluye en oración la sesión. Agradeciendo a Dios por el agua y por las muchas maneras en que nos ayuda.

HACER EL GATEO Y DE ESPALDA: **Sesión 2**

Los Centinelas aprenderán técnicas básicas de natación mientras se divierten con los amigos.

Antes de esta sesión, recoge el equipo. Notifica a los Centinelas sobre la ubicación y los elementos necesarios para esta sesión. Asegúrate de tener formularios de permiso, información de contacto de emergencia y transporte. Sigue las pautas de seguridad de tu iglesia.

Materiales

- Chaleco salvavidas
- Anillos de seguridad
- Formularios de permiso
- Transporte a una piscina
- Guías adicionales o padres
- Instructor calificado de socorrista o natación

Buscando Direcciones

- Revisar las reglas de seguridad.
- Lee Deuteronomio 8: 7a. Di: *Dios está haciendo una promesa al pueblo. Después de vagar por muchos años en tierras desiertas, Dios le dijo a su pueblo que los traería a una tierra de arroyos y charcos. Habría mucha agua para la gente y los animales. Dios es consciente de tus necesidades y provee lo que su pueblo necesita.*

  Que los Centinelas digan algunas formas en que usan el agua en sus vidas. Toma tiempo para agradecer a Dios por darnos agua para usar y disfrutar de muchas maneras. Ora por su protección mientras los Centinelas continúan aprendiendo nuevas habilidades de Natación.
- Que los niños se cambien en trajes de baño y se reúnan en un área designada.
- Tener un salvavidas maestro calificado que ayude a los Centinelas a aprender los movimientos de natación y las técnicas de giro.

DAR EL PASO DECISIVO: **Sesión 3**

Los Centinelas aprenderán una técnica sencilla de buceo si están listos.

Antes de esta sesión, obtén el equipo necesario. Asegúrate de tener formularios de permiso, información de contacto de emergencia y transporte. Sigue las pautas de seguridad de tu iglesia.

Materiales

- Chaleco salvavidas
- Formularios de permiso
- Transporte a una piscina
- Socorristas calificados o instructores de natación
- Guías adicionales o padres

- Proporcionar un instructor socorrista o de natación calificado para enseñar una técnica simple de buceo y revisar las reglas de seguridad.
- Lee Deuteronomio 8: 7a. Agradece a Dios por los recursos naturales como el agua.
- Señala que el Valor Fundamental de esta insignia es Evangelismo. Di: **Buddie Robinson encontró muchas maneras diferentes de contar a otros acerca de Jesús. Pueden aprovechar la oportunidad para invitar a sus amigos a la Caravana o Escuela Dominical.**
- Pide a los Centinelas que se pongan trajes de baño y se reúnan en un área designada.
- Divide a los Centinelas en pequeños grupos y deja que un ayudante adulto trabaje con cada grupo. Ayuda a los niños a sentirse cómodos y seguros en el agua. Elogia a los niños por las habilidades que han logrado y anímales a probar otros nuevos.

PROYECTOS MINISTERIALES: Sesión 4

Considera la posibilidad de planificar un evento de divulgación para los visitantes. Ve la sección *Ir, Servir*.

¡Envuélvelo!

Pide a los Centinelas que respondan preguntas para reflexionar sobre lo que han aprendido a través de esta insignia de Nadando.

MEMORIA BIBLICA

Bases Bíblicas: "En mi corazón atesoro tus dichos para no pecar contra ti." (Salmo 119:11)

Punto Bíblico: Memorizar versículos bíblicos da a los cristianos ánimo y los fortalece durante la tentación.

Meta de la Insignia:

■ Los Centinelas deben descubrir diferentes métodos de memorizar versículos bíblicos.

■ Los Centinelas usarán estos métodos para memorizar tres versículos bíblicos.

■ Los Centinelas pueden ser introducidos a un proyecto opcional de ministerio usando habilidades de la memoria Bíblica.

Valor Fundamental: Evangelismo. Lee la información acerca de Buddie Robinson. Buddie Robinson superó un problema del habla para convertirse en un predicador y un evangelista. Buddie Robinson viajó de un lugar a otro para contarle a la gente el plan de salvación de Dios. Cuando los Centinelas estudien la Biblia y memoricen algunos de los versículos, estarán mejor equipados para contarles a sus amigos y familias sobre el amor de Dios.

Plan de Acción

Los Centinelas pueden disfrutar de memorizar versículos bíblicos. Hay muchas maneras divertidas de memorizar. Esta insignia ayudará a los niños a experimentar con una variedad de métodos para memorizar versículos bíblicos.

La Memoria Bíblica es una insignia simple para enseñar con tres sesiones independientes. El objetivo final es que el encuentro de cada niño con la Biblia sea agradable y muestre a los niños la importancia de conocer las Escrituras.

PLANIFICADOR DE INSIGNIAS

Sesión

1 Los Centinelas aprenderán a memorizar versículos bíblicos a través de métodos visuales.

2 Los Centinelas aprenderán a memorizar versículos bíblicos a través de métodos auditivos.

3 Los Centinelas aprenderán a memorizar un versículo bíblico a través de métodos de acción.

4 Los Centinelas pueden participar en un proyecto opcional de ministerio usando habilidades de la Memoria Bíblica.

Requisitos ✓ de Insignia

Elige cuatro de los cinco requisitos a continuación para completar la insignia de Memoria Bíblica.

☐ Decir por lo menos tres métodos diferentes para memorizar un versículo bíblico.

☐ Memorizar un total de tres versos y sus referencias.

☐ Aprender lo que dice la Biblia acerca de la importancia de memorizar versículos bíblicos.

☐ Participar en al menos dos métodos diferentes de memorizar versículos bíblicos.

☐ Encontrar una manera de usar las habilidades de la memoria bíblica para ministrar a alguien más.

Espiritual

¡SERVIR!

Los Centinelas pueden usar cualquiera de estas sugerencias para los proyectos ministeriales. (Los proyectos ministeriales son opcionales y no se requieren para completar los requisitos de la insignia.)

100 Completar los requisitos para la insignia memoria Bíblica.

200 Desarrollar una manera única de memorizar versículos bíblicos y voluntarios para usarlo para enseñar a los niños más pequeños.

300 Combinar la insignia Escuela Dominical y Memoria Bíblica y hacer un juego de versículos y donarlo a una clase de la Escuela Dominical.

PALABRAS PARA SABER

Estas son palabras clave del Salmo 119: 11, Salmo 119: 105, y Juan 3:16.

Palabra: La Palabra de Dios, la Biblia

Corazón: El centro de quien eres.

Pecado: Desobedecer a Dios. Pecamos cuando hacemos algo que Dios dijo que no hiciéramos o no hacemos algo que Dios dijo que hiciéramos.

Hijo: Hijo de Dios, Jesús

Creer: Aceptar como verdad y hacerla una parte de tu vida.

Perecer: Morir espiritualmente, separarse de Dios para siempre.

Eterno: eterno, sin fin.

Estos son algunos tipos de estilos de aprendizaje:

Auditivo: La persona aprende escuchando y necesita oír información. Las actividades útiles son: preguntas y respuestas y discusión y juegos.

Visual: La persona aprende observando y visualizando o de una imagen o ilustración. Las actividades útiles son: dibujo, pintura, construcción, juegos de palabras y rompecabezas.

Cinestésico: La persona aprende mejor conectando el aprendizaje con una acción. Algunas actividades útiles son: juegos físicamente activos, manualidades y movimientos / acciones creativas para una historia o un versículo Bíblico.

PREPARADOS . . .LISTOS . . .FUERA

APRENDIENDO LA ESCRITURA CON MIS OJOS: Sesión 1
Salmos 119:11

Los Centinelas aprenderán un versículo bíblico usando métodos visuales.

Antes de esta sesión, recoge los suministros necesarios y establece un área para las actividades. Mira el Salmo 119:11 y Lucas 4:1-13.

Materiales

- Cartulina o papel de construcción
- Papel cuadriculado
- Toallas de papel
- Lápices
- Pinturas y pinceles
- Papel de contacto
- Pizarra de marcador y marcadores
- Variedad de marcadores permanentes

Buscando Direcciones

- A medida que llegan los Centinelas, pídeles que lean el versículo Bíblico, la sección "¿Qué puedes hacer con esta habilidad?", Los requisitos de la insignia y las palabras del vocabulario.

- Lee el Salmo 119: 11. Explica que las instrucciones de Dios son importantes para un Cristiano. Lee Lucas 4: 1-13. Explica que Jesús también se enfrentó a la tentación. Su ejemplo nos muestra una forma de superar la tentación.

- Señala que en esta sesión, los Centinelas memorizarán usando sus ojos, sus habilidades visuales. Aquí hay algunas maneras de hacerlo.

  Arte. Usa suministros para crear una versión artística de un versículo de la Biblia. Considera pictografías y obras de arte.

  Puzzles

  1. Búsquedas de palabras. Has búsquedas de palabras con papel cuadriculado.

  2. Recorta los rompecabezas. Has tus propios rompecabezas con papel de construcción y papel Contacto.

- Refuerza que el concepto de memorizar versículos bíblicos es una parte importante de la vida de un cristiano. Que los Centinelas respondan a la pregunta en el *Estudiante Centinela*. Proporciona tiempo a los Centinelas para hacer un rompecabezas de cartas revueltas.

- Lee el versículo de memoria como un grupo. Señala que el Valor Fundamental de esta insignia es Evangelismo. Di: ***Buddie Robinson era un evangelista que viajaba de un lugar a otro predicando a la gente acerca del amor de Dios y Su plan de salvación. Es importante para todos los cristianos estudiar la Biblia y memorizar los versículos.***

  Cierra en oración. Agradece a Dios por darnos la Biblia para que pudiéramos aprender más acerca de Él. Agradece a Dios por la capacidad de memorizar Su Palabra.

APRENDIENDO LA ESCRITURA CON MIS OÍDOS: Sesión 2
Salmo 119:105

Los Centinelas aprenderán a memorizar versículos bíblicos a través de métodos auditivos.

Antes de esta sesión, recopila los suministros necesarios y establece un área para las actividades. Mira el Salmo 119:105.

Materiales

- CDs que tengan canciones de memoria de las escrituras
- Biblia
- Pizarron marcador y marcadores
- Reproductor de CD

Buscando Direcciones

- Divide a los Centinelas en pares. Que un compañero diga una frase tonta: "Un cerdo púrpura se comió un grano de maíz". Que el compañero escuche cuidadosamente y trate de decir la frase palabra por palabra. Di a los Centinelas que el ejercicio les hará calentar para memorizar un versículo Bíblico.

- Lee el Salmo 119: 105. Di: *El escritor dice que la Palabra de Dios le guiará en su vida. Al estudiar la Palabra de Dios, aprendemos sobre las elecciones de las personas. Aprendemos sobre las recompensas o las consecuencias que estas personas recibieron.*

- Señala que en esta sesión los Centinelas memorizarán el Salmo 119:105 a través de lo que oyen. Aquí hay unos ejemplos.

Música

1. Utiliza los CD que tienen las escrituras puestas a la música para un ejemplo. Utiliza la pizarra marcador para escribir movimientos y símbolos.
2. Manos En - Utiliza símbolos de lenguaje de signos o movimientos mientras dices las palabras.
3. Canta - Usa una melodía familiar y reemplaza las palabras originales con palabras nuevas.

¡Dilo!

1. Palabras que Faltan - Escribe las palabras del versículo en un marcador. Borra una palabra a la vez. Di el versículo. Continúa hasta que todas las palabras hayan sido borradas.
2. Chasquear y Aplaudir – Que los Centinelas compongan movimientos para usar con cada frase del Salmo 119:105. Esta actividad está en el *Estudiante Centinela*.

- Señala que el Valor Fundamental de esta insignia es Evangelismo. Di: *Buddie Robinson era un conocido evangelista que viajaba de un lugar a otro para ayudar a la gente a conocer el amor de Dios. Él enseñó acerca del amor de Dios, su plan de salvación, y la forma en que necesitamos vivir cada día. Memorizar la Palabra de Dios puede ayudarte a decirle a la gente acerca de Jesús también.*

Cierra en oración, agradeciendo a Dios por darnos instrucciones en la Biblia para vivir bien.

APRENDER LA ESCRITURA A TRAVÉS DEL MOVIMIENTO: Sesión 3
Juan 3:16

Los Centinelas aprenderán a memorizar versículos bíblicos a través de acciones.

Antes de esta sesión, obtén los suministros necesarios. Lea Juan 3:16.

Materiales

- Tarjetas de 3"x 5"
- Bolígrafos o lápices
- Pelota
- Cinta
- Pizarron marcador y marcadores
- Biblia
- Libro "Mi Mejor Amigo, Jesús",
- ABC de salvación de la contraportada interior

- Tenga a mano los folletos de salvación *Mi Mejor Amigo, Jesús*. Lee Juan 3:16.
- Los Centinelas memorizarán Juan 3:16 mediante métodos de acción. Que los Centinelas lleguen con los suyos propios. Si hay tiempo, considera hacer otro versículo de *Mi Mejor Amigo, Jesús.*
- Señala que el Valor Fundamental de esta insignia es el Evangelismo. Di: **Buddie Robinson viajó de un lugar a otro predicando el mensaje de Juan 3:16. Puedes usar este versículo y otros para decirles a tus amigos sobre el amor de Dios.**

Si sientes la dirección del Espíritu Santo, invita a los Centinelas que no son Cristianos a aceptar el amor y perdón de Dios. Usa el *ABC de la Salvación* o el folleto de salvación *Mi Mejor Amigo, Jesús.*

Cierra en oración.

PROYECTOS MINISTERIALES: **Sesión 4**

Esta insignia funcionaría bien con una insignia física como senderismo.

¡Envuélvelo!

Pide a los Centinelas que respondan a las preguntas para reflexionar sobre lo que han aprendido a través de esta insignia de la Memoria Bíblica.

HÉROES DE SANTIDAD

Bases Bíblicas: "Acuérdense de sus dirigentes, que les comunicaron la palabra de Dios. Consideren cuál fue el resultado de su estilo de vida, e imiten su fe." (Hebreos 13:7)

Punto Bíblico: Podemos aprender y crecer con el ejemplo de otros Cristianos.

Meta de la Insignia:

■ Los Centinelas tendrán una Iglesia del Nazareno más global.

■ Los Centinelas aprenderán sobre los líderes Nazarenos internacionales comprometidos con la santidad.

■ Los Centinelas pueden ser introducidos a un proyecto de ministerio opcional usando las habilidades de la insignia de los Héroes de la Santidad.

Valor Fundamental: la santidad. Lee la información acerca de Phineas F. Bresee. Vivir un estilo de vida santo es una parte importante de la vida cristiana. Phineas F. Bresee dedicó su vida a predicar y enseñar sobre la santidad.

Plan de Acción

Ayuda a los Centinelas a conocer algunos de los líderes internacionales de la Iglesia del Nazareno. Los Centinelas aprenderán algunas características de los buenos líderes y tendrán tiempo de pensar en las nuevas habilidades de liderazgo que puedan tener.

Cada semana es autocontenida y no depende del aprendizaje de la semana anterior. Si los Centinelas persiguen un proyecto de ministerio, hay varias opciones para enriquecer esta insignia con otras insignias. Vea la sección *Ir a Servir*. Los proyectos ministeriales son opcionales.

PLANIFICADOR DE INSIGNIAS

Sesión

1 Los Centinelas aprenderán sobre H. T. Reza, Juliet Kayise Ndzimandze, y Phineas F. Bresee.

2 Los Centinelas aprenderán sobre Hiriam Reynolds, Hiroshi Kitagawa y Lucia Carmen García de Costa.

3 Los Centinelas aprenderán sobre David Hynd, Santos Elizondo y Samuel Bhujbal.

4 Los Centinelas pueden ser introducidos a un proyecto de ministerio opcional usando las habilidades de la insignia de los Héroes de Santidad.

Nota: La Iglesia del Nazareno Global tiene una oficina con archivos que pueden ayudarte a investigar sobre estos héroes de santidad y otros. Vea el sitio web.

Requisitos ✓ de Insignia

Espiritual

Elige cuatro de los cinco requisitos a continuación para completar la insignia de Héroes de Santidad.

☐ Indicar al menos un hecho sobre los nueve Héroes de Santidad.

☐ Indicar por lo menos cuatro cualidades de buenos líderes.

☐ Decir cuál debe ser la actitud de un cristiano hacia los líderes de nuestra iglesia.

☐ Decir los nombres de al menos dos Héroes de Santidad modernos.

☐ Encontrar una manera de usar las habilidades en la insignia de Héroes de la Santidad para ministrar a alguien más.

RECURSOS

• Centro Internacional Archivos de la Iglesia del Nazareno <www.nazarene.org/archives>

• Información de Internet sobre los siguientes países: Swazilandia, Japón, México, Argentina, India, Estados Unidos

Los Centinelas pueden usar cualquiera de estas sugerencias para los proyectos ministeriales. (Los proyectos ministeriales son opcionales y no se requieren para completar los requisitos de la insignia.)

100 Completar los requisitos para la insignia de Héroes de Santidad.

200 Los Centinelas pueden crear un cartel de "Héroes de Santidad", un mural o un tablón de anuncios y mostrarlo en la iglesia.

300 Los Centinelas pueden "viajar" a través de una experiencia cultural de investigación (viajes), comida (cocina) y juegos (juegos) al país de origen del Héroe de la Santidad de su elección. Completa todas las insignias simultáneamente usando semanas adicionales necesarias para esos requisitos.

PREPARADOS . . .LISTOS . . .FUERA

HÉROES DE SANTIDAD: Sesión 1

Los Centinelas aprenderán sobre H. T. Reza, Juliet Kayise Ndzimandze, y Phineas F. Bresee.

Antes de esta sesión, recoge los suministros necesarios y colócalos en la habitación. Escribe las palabras, *barrera rompedor, visión, perseverancia* y *voluntad* en el tablero marcador. Has una exhibición de los libros de los niños sobre África y Suramérica y el mapa del mundo o del mundo. Si la combinación de placas, organiza los suministros adicionales y planifica las actividades en consecuencia.

Materiales

- Biblia
- Lápices
- Pizarra marcador y marcadores
- Libros infantiles sobre Sudamérica y África
- Un mundo o mapa del mundo

Buscando Direcciones

- Cuando lleguen los Centinelas, déjalos navegar por los libros y materiales. Deja que los Centinelas encuentren África y Sudamérica en el globo o mapa. Que los Centinelas hablen de personas que conocen que viven en otro país.

- Deja que voluntarios lean el versículo Bíblico, la sección "¿Qué puedes hacer con esta habilidad?" Y los requisitos de la insignia. Señala que en esta insignia se encontrarán con algunos héroes - personas que tomaron posición y tuvieron coraje para perseguir una idea.

■ Deja que voluntarios lean acerca de Honorata T. Reza, Julieta Kayise Ndzimandze y Phineas F. Bresee en el *Estudiante Centinela*. Lleva una breve discusión sobre cada persona, sus cualidades personales y logros. Escribe un resumen de lo siguiente en la pizarra marcador.

Honorato T. Reza — Sudamérica (1912—2000)

Barrera Rota - llegó a Kansas City en 1946 para comenzar un departamento de publicaciones españolas.

Visión - comenzó a transmitir *La Hora Nazarena*, un programa de radio Cristiano español antes de que la radio Cristiana fuera corriente.

Perseverancia - su asignación "temporal" en *La Hora Nazarena* duró 23 años, hasta 1975.

Voluntad - trabajó entre dos lenguas para traducir materiales muy necesarios del inglés al español.

Juliet Kayise Ndzimandze — Swazilandia (1929-1996)

Barrera Rota - primera mujer a ser ordenada en Swazilandia y Juventud Nazarena Presidenta Internacional.

Visión - quería ver a la gente convertirse en Cristianos. Ella trajo el mensaje del evangelio a niños, adolescentes y adultos en escuelas e iglesias.

Perseverancia - practicó la oración y el ayuno y vio muchas de sus oraciones respondidas.

Voluntad - ser humilde aunque ella era más educada que otros.

Phineas F. Bresee — Estados Unidos (1838—1915)

Barrera Rota - vio la necesidad de llegar a los pobres. Comenzó la Iglesia del Nazareno.

Visión - Dr. Bresee tenía una visión para predicar y vivir la santidad a toda la gente, a pesar de su posición social o riqueza.

Perseverancia - soportó la pobreza, el hambre y la crítica para iniciar la Iglesia de Nazareno.

Voluntad - comenzar una nueva iglesia y un colegio, predicar y enseñar la santidad.

■ Que los Centinelas reflexionen sobre lo que han aprendido a medida que completan la sección "Piensa En Ello" en el *Estudiante Centinela*.

■ Lee de nuevo Hebreos 13: 7. Di: *Este versículo nos dice que tomemos tiempo para pensar acerca de nuestros líderes y sus vidas. Podemos aprender tanto observando las vidas de la gente -sus opciones y actitudes- y las recompensas y consecuencias resultantes. Cada persona que estudiamos es un modelo digno para ustedes. Nuestro Valor Fundamental para esta insignia es Santidad. Cada persona, especialmente Phineas F. Bresee, modeló una vida de santidad. El Dr. Bresee dedicó su vida a decir a otros cómo vivir una vida santa.*

Cierra en oración. Agradece a Dios por los líderes que nos muestran cómo vivir la vida santa, servir Dios y ayudar a la gente.

HÉROES DE SANTIDAD: **Sesión 2**

Los Centinelas aprenderá sobre Hiriam Reynolds, Hiroshi Kitagawa y Lucia Carmen García de Costa.

Antes de esta sesión, recoge los suministros necesarios y colócalos en la habitación. Escribe las palabras barrera rota, visión, perseverancia y voluntad en el tablero marcador. Has una exhibición de los libros y del globo o mapa del mundo. Si combinas insignias, organiza los suministros adicionales y planifica las actividades en consecuencia.

Materiales

- Biblia
- Lápices
- Pizarra marcador y marcadores
- Libros infantiles sobre Japón y Argentina
- Un mundo o mapa del mundo

Buscando Direcciones

- A medida que llegan los Centinelas, déjalos navegar por los libros y materiales y encontrar a Japón y Argentina en el globo o mapa.
- Que voluntarios lean sobre Hiram Reynolds, Hiroshi Kitigawa y Lucia Carmen García de Costa en el *Estudiante Centinela*. Dirige una breve discusión sobre cada persona y sus cualidades y logros personales.

Hiriam Reynolds — Estados Unidos (1854—1938)

Barrera Rota - estaba dispuesto a salir de su zona de confort para ayudar a unir a varias iglesias para convertirse en la Iglesia del Nazareno.

Visión - quería establecer misiones en la Iglesia del Nazareno.

Perseverancia - enfrentó dificultades en comenzar la nueva denominación y enfatizar misiones.

Voluntad - predicó, enseñó, promovió, recaudó dinero y viajó para visitar y apoyar a los misioneros.

Hiroshi Kitagawa — Japón (1888—1975)

Barrera Rota - ayudó a organizar y pastorear la primera iglesia nazarena en Kumamoto, Japón.

Visión - inició una escuela para entrenar pastores en 1915 para la Iglesia Nazarena en Japón.

Perseverancia - ayudó a reconstruir la Iglesia del Nazareno en Japón después de la Segunda Guerra Mundial.

Voluntad - sirvió como pastor, superintendente de distrito, educador y editor, donde fuera necesario.

117

> **Lucia Carmen Garcia de Costa — Argentina** (1903-1984)
>
> **Barrera Rota -** primer Cristiano Nazareno en Argentina, primera clase de ordenación, primer graduado de una escuela Nazarena para ministros en Argentina.
>
> **Visión -** plantación de iglesias. Créditos en 1972 con la fundación de más de un tercio de las iglesias del distrito.
>
> **Perseverancia -** siempre se enfoca en comenzar nuevas congregaciones, continuando la educación de otros a través de la enseñanza, la traducción y la predicación.
>
> **Voluntad -** servir a la Iglesia del Nazareno en Argentina dondequiera que haya necesidad.

- Deja que los Centinelas completen la sección "Piensa En Ello" en el *Estudiante Centinela*.

- Lee Hebreos 13: 7. Pregunta: **¿Cuáles son las palabras de acción en este versículo?** (Recordar, hablar, considerar e imitar) *Se nos dice que recordemos a nuestros líderes. Estos líderes hablaban la Palabra de Dios. Aprendimos lo que estas personas lograron. Debemos vivir con los mismos altos estándares, conducta y perseverancia que ellos demostraron.*

Cierra en oración. Agradeciéndole a Dios por los líderes del pasado que fundaron nuestra denominación y la ayudaron a crecer. Pídele a Dios que ayude a los Centinelas a recordar, pensar e imitar las buenas cualidades de estos líderes.

HÉROES DE SANTIDAD: Sesión 3

Los Centinelas aprenderán sobre David Hynd, Santos Elizondo y Samuel Bhujbal.

Antes de esta sesión, recoge los suministros necesarios y colócalos en la habitación. Escribe las palabras *barrera rota, visión, perseverancia* y *voluntad* en el tablero marcador. Has una exhibición de libros y el mundo o mapa del mundo. Si combinas insignias, organiza los suministros adicionales y planifica las actividades en consecuencia.

Materiales

- Biblia
- Lápices
- Pizarrón marcador y marcadores
- Libros infantiles sobre Escocia, África, México y la India
- Mundo o mapa del mundo

Buscando Direcciones

- Cuando lleguen los Centinelas, déjalos navegar por los libros y materiales. Que los Centinelas encuentren Escocia, África, México e India en el globo o mapa.

- Deja que voluntarios lean acerca de David Hynd, Santos Elizondo y Samuel Bhujbal en el *Estudiante Centinela*. Dirige un breve debate sobre cada persona, sus cualidades personales y logros.

David Hynd — Escocia y Swazilandia (1895—1991)

Barrera Rota - un hombre blanco de Escocia dedicó su vida a Swazilandia, África.

Visión - tenía compasión por todo el cuerpo, la mente y el alma.

Perseverancia - trajo libros con él a Suiza para construir un hospital, luego trabajó como médico en el hospital de Manzini.

Voluntad - para atender a las necesidades educativas, espirituales y médicas de la gente a través del hospital de Manzini.

Santos Elizondo — México (1869—1941)

Barrera Rota - durante su vida, fue la única mujer registrada predicadora en México.

Visión - llegar a las personas con el evangelio.

Perseverancia - soportó amarga oposición por su ministerio.

Voluntad - deseaba servir. Aceptó a siete niños que le dejaron cuando murió una mujer. Este fue el comienzo de un orfanato.

Samuel Bhujbal — India (1905-1978)

Barrera Rota - primer superintendente de distrito en la India.

Vision - inició nuevos programas creativos para jóvenes y desarrolló liderazgo nacional.

Perseverancia - continuó liderando en medio de la agitación nacional.

Voluntad - sirvió como pastor, evangelista y superintendente de distrito a pesar de las críticas y el malestar político.

■ Que los Centinelas completen la sección "Piense En Ello" en el *Estudiante Centinela*.

■ Lee Hebreos 13: 7. Di: *Este versículo nos pide que recordemos a los líderes de la iglesia. ¿Quiénes serían algunos héroes modernos que han ayudado a la iglesia a continuar?* Deja que los Centinelas escriban nombres para estas personas en un pizarrón. Los Centinelas pueden agregar nombres de los superintendentes generales actuales.

Cierra en oración. Agradece a Dios por los líderes en el pasado que iniciaron la Iglesia del Nazareno y la ayudaron a crecer. Pídele a Dios que ayude a los Centinelas a aprender del pasado y a confiar en Dios para guiarlos hacia el futuro.

PROYECTOS MINISTERIALES: Sesión 4

Elige y completa uno o más proyectos en la sección *ir, Servir* de este capítulo. El nivel 300 de esta insignia se centra en ayudar a los niños a experimentar diferentes culturas a través de muchos medios diferentes. Aunque no sea un "proyecto ministerial" orientado hacia el exterior, puede ayudar a los niños a comprender mejor el mundo que los rodea, así como diferentes líderes en la Iglesia del Nazareno.

¡Envuélvelo!

Pide a los Centinelas que respondan a las preguntas para reflexionar sobre lo que han aprendido a través de esta insignia de los Héroes de Santidad.

ORACIÓN

Bases Bíblicas: "No se inquieten por nada; más bien, en toda ocasión, con oración y ruego, presenten sus peticiones a Dios y denle gracias." (Filipenses 4:6)

Punto Bíblico: Jesús nos enseña cómo orar dándonos un ejemplo: la Oración del Señor.

Meta de la Insignia:

- Los Centinelas deben aprender un ejemplo de cómo orar estudiando la Oración del Señor.
- Los Centinelas deben experimentar un tiempo de oración guiada y ser animados a continuar la disciplina de la oración.

Valor Fundamental: la santidad. Lee la información acerca de Phineas F. Bresee. Conocía el poder de la oración para ayudar a los cristianos a vivir una vida santa.

Plan de Acción

Los niños que descubren la oración como una experiencia agradable y cambiadora de vida querrán continuar la disciplina de la oración a través de la vida. Los Centinelas pueden descubrir que la oración es una parte necesaria de un santo.

Considera la posibilidad de combinar la insignia de Oración con otras insignias o eventos, como retiros de Caravana. Cada sesión es auto-contenida y puede ser intercambiable, pero esta insignia funcionará mejor si se enseña en orden secuencial.

Espiritual

PLANIFICADOR DE INSIGNIAS

Sesión

1 Los Centinelas comenzarán un estudio de la Oración del Señor.

2 Los Centinelas aprenderán que Dios provee para nuestras necesidades.

3 Los Centinelas aprenderán a responder a Dios.

4 Los Centinelas pueden participar en un proyecto opcional de ministerio usando las habilidades de Oración.

Requisitos ✓ de Insignia

Elige cuatro de los cinco requisitos a continuación para completar la insignia de Oración.

☐ Iniciar un cuaderno de oraciones para registrar las peticiones y las respuestas a la oración.

☐ Decir por lo menos cinco maneras de alabar a Dios en la oración.

☐ Decir las seis ideas principales en la Oración del Señor.

☐ Orar todos los días durante una semana usando la Oración del Señor.

☐ Encontrar una manera de usar las habilidades de oración para ministrar a alguien más.

Espiritual

¡Servir!

Los Centinelas pueden usar cualquiera de estas sugerencias para los proyectos ministeriales. (Los proyectos ministeriales son opcionales y no se requieren para completar los requisitos de la insignia.)

100 Completar los requisitos para la insignia Oración.

200 Utiliza los requisitos de la insignia de oración para enseñar a los niños más pequeños acerca de la oración.

300 Combina la insignia de Oración con una de las siguientes: Memoria Bíblica o Excursionismo (devoción y tiempo de oración).

PREPARADOS . . . LISTOS . . . FUERA

EL CARÁCTER DE DIOS: Sesión 1

Los Centinelas comenzarán un estudio del Padre Nuestro.

Materiales

Antes de esta sesión, escribe la Oración del Señor y la referencia en el marcador.

- Biblia
- Lápices
- Pizarra Marcador
- Marcadores
- Tijeras

- Papel de construcción
- Pequeños cuadernos espirales

Buscando Direcciones

- A medida que lleguen los Centinelas, que escriban estilo graffiti en la pizarra por lo que los niños oran.

- Deja que voluntarios lean el versículo Bíblico, la sección "¿Qué puedes hacer con esta habilidad?", Los requisitos de la insignia y las palabras del vocabulario.

- Haz hincapié en que la oración es hablar con Dios. Concéntrate en que la oración sea un acto de alabanza, no solo pidiendo algo. Que los Centinelas expliquen el significado de la oración con sus propias palabras.

  Di: ***Miren las cosas que escribieron en la pizarra. Cruza todo lo que es una petición.*** (Deja que los voluntarios hagan esto.) ***Encierra en un círculo cualquier cosa que exprese alabanza a Dios. Dibuja un cuadrado alrededor de cualquier cosa que pida ayuda de Dios. ¿En qué categoría tenemos la mayoría de los artículos?*** (Dejemos que los Centinelas respondan.) ***Hoy queremos hablar sobre maneras de alabar a Dios en nuestras oraciones.***

- Discute estas ideas bíblicas.

Padre nuestro que estás en los cielos, santificado sea tu nombre (v. 9).

1. Esto es un recordatorio de que nuestro Padre espiritual es Dios.
2. Él está en el cielo.
3. "Santificado" significa "santo" o "separado". El nombre de Dios es especial.
4. Mateo 6: 9 se centra en el carácter de Dios. Los niños a menudo preguntan "¿Cómo es Dios?" El versículo 9 da una visión de Dios el Padre.
5. El modelo de oración de Jesús comenzó alabando a Dios, no pidiendo algo.

- Lee Filipenses 4: 6. Que los Centinelas digan en sus propias palabras lo que significa el versículo. Da a cada Centinela un cuaderno espiral. Que los Centinelas escriban la fecha y sus alabanzas y peticiones de oración en los cuadernos. Que los Centinelas marquen cualquier elemento cuando Dios responda a la solicitud. Los Centinelas usarán los cuadernos en cada sesión de esta insignia.

- Lleva a tus Centinelas en un momento de "Lectura y Pensamiento". Que los Centinelas lean el pasaje y contesten las preguntas en su *Estudiante Centinela*. Deja que voluntarios compartan sus respuestas.

EL CUIDADO DE DIOS: **Sesión 2**
Mateo 6:10-11

Los Centinelas aprenderán la importancia de poner la voluntad de Dios antes que la suya.

Materiales

Antes de esta sesión, escribe la Oración del Señor y la referencia en el pizarrón. Coloca una línea de cinta adhesiva a través de la sala para el concurso de tirón de la guerra.

- Biblia
- Lápices
- Pizarra Marcador
- Marcadores

- Cuerda fuerte
- Cinta adhesiva
- Cuadernos de Oración de los Centinelas

Buscando Direcciones

- Que los Centinelas participen en un juego amistoso de tirón de guerra. Pon a los niños más fuertes en el "Equipo de Dios". Coloca a los otros niños en el "Equipo Yo". Coloca una línea en el suelo con cinta adhesiva. Que los equipos se alineen a cada lado de la línea con una cuerda fuerte. Esperemos que el "Equipo de Dios" gane. Los Centinelas usarán esta lección para hablar sobre la voluntad de Dios más adelante.

- Discuta estas ideas bíblicas.
  "Venga tu reino, hágase tu voluntad en la tierra como en el cielo. Danos hoy nuestro pan de cada día" (v. 10-11).

  1. Lee Mateo 6: 9-13 a los Centinelas. Di: *Jesús dio a los cristianos un ejemplo de cómo orar. Se llama la Oración del Señor.*

  2. "Tu reino viene" expresa el deseo de tener la voluntad de Dios en nuestras vidas y nuestro mundo.

  3. La voluntad de Dios siempre se hace en el cielo. La gente en la tierra tiene libre albedrío. Cuando los Centinelas piden la voluntad de Dios, abandonan su voluntad para aceptar la voluntad de Dios. En nuestro juego de tirón de guerra, el "equipo Yo" tendrá que rendirse al "equipo Dios".

  4. Dios es el Proveedor supremo de toda nuestra comida, ropa y refugio.

  5. El versículo 11 es el centro de la oración.

  6. Dios está preocupado por las necesidades de Su pueblo. Dios a menudo trabaja a través de los cristianos para satisfacer las necesidades de las personas. Los Cristianos pueden mostrar compasión y ayuda.

- Dirige a los Centinelas en un momento de "Leyendo y Pensando". Que los Centinelas lean y respondan las preguntas en sus libros. Deja que voluntarios compartan sus respuestas.

- Que los Centinelas llenen las frases de oración en su *Estudiante Centinela*. Luego, que los Centinelas oren compartiendo lo que escribieron.
- Lee Filipenses 4:6. Pregunta: **De acuerdo con este versículo, ¿Cómo vamos a traer peticiones a Dios?**

Distribuye los cuadernos de oración de los Centinelas. Que los Centinelas salgan y escriban sus alabanzas y peticiones de oración para hoy. Anota cualquier respuesta a la oración.

RESPONDEMOS A DIOS: Sesión 3

Los Centinelas aprenderán que Dios quiere que perdonemos a otros.

Materiales

Antes de esta sesión, escribe la Oración del Señor y la referencia en el pizarrón. Has un rastreo de tus dos manos. Une tus manos con las palmas, pero deja que tus dedos se separen.

- Biblia
- Lápices
- Marcador
- Marcadores

- Papel de construcción
- Tijeras
- Cuadernos de oración de los Centinelas

Buscando Direcciones

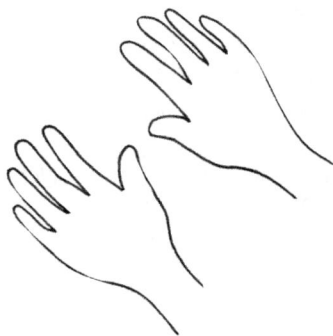

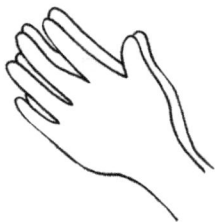

- A medida que llegan los Centinelas, dales suministros. Muestra a los Centinelas cómo trazar alrededor de sus manos unidas en las palmas, después que los Centinelas los corten. Que los Centinelas pongan su nombre en sus manos y los dejen a un lado durante unos minutos.
- Lee Mateo 6: 9-13 a los Centinelas. Explica que Jesús dio un ejemplo de cómo orar. Discute estos puntos de la Biblia.

"Perdona nuestras deudas, como también hemos perdonado a nuestros deudores. Y no nos dejes caer en tentación, mas líbranos del maligno."

1. ¿Cuántas veces la oración se convierte en un tiempo de pedir a Dios lo que queremos? Jesús nos da el ejemplo de reconocer quién es Dios y alabarlo primero.
2. Debemos perdonar a los demás de la misma manera que pedimos a Dios que nos perdone.

124

3. Pedir perdón y perdonar son actos de humildad.

4. Dios sabe que hay tentaciones que nos pueden alejar de Él. Estas tentaciones provienen del "maligno" o Satanás.

5. Dios fortalece a los cristianos en tiempos de tentación.

■ Lidera a tus Centinelas en un momento de "Lectura y Pensamiento". Que los Centinelas lean el pasaje y luego contesten las preguntas en el *Estudiante Centinela*. Deja que voluntarios compartan sus respuestas.

   Luego, que los Centinelas llenen las frases de oración en sus libros. Deja que los Centinelas se turnen orando leyendo sus respuestas.

■ Deja que un voluntario lea Filipenses 4: 6. Que los Centinelas escriban la fecha y las alabanzas y peticiones de oración en sus cuadernos de oración. Anota cualquier respuesta a la oración. Anima a los Centinelas a llevar a casa los cuadernos de oración y usarlos todos los días en casa.

PROYECTOS DE MINISTERIO: **Sesión 4**

Elige y completa uno o más proyectos en la sección *Ir, Servir* de esta insignia. Si seleccionaste un proyecto que combina dos insignias, considera el número de semanas que tarda en completar los requisitos de insignia para ambas credenciales. Hay infinitas combinaciones de proyectos ministeriales que se pueden hacer. Usa tu imaginación. Adapta los proyectos ministeriales para satisfacer las necesidades de tus Centinelas, sus familias y la iglesia.

¡Envuélvelo!

Pide a los Centinelas que contesten las preguntas para reflexionar sobre lo que han aprendido a través de esta insignia de Oración.

ESCUELA DOMINICAL

Bases Bíblicas: "No dejemos de reunirnos, como algunos tienen el hábito de hacer, sino animémonos unos a otros." (Hebreos 10:25a)

Punto Bíblico: La Escuela Dominical es un lugar donde la gente se reúne para estudiar acerca de Dios y la Biblia.

Meta de la Insignia:

- Los Centinelas deben tomar conciencia de la importancia de la Escuela Dominical y de las oportunidades de educación y salvación que brinda.

- Los Centinelas deben darse cuenta del estímulo y sentido de compañerismo que los cristianos reciben cuando se reúnen para estudiar la Palabra de Dios en la Escuela Dominical.

- Los Centinelas pueden participar en un proyecto opcional de ministerio usando las habilidades de la insignia de la Escuela Dominica.

Valor Fundamental: El Evangelismo.

Lee la información acerca de Buddie Robinson. Buddie Robinson era un conocido evangelista en la Iglesia del Nazareno. Los principales temas de Buddie Robinson son los temas principales de la Escuela Dominical. Provee un lugar para estudiar la Palabra de Dios y aprender más sobre Él. Ofrece oportunidades de salvación e información sobre cómo vivir una vida santa.

Espiritual

Plan de Acción

Cada sesión es autónoma e intercambiable. La Sesión 4 está diseñada para ofrecer muchas opciones. Puede ser un proyecto de ministerio o una noche de visitante especial. Si sus Centinelas quieren hacer un proyecto ministerial, tome unos minutos cada semana para planificar y preparar pasos necesarios para llevar a cabo el proyecto. Los proyectos ministeriales son opcionales.

126

PLANIFICADOR DE INSIGNIAS

Sesión

1 Los Centinelas aprenderán por qué es importante enseñar a los niños acerca de Dios y su Palabra. Ellos harán una filacteria.

2 Los Centinelas aprenderán cómo comenzaron las escuelas dominicales y por qué son importantes. Ellos harán una ayuda de enseñanza para una clase de la Escuela Dominical.

3 Los Centinelas aprenderán acerca de invitar a la gente a venir a la iglesia.

4 Los Centinelas pueden ser introducidos a un proyecto opcional del ministerio usando las habilidades de la insignia de la Escuela Dominical.

Requisitos ✓ de Insignia

Elige cuatro de los cinco requisitos para completar la insignia de Escuela Dominical.

☐ Cuéntales cómo comenzó la Escuela Dominical.

☐ Cuenta tres maneras en que la Escuela Dominical ayuda a las personas.

☐ Invita a una persona a venir a la Escuela Dominical contigo.

☐ Prepara una actividad que se puede usar en un aula de la Escuela Dominical.

☐ Encontrar una manera de usar las habilidades de la Escuela Dominical para ministrar a otra persona.

Espiritual

¡SERVIR!

Los Centinelas pueden usar cualquiera de estas sugerencias para los proyectos ministeriales. (Los proyectos ministeriales son opcionales y no se requieren para completar los requisitos de la insignia.)

100 Completar los requisitos para la insignia de Escuela Dominical.

200 Requisitos completos para la insignia de la Escuela Dominical. Desarrollar un proyecto para que los Centinelas preparen actividades para una clase de Escuela Dominical de niños más pequeños.

300 Combina las insignias Escuela Dominical y Oración. Que los niños organicen una lección de Escuela Dominical y la hora de la oración para su clase de la Escuela Dominical.

PREPARADOS . . .LISTOS . . .FUERA

APRENDIENDO EN EL PASADO: Sesión 1

Los Centinelas aprenderán por qué Dios quería que las familias compartieran historias sobre él y recordaran sus palabras.

Antes de esta sesión, recoge los suministros necesarios. Prepara patrones para que los Centinelas sigan rastro para hacer filacterias. Haz una muestra de filacteria para mostrar a los Centinelas.

Materiales

- Patrón para una filacteria
- Papel negro de construcción
- Tijeras
- Pegamento o cinta adhesiva
- Papel normal

Buscando Direcciones

- En un tablero de marcadores, escribe verticalmente las letras ESCUELA DOMINICAL. Deja que los Centinelas escriban palabras o frases junto a las letras que les recuerden sus experiencias en la Escuela Dominical. (Por ejemplo: E-estudiando sobre Moisés. U-usar la masa del juego para hacer un símbolo de Pascua.)

- Deja que voluntarios lean en el *Estudiante Centinela* el versículo de la Biblia, la sección "¿Qué puedes hacer con esta habilidad?" Y los requisitos de la insignia. Deja que un voluntario lea "La Biblia Dice".

- Discute el uso de filacterias. Da a los Centinelas un patrón para trazar una filacteria y corta el papel de construcción negro. Sigue las instrucciones en el *Estudiante Centinela.*

- Lee otra vez Hebreos 10:25a. Señala que una de las mejores cosas de la Escuela Dominical es el compañerismo que las personas disfrutan cuando estudian juntos la Palabra de Dios. Pueden compartir sus preocupaciones y orar unos por otros.

Cierra en oración. Agradece a Dios por Su Palabra y la oportunidad que tienen los Centinelas de reunirse para estudiarla.

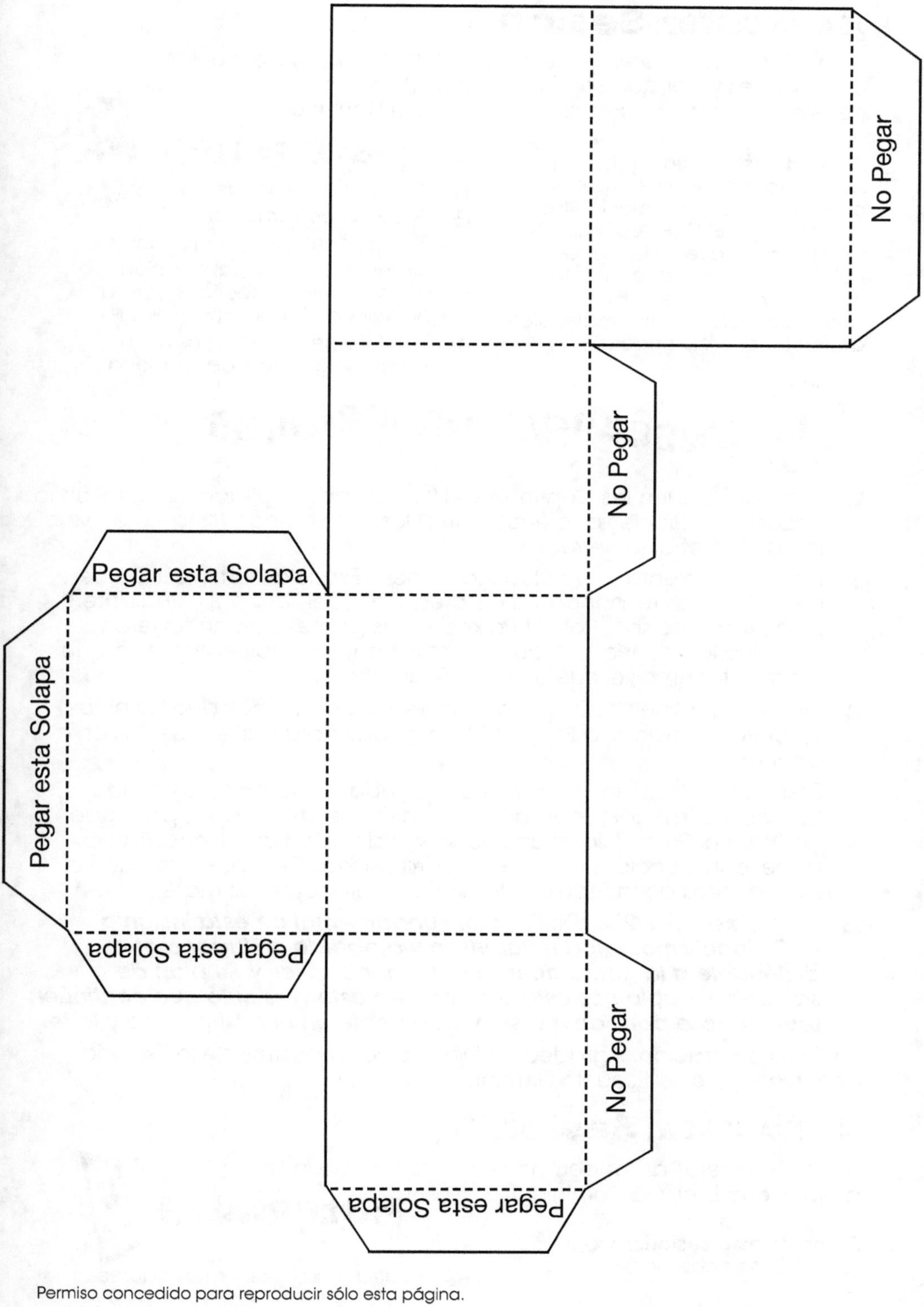

No Pegar

No Pegar

Pegar esta Solapa

Pegar esta Solapa

Pegar esta Solapa

No Pegar

Pegar esta Solapa

¿SABÍA USTED?: **Sesión 2**

Los Centinelas aprenderán cómo comenzaron las escuelas dominicales y por que son importantes. Ellos harán una ayuda de enseñanza para una clase de Escuela Dominical.

Antes de esta sesión, recoge los suministros necesarios. Trazar y cortar el papel construcción las letras para la ESCUELA DOMINICAL. Ocultar estas alrededor de la habitación. Ponte en contacto con los maestros de la Escuela Dominical para ver qué materiales deben tener preparados.

Materiales

- 4" patrones de letras
- Papel de construcción
- Pizarra marcador y marcadores
- Materiales para la fabricación de materiales didácticos para un profesor de Escuela Dominical
- Una lista de los maestros de la escuela dominical de su iglesia

Buscando Direcciones

- Cuando lleguen los Centinelas, diles que has ocultado 12 letras en la habitación. Pídeles que encuentren las letras, luego trata de adivinar lo que las letras deletrean.

- Pide a un voluntario que lea "La Primera Escuela Dominical". Que los Centinelas respondan a las preguntas del libro del estudiante. Las respuestas son: Robert Raikes, niños pobres que no tuvieron oportunidad de ir a la escuela, estas han sido muy exitosas ya que todavía tenemos escuelas dominicales hoy.

- Que los Centinelas digan por que es importante hoy que los niños y adultos asistan a la Escuela Dominical. Anota sus respuestas en el pizarrón.

- Señala que los Centinelas pueden ayudar a los maestros de la Escuela Dominical preparando rompecabezas o juegos para que los utilicen. Proporciona una variedad de cuadros de enseñanza, papel construcción, tijeras, etc. para que los Centinelas ayuden a los maestros de la Escuela Dominical a preparar sus materiales.

- Lee Hebreos 10: 25a. Di: *El Valor Fundamental de esta insignia es Evangelismo. Buddie Robinson viajaba de un lugar a otro diciéndole a la gente acerca del amor de Dios y Su plan de salvación. Pablo nos está diciendo en este versículo que continúen reuniéndose para animarse mutuamente en el cristianismo y la fe.*

Cierra en oración. Agradece a Dios por los maestros de la Escuela Dominical y por la Escuela Dominical.

SE UN ANDREW: **Sesión 3**

Los Centinelas aprenderán la importancia de invitar a amigos a la Escuela Dominical.

Materiales

- Pizarra marcador y marcadores

■ Cuando lleguen los Centinelas, pídeles que escriban su nombre en el tablero. Pídeles que escriban cuánto tiempo han asistido a la Escuela Dominical y el nombre de la persona que los invitó o los trajo a la Escuela Dominical. Cuando todos los Centinelas hayan terminado, mira la lista. Anota cuánto tiempo ha asistido cada persona. Ten una breve discusión sobre cómo la iglesia crece a través de la Escuela Dominical.

■ Que un voluntario lea "La Biblia dice". Señala que los Centinelas pueden ser como Andrew e invitar a miembros de la familia y amigos a la iglesia. Que los Centinelas marquen los métodos apropiados para invitar a amigos. Algunos están destinados a hacer humor. Las respuestas correctas son: 1, 2 y 5.

■ Que los Centinelas se dividan en pequeños grupos para enumerar algunas otras buenas maneras de invitar a un amigo a la iglesia. Deja a los Centinelas compartir éstos. Luego, que los Centinelas enlisten en el libro de estudiantes algunas personas a las que pueden invitar a la Escuela Dominical y un método que podrían usar para hacer eso.

■ Divide la clase en grupos pequeños. Deja que los Centinelas jueguen como invitar a un amigo a la Escuela Dominical usando los métodos que han discutido.

■ Lee Hebreos 10: 25a. Di: *Los Cristianos en los tiempos del Nuevo Testamento no dudaron en hablar a otros acerca de Jesús. Ustedes pueden hacer su parte invitando a otros a su iglesia local.*

Cierra en oración. Pídele a Dios que fortalezca a los Centinelas mientras ayudan a su Escuela Dominical local a continuar y crecer.

PROYECTOS MINISTERIALES: Sesión 4

Elige y completa uno o más proyectos en la sección *Ir, Servir* de esta insignia.

¡Envuélvelo!

Los Centinelas responden a las preguntas para reflexionar sobre lo que han aprendido a través de esta Insignia de Escuela Dominical.

MODALES

Bases Bíblicas: "Así que en todo traten ustedes a los demás tal y como quieren que ellos los traten a ustedes. De hecho, esto es la ley y los profetas." (Mateo 7:12)

Punto Bíblico: Dios quiere que lo respetemos y respetemos a otras personas.

Meta de la Insignia:

- Los Centinelas deben entender que Dios quiere que ellos le respeten a Él y a otros.
- Los Centinelas deben saber que los cristianos deben tratar a los demás de la manera en que quieren ser tratados.
- Los Centinelas deben comenzar a entender que tratar a otros con respeto es agradable a Dios.
- Los Centinelas pueden participar en un proyecto de ministerio opcional usando las habilidades de Modales.

Valor Fundamental: la santidad. Lee la información acerca de Phineas F. Bresee. Respetar a Dios y respetar a los demás es parte de vivir una vida santa.

Plan de Acción

El respeto mutuo es una cualidad importante para que los niños aprendan. Cada sesión está diseñada para mostrar a los Centinelas que una vida santa comienza con las relaciones - con Dios y con otras personas.

Tener "modales" va mucho más allá de decir "Por favor y gracias" a los demás. Es un signo externo de crecimiento interno. Los Centinelas pueden utilizar estas actividades y un proyecto de ministerio opcional para aumentar sus habilidades de modales.

Cada sesión es autónoma e intercambiable entre sí. Esta insignia es una gran insignia para los visitantes.

Considera la posibilidad de presentar un proyecto ministerial durante la Sesión 1. Toma unos minutos de cada sesión para discutir el proyecto y los pasos necesarios para llevarlo a cabo. Los proyectos ministeriales son opcionales.

Social

PLANIFICADOR DE INSIGNIAS

Sesión

1 Los Centinelas aprenderán a respetar a Dios después de estudiar los mandamientos 1-4.

2 Los Centinelas aprenderán a respetar a la gente después de estudiar los mandamientos 5-7.

3 Los Centinelas aprenderán sobre los mandamientos 8-10.

4 Los Centinelas pueden participar en un proyecto de ministerio opcional usando las habilidades de Modales.

Requisitos ✓ de Insignia

Elige cuatro de los cinco requisitos a continuación para completar la insignia de Modales.

☐ Contar cuatro maneras de mostrar respeto por Dios.

☐ Contar cuatro maneras de mostrar respeto por otras personas.

☐ Decir algunas maneras de mostrar respeto por las posesiones de la gente.

☐ Ser capaz de decir cómo los Diez Mandamientos nos ayudan a mostrar respeto a los demás.

☐ Encontrar maneras de usar las habilidades de Modales para servir a otra persona.

¡Servir!

Los Centinelas pueden usar cualquiera de estas sugerencias para los proyectos ministeriales. (Los proyectos ministeriales son opcionales y no se requieren para completar los requisitos de la insignia.)

100 Completar los requisitos para la insignia de Modales.

200 Requisitos de uso para esta insignia, completar un proyecto ministerial para servir a otro grupo o persona.

300 Considera la posibilidad de combinar con una de las siguientes: Aptitud física (ser saludable de adentro hacia afuera), Oración (pedir a Dios que ayude a los Centinelas con decisiones que cambien la vida) o Comunidad (servir a otros con buena actitud).

Social

PALABRAS PARA SABER

Codiciar: Querer algo tanto que estás dispuesto a hacer cualquier cosa para conseguirlo.

Adulterio: Cuando un esposo o una esposa no es fiel a su cónyuge.

Falso Testimonio: Decir algo que no es cierto.

Reputación: La forma en que son juzgados por otras personas.

PREPARADOS . . .LISTOS . . .FUERA

RESPETO POR DIOS: Sesión 1

Los Centinelas aprenderán a respetar a Dios.

Materiales

Antes de esta sesión, recoge los suministros necesarios y colócalos en el aula. Establece un escenario de títeres o coloca dos sillas y una sábana sobre las sillas para una etapa improvisada de títeres.

- Cámara de vídeo
- Marionetas
- Teatro de títeres o sábanas y sillas
- Pizarrón marcador y marcadores
- Lápices o bolígrafos
- Papel

Buscando Direcciones

- Mientras llegan los Centinelas, pídeles que escriban en la pizarra las cosas que hacen los niños para mostrar respeto por los adultos y otros niños.

- Que voluntarios lean el versículo Bíblico, la sección "¿Qué puedes hacer con esta habilidad?", Los requisitos de la insignia y las palabras del vocabulario.

- Señala que una de las mejores definiciones de los modales es mostrar respeto por las personas. Lee Éxodo 20: 18. Que los Centinelas escriban los primeros cuatro mandamientos en sus libros de estudiante mientras los escribes en la pizarra. Explica que los primeros cuatro mandamientos enseñan a los Centinelas cómo relacionarse con Dios. El respeto apropiado por ellos mismos y unos a otros comienza primero con respeto por Dios.

  1. *"No tendrás dioses ajenos delante de mí."* (Éxodo 20: 3) Dios quiere ser el No. 1 en la vida de una persona.

  2. *"No harás para ti un ídolo en la forma de cualquier cosa en el cielo encima o en la tierra debajo o en las aguas abajo."* (Éxodo 20: 4) Debemos adorar solamente a Dios.

3. **"No abusarás del nombre de Jehová tu Dios."** (Éxodo 20:7) Dios quiere que Su pueblo lo respete a Él y Su nombre.

4. **"Acuérdate del día de reposo santificándolo."** (Éxodo 20:8) Dios quiere que la gente descanse del trabajo y pase tiempo con Él.

■ Que los Centinelas creen un sketch corto con títeres. Que los Centinelas sigan el esquema en el *Estudiante Centinela* para planear una trama, un escenario y personajes. Después de unos minutos de práctica, has vídeo de sus bosquejo y permite un breve tiempo de interrogatorio.

■ Lee otra vez Mateo 7:12. Di: **Debemos tratar a los demás cómo queremos ser tratados. Ninguno de nosotros quiere ser derribado o ridiculizado. Queremos que los demás nos respeten.**

Nuestro Valor Fundamental para esta insignia es Santidad. Phineas F. Bresee predicó acerca de vivir una vida santa. Cuando hacemos esto, tratamos a los demás con amor y respeto. Dios da la gracia para ayudarnos a tratar a otros correctamente.

Cierra en oración. Pídele a Dios que ayude a los Centinelas a mostrar respeto por Él y por los demás.

RESPETO POR OTROS: Sesión 2

Los Centinelas aprenderán a respetar a otras personas.

Antes de esta sesión, obtén suministros y colócalos en la habitación.

Materiales

■ Zumbador de un juego de mesa
■ Pizarrón marcador y marcadores
■ Accesorios para actuación / juegos

Buscando Direcciones

■ Cuando lleguen los Centinelas, pídeles que compongan una animación usando las letras de respeto. ("Dame un R! R! Dame un E! E! Etc.) Señala que la parte principal de los modales es mostrar el respeto a otras personas, ser sensible a sus necesidades, y tratarlos como quieres ser tratado.

■ Lee Éxodo 20: 12-14. Escriba los mandamientos 5 - 7 en la pizarra marcador. Que los Centinelas escriban los mandamientos en sus libros. Dado que esta sesión se ocupa de temas sensibles, ten en cuenta cuanto pueden manejar los Centinelas. Enfatiza en los Centinelas el respeto a los demás.

5. **"Honra a tu padre ya tu madre."** (Éxodo 20:12) El respeto comienza en casa. Cuando respetas a tus padres y a otros adultos, ayudas a crear un lugar feliz y contento.

6. **"No matarás."** (Éxodo 20:13) Dios valora cada vida humana. Cada persona es creada a la imagen de Dios, y Dios quiere que entendamos el valor de la vida. (Este es un gran espacio para discutir la violencia en la televisión y los videojuegos.)

7. **"No cometerás adulterio."** (Éxodo 20:14) **Nota: Recuerda que los Centinelas tienen ocho y nueve años.** Los Centinelas no son emocionalmente lo suficientemente maduros como para manejar toda la fuerza de este tema, aunque muchos han estado expuestos a la angustia y el desgarramiento de una familia. Explica que Dios quiere que el esposo y la esposa sean fieles el uno al otro y respeten sus votos matrimoniales. Mantén esta discusión breve y simple.

■ Que los Centinelas respondan las preguntas en el *Estudiante Centinela*. Luego divide el grupo en pares o grupos pequeños. Deja que enumeren 10 maneras de mostrar respeto por los demás. Cuando todas las listas estén completas, has una revisión de su elección. Considera convertirlo en un juego en movimiento para ayudar a equilibrar el tema serio.

■ Lee Mateo 7:12. Di: **Este versículo nos dice cómo debemos tratar a los demás. Si estamos tratando de vivir una vida santa, trataremos a los demás de la manera en que queremos ser tratados. La Biblia y el Espíritu Santo pueden ayudarnos a saber que hacer.**

Cierra en oración. Pide a Dios que ayude a los Centinelas a ser más sensibles a la necesidad de tratar a los demás con amor y respeto.

RESPETO DESDE LA VISTA DE UN NIÑO: Sesión 3

Los Centinelas aprenderán a respetar las posesiones de los demás.

Antes de esta sesión, obtén los suministros necesarios y colócalos en el aula Caravana. Traza y recorta cinco Xs y cinco O de carteles o cartones. Utiliza para el juego humano del ticktacktoe. Utiliza cinta de enmascarar para hacer una rejilla enorme en el

Materiales

■ Cinta adhesiva
■ Pizarra marcador y marcadores
■ Letras de cuatro pulgadas para Xs y Os y los números 1-10

piso del ticktacktoe. Has que sea lo suficientemente grande como para que los Centinelas puedan estar en cada una de las plazas. Traza y recorta los números del 1-10. Escribe un mandamiento en la parte posterior de cada número, haciendo coincidir el primer mandamiento con el número 1.

Buscando Direcciones

■ A medida que llegan los Centinelas, ten los números en la mesa con los mandamientos NO mostrar. Deja que los Centinelas escojan un numeral y digan el mandamiento para ese numeral. Los Centinelas pueden recoger el número y leer la respuesta para verificar la corrección. Ve si algún Centinela puede decir los diez mandamientos.

■ Toma unos minutos para explicar los mandamientos 8-10. Estos mandamientos nos enseñan a relacionarnos con otras personas.

8. **"No robarás"** (Éxodo 20:15). Respetar a otra persona es también respetar sus bienes. No debes tomar nada sin permiso. Deben regresar pronto lo que piden prestado.

9. **"No darás falso testimonio contra tu prójimo"** (Éxodo 20:16). La reputación de una persona es valiosa. No debe ser maltratada. Mentir no es aceptable en ninguna forma. Los cristianos deben ser conocidos por decir la verdad.

10. **"No codiciarás"** (Éxodo 20:17). Dios quiere que la gente se contente con lo que tiene. Cuando la gente codicia las cosas, puede conducir a acciones pecaminosas tratando de obtener estas cosas.

■ Juega el " Ticktacktoe Humano". Divide el grupo en dos equipos. Da a cada equipo 5 X o 5 O. Que los Centinelas usen las situaciones en el *Estudiante Centinela*. Deja que los Centinelas se turnen para mostrar cómo mostrar respeto en cada situación. Si es correcto, el equipo envía a un jugador a la parrilla que sostiene la X o la O.

■ Lee Mateo 7:12. Di: *Este versículo le dice a los Centinelas cómo mostrar respeto a los demás. Los Centinelas deben tratar a los demás de la manera en que quieren ser tratados. Phineas F. Bresee predicó acerca de vivir una vida santa. Esto incluye tratar a las personas con amor y respeto.*

Cierra en oración. Pídele a Dios que ayude a los Centinelas a tratar a todas las personas con amor y respeto.

PROYECTOS MINISTERIALES: Sesión 4

Elige y completa uno o más proyectos en la sección *Ir, Servir* de este capítulo. Si seleccionaste un proyecto que combina dos insignias, considera el número de semanas que tarda en completar los requisitos para ambas insignias. Hay infinitas combinaciones de proyectos ministeriales que se pueden hacer. Usa tu imaginación. Adapta los proyectos ministeriales para satisfacer las necesidades de tus Centinelas, sus familias y la iglesia.

¡Envuélvelo!

Pide a los Centinelas que respondan a las preguntas para reflexionar sobre lo que han aprendido a través de esta insignia de Modales.

MI COMUNIDAD

Bases Bíblicas: "En fin, vivan en armonía los unos con los otros; compartan penas y alegrías, practiquen el amor fraternal, sean compasivos y humildes." (1 Pedro 3:8)

Punto Bíblico: Dios quiere que la gente viva en paz en comunidad.

Meta de la Insignia:

■ Los Centinelas deben aprender sobre la comunidad en la que viven y la comunidad de cristianos de la cual son parte y participar en un proyecto que sirve a sus comunidades.

Valor Fundamental: El Evangelismo. Lee la información acerca de Buddie Robinson. Debido a que Buddie era un evangelista, viajó de un lugar a otro diciéndole a la gente acerca de Jesús. Aprendió sobre muchas comunidades. Él ayudó a organizar muchas comunidades de fe (iglesias).

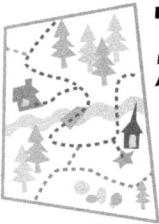

Plan de Acción

Cada sesión es autónoma e intercambiable. El propósito de Mi Comunidad es informar a los Centinelas las diferentes comunidades de las que forman parte. Considera excursiones y experiencias diferentes. La cuarta semana podría ser una noche de proyectos ministeriales. Considera la posibilidad de hacer esta insignia durante la temporada de vacaciones cuando los proyectos ministeriales están disponibles.

Social

138

PLANIFICADOR DE INSIGNIAS

Sesión

1 Los Centinelas aprenderán sobre la comunidad donde viven.

2 Los Centinelas aprenderán acerca de su comunidad Cristiana.

3 Los Centinelas aprenderán sobre maneras en que pueden servir en su comunidad.

4 Los Centinelas pueden participar en un proyecto de ministerio opcional utilizando las habilidades aprendidas en la insignia Mi Comunidad.

Requisitos ✓ de Insignia

Elige cuatro de los cinco requisitos a continuación para completar la insignia Mi Comunidad.

☐ Aprender al menos cinco cosas nuevas sobre tu comunidad.

☐ Enumerar al menos cuatro trabajos en los que la gente sirva a su comunidad. Decir cómo cada persona sirve a la comunidad.

☐ Participar en una excursión para visitar un departamento o agencia que atiende a la comunidad.

☐ Decir lo que significa ser parte de una comunidad cristiana.

☐ Encontrar una manera de usar las habilidades aprendidas en la insignia Mi Comunidad para ministrar a otra persona.

RECURSOS

- Agencias locales de la ciudad (departamento de policía, hospital, cuerpo de bomberos, etc.)
- Superior o pastor de niños
- Organizaciones locales de ministerios compasivos (despensas de alimentos) o fiestas especiales (regalos para niños o familias necesitados)

Social

¡ServiR!

Los Centinelas pueden usar cualquiera de estas sugerencias para los proyectos ministeriales. (Los proyectos ministeriales son opcionales y no se requieren para completar los requisitos de la insignia.)

100 Completar los requisitos para la insignia de Mi Comunidad.

200 Completa los requisitos para la insignia Mi Comunidad y desarrolla un proyecto ministerial que sirva a tu comunidad local o de la iglesia.

300 Combina las habilidades de Mi Comunidad, con una de estas insignias: Seguridad Personal, Cuidado de Mascotas y Natación. Desarrolla un proyecto de servicio comunitario de alcance.

#1 Seguridad

Para Centinelas:

- **Siempre** quédate con tu grupo cuando visites un lugar nuevo.
- **Siempre** ten un adulto contigo cuando visites un lugar nuevo.

Para Guías:

- **Estar al tanto** de las políticas o regulaciones cuando visites agencias o ministerios comunitarios.
- **Tener una adecuada** supervisión de adultos, tener formularios de permiso de los padres y seguir las pautas de tu iglesia para la seguridad en el transporte.

PALABRAS PARA SABER

Comunidad Cristiana: Un grupo de Cristianos que comparten una fe común en Jesucristo como Señor

Armonía: Estar de acuerdo

Simpatía: Entender y compartir los problemas de otra persona

Amor: Actuar en el mejor interés hacia otra persona

Compasión: Deseo de ayudar a alguien que está sufriendo

Humildad: Lo opuesto al orgullo

PREPARADOS . . . LISTOS . . . FUERA

MI COMUNIDAD: **Sesión 1**

Los Centinelas aprenderán más sobre la comunidad en la que viven.

Antes de la sesión, decide si programarás un orador especial de la comunidad o harás una excursión. Si es una excursión, elige su ubicación y obtén toda la información necesaria y sigue las pautas de tu iglesia para un transporte seguro.

Materiales

- Formularios de permiso, arreglos de transporte y adultos adicionales si haces una excursión
- O un orador invitado de la comunidad
- Biblia
- Lápices
- Mapa de tu comunidad
- Pizarra marcador y marcadores
- Opcional: cámara

Buscando Direcciones

- A medida que llegan los Centinelas, déjalos mirar las fotos de los sitios de la comunidad e identificar a cada uno. Deja que los Centinelas informen su sitio favorito en la comunidad.

- Deja que voluntarios lean el versículo Bíblico, la sección "¿Qué puedes hacer con esta habilidad?", Los requisitos de la insignia, las cuestiones de seguridad y las palabras del vocabulario. Discute con los Centinelas el significado de la palabra comunidad. Deja que los Centinelas descifren las palabras en sus libros de estudiantes. Las respuestas son: escuela, hospital, supermercado, iglesia, bomberos y policía.

- Que los Centinelas busquen en sus libros la lista de trabajos que la gente tiene. Que los Centinelas nombren a una persona de su comunidad que sirve en cada trabajo. Nombra a una persona que se ajuste a cada categoría de trabajo. Que los Centinelas digan por qué cada persona es importante para la comunidad.

- Si planeas un viaje de campo, toma fotografías. Has una exhibición de la comunidad. O que un orador invitado informe sobre la forma en que sirve a la comunidad.

- Que los Centinelas lean 1 Pedro 3: 8. Señala que estas son características importantes para los cristianos. Pregunta: **¿Qué características parecen más importantes?** (Deja que los Centinelas respondan.) Señala que todas las características son importantes.

Cierra en oración. Agradece a Dios por preocuparse por cada parte de nuestras vidas. Pídele a Dios que bendiga a cada una de las personas que sirven en la comunidad.

141

COMUNIDAD DE DIOS: **Sesión 2**

Los Centinelas aprenderán acerca de su comunidad Cristiana.

Antes de esta sesión, programa un orador invitado.

Opción: Organizar un proyecto de servicio interno para ayudar a la comunidad o a tu iglesia.

Materiales

- ■ Biblia
- ■ Lápices y papel
- ■ Pastor
- ■ Pizarra marcador y marcadores

Buscando Direcciones

- ■ A medida que llegan los Centinelas, déjenles ver cuántas palabras pueden formar a partir de las letras de la palabra *comunidad.* Discutir el significado de comunidad y comunidad cristiana. Que los Centinelas lean 1 Pedro 3: 8, luego pídeles que escriban lo que el versículo significa en su *Estudiante Centinela.* Que los Centinelas en sus libros enumeren otros lugares donde puedan servir.

- ■ Que tu pastor dé algunas maneras en que tu iglesia ha servido a la comunidad. Que el invitado presente un proyecto de servicio que los Centinelas puedan hacer para su comunidad o su iglesia local.

- ■ Al final de la sesión, deja a los Centinelas decir cómo se sienten al servir a otros.

Cierra en oración.

Mirada mas De Cerca!

Planea un proyecto de servicio que se pueda hacer en tu aula de Caravana que sirva a la comunidad Cristiana.

SIRVIENDO A MI COMUNIDAD: **Sesión 3**

Los Centinelas aprenderán sobre maneras en que pueden servir en su comunidad.

Antes de esta sesión, organiza una excursión, un proyecto de servicio o un orador invitado. Obtén ubicación, formularios de permiso, supervisión adulta extra y transporte.

Materiales

- ■ Pizarra marcador y marcadores
- ■ Proyecto de servicio, orador invitado o viaje de estudio

■ Que los Centinelas lean "Los Cristianos Sirviendo a su comunidad" y respondan las preguntas. Un hombre nazareno tenía compasión por un grupo de personas que otros habían rechazado. Organizó un lugar donde las niñas y las mujeres podían encontrar ayuda y esperanza.

   Luego, deja a un Centinela leer "Voluntarios". Los Centinelas enumeran las formas en que los Cristianos pueden ser voluntarios en su comunidad.

■ Participa en un proyecto de servicio comunitario.

■ Lee 1 Pedro 3: 8. Pregunta: *¿Cómo le dice Pedro a los cristianos que vivan? ¿Cómo sería nuestra comunidad diferente si todos en la comunidad actuaran de esta manera? ¿Cómo afectaría tu escuela?* Que los Centinelas digan lo que han aprendido sobre su comunidad.

   Cierra en oración. Agradece a Dios por todas las personas que trabajan y sirven a tu comunidad. Deja que los Centinelas se turnen haciendo una oración por una persona en la comunidad local o la comunidad de la iglesia.

PROYECTOS MINISTERIALES: Sesión 4

   Utiliza las ideas de la sección *Ir, Servir*.

¡Envuélvelo!
Que los Centinelas responden las preguntas para reflexionar sobre lo que han aprendido a través de esta insignia de Mi Comunidad.

CONSTRUYENDO EQUIPOS

Bases Bíblicas: "Por eso, anímense y edifíquense unos a otros, tal como lo vienen haciendo." (1 Tesalonicenses 5:11)

Punto Bíblico: Dios quiere que los cristianos se ayuden mutuamente para obedecerle.

Meta de la Insignia:

■ Los Centinelas deben entender por qué el trabajo en equipo es importante, especialmente en la comunidad de fe.

■ Los Centinelas deben planear y jugar su propio juego de construcción de equipos.

■ Los Centinelas pueden ser presentados a un proyecto ministerial usando habilidades de Construyendo Equipos.

Valor Fundamental: la santidad. Enfatiza que esta habilidad puede usarse para demostrar cómo Dios quiere que los cristianos se amen y se ayuden mutuamente. Phineas F. Bresee es conocido como el fundador de la Iglesia del Nazareno. Tuvo que trabajar con muchas personas y grupos cuando varios grupos de santidad se unieron para formar la Iglesia del Nazareno.

Plan de Acción

Los Centinelas están aprendiendo a trabajar en grupos. Esta insignia puede aumentar la autoestima de los niños mostrándoles que pueden ser un miembro contribuyente de un grupo y ¡pueden divertirse haciéndolo! Los Centinelas pueden ser competitivos, así que anima el buen espíritu deportivo en cada acontecimiento.

social

144

PLANIFICADOR DE INSIGNIAS

Sesión

1 Los Centinelas jugarán juegos de construcción de equipos y discutirán la importancia del trabajo en equipo.

2 Los Centinelas mirarán los clips vídeo o atenderán un acontecimiento que divierta al equipo o jugarán un juego de equipo. Discutirán cómo el trabajo en equipo ayudó al equipo ganador.

3 Los Centinelas crearán juegos de construcción de equipos y los jugarán como un grupo.

4 Los Centinelas participarán en un proyecto de ministerio usando las habilidades de Construcción de Equipo - opcional.

Requisitos ✓ de Insignia

Elige cuatro de los cinco requisitos para completar la insignia Construyendo Equipos.

☐ Jugar juegos de construcción de equipos y discute la importancia del trabajo en equipo.

☐ Ver clips de vídeo o asistir a un evento deportivo de equipo como grupo, y hablar sobre cómo el trabajo en equipo ayudó al equipo ganador. O, dividir en equipos y competir en un deporte de equipo.

☐ Utilizar el trabajo en equipo para resolver un problema o adivinanza.

☐ Realizar un juego de construcción de equipo o componer tu propio juego de preguntas y respuestas.

☐ Encontrar una manera en que pueda usar sus habilidades de Construyendo de Equipo para ministrar a alguien más.

RECURSOS

• Varios juegos de mesa para niños.

social

¡SERVIR!

Los Centinelas pueden usar cualquiera de estas sugerencias para los proyectos ministeriales. (Los proyectos ministeriales son opcionales y no se requieren para completar los requisitos de la insignia.)

100 Completar los requisitos para la insignia de Construyendo Equipos.

200 Requisitos de uso para esta insignia, completar un proyecto ministerial. Considera la posibilidad de planificar actividades de construcción de equipos para una Escuela Dominical o una fiesta después de la escuela.

300 Combina las habilidades de Construcción en Equipo, Hospitalidad y Discipulado para organizar una fiesta para su clase Caravana.

PALABRAS PARA SABER

Cooperación: Trabajar juntos para alcanzar un objetivo.

Camarilla: Un pequeño grupo de personas que son muy amigos entre sí, pero no aceptan fácilmente a otros en su grupo.

PREPARADOS . . . LISTOS . . . FUERA

JUNTOS: Sesión 1

Esta sesión puede parecer más una fiesta que un tiempo de enseñanza, pero ¡toma el corazón! El juego es una manera importante para que los niños aprendan.

Antes de esta sesión, recopila los materiales de la lista del materiales. Ten suministros adicionales disponibles para los visitantes. Es posible que desees también jugar algunos juegos de mesa de equipo. Es posible que desees probar Catch Frase Junior, Pictionary Junior o Taboo Junior.

Materiales

- Plazas de alfombra (una por niño)
- Reproductor de CD con CD Cristiano apropiado para la edad
- Juegos de mesa de equipo apropiados para la edad

Buscando Direcciones

- Muestra una variedad de juegos de mesa apropiados para la edad. Si puedes encontrar juegos Cristianos, eso sería genial. Deja que los Centinelas discutan sus juegos de mesa favoritos.

- Deja que voluntarios lean el versículo Bíblico, la sección "¿Qué puedes hacer con esta habilidad?", Los requisitos de la insignia y las palabras del vocabulario. Que los Centinelas descifren los sinónimos para la cooperación. Las respuestas son: equipo, juntos y compartidos. Deja que los Centinelas den otras palabras. Deja que los Centinelas compartan brevemente cualquier experiencia que hayan tenido en un grupo que tenía una camarilla. Que los Centinelas sepan que esta insignia enseña lo opuesto a una camarilla; Enseña a la gente a trabajar juntos.

- Revisa la información en el libro del estudiante con los Centinelas. Pídeles que listen sus equipos deportivos favoritos. Luego pídeles que enumeren tipos de equipos distintos de los equipos deportivos. Lee la información acerca de Phineas F. Bresee.

- Que voluntarios lean "Cliques y Equipos: ¿Cuál es la Diferencia? Que los Centinelas respondan a las preguntas y compartan sus respuestas con el grupo. Enfatiza la importancia de que la iglesia sea un equipo que trabaja bien.

- Que el grupo encuentre Eclesiastés 4:12 en la Biblia. Discute lo que significa ser un equipo fuerte. Pregunta: **¿Cómo pueden tener un buen equipo de personas en la iglesia para ser mejores Cristianos?** Que los Centinelas encuentren 1 Tesalonicenses 5:11. Pregunta: **¿Qué dice este versículo que los miembros del equipo deben hacer?**
  Antes de jugar, cierra esta parte de la sesión en oración. Agradece a Dios por todos los Centinelas y la forma en que se animan unos a otros y trabajan juntos.

- Permite que el grupo juegue juegos de construcción de equipos. Aquí hay un juego de construcción de equipos para jugar:

¡Todos a Bordo!

1. Coloca los cuadrados de la alfombra en una línea en el suelo, dos cuadrados de ancho. Quita una alfombra cuadrada.

2. Juega a este juego similar a las sillas musicales. Al detener la música, todos los Centinelas deben estar en una alfombra.

3. Aquí está la parte divertida: Más de un niño debe estar en una alfombra cuadrada, no tocar- La palabra para un recuento de cinco. Los jugadores tendrán que ayudarse mutuamente para permanecer en las plazas. (Pueden sostenerse unos a otros, o los niños más livianos pueden colgarse de otros.)

4. Quita una alfombra cuadrada cada vez que detengas la música. Los Centinelas que tocan el piso antes de los cinco finales deben esperar hasta que el juego se reinicie para volver a jugar. Aquellos que están "fuera" pueden ayudar al grupo a encontrar plazas llamando desde el lado.

ADVERTENCIA: Este juego puede ser tonto. Finaliza y reinicia el juego si los Centinelas se excitan demasiado o están demasiado ásperos!

LLÉVAME AL JUEGO DE PELOTA: **Sesión 2**

Los Centinelas mirarán los clips de vídeo o atenderán a un acontecimiento que se divierte del equipo o jugarán un juego del equipo.

Materiales

Antes de esta sesión, has arreglos para el transporte, formularios de permiso, chaperones adultos y boletos (si es necesario) para un evento deportivo local. Si no puedes planear una salida a un evento deportivo, juega un partido de equipo, como baloncesto, voleibol, fútbol o kickball.

- Chaperones adultos
- Transporte para el grupo
- Formularios de permiso
- Biblias
- Bolígrafos o lápices
- *Estudiante Centinela*

O. . .
- Equipo deportivo para un juego de equipo
- Biblias
- Bolígrafos o lápices
- *Estudiante Centinela*

Buscando Direcciones

- Lleva a los Centinelas a un evento de deportes de equipo de su elección. O, juega un deporte de equipo en tu iglesia. Permite que todos jueguen.

- Después del juego, que el grupo discuta cómo el trabajo en equipo (o la falta de trabajo en equipo) ayudó o perjudicó a cada equipo.

- Después del juego, lee 1 Tesalonicenses 5:11. Que los Centinelas hablen de por qué es importante animarse unos a otros. Que cada Centinela nombre una cosa que les gusta de cada uno de los otros. (Si estás en un lugar donde los Centinelas pueden escribir, pídeles que lo hagan en su *Estudiante Centinela*.) Toma turnos para leerlos. Que los Centinelas registren los cumplidos que reciben en sus libros.

- Pide al grupo que lea Gálatas 6: 2. Pregunte: **¿Qué significa llevar las cargas del otro?** (Permite que los Centinelas discutan.)

Cierra en oración, agradeciendo a Dios por aquellos que nos han animado y pide Su ayuda para animarnos unos a otros.

HAZLO TU MISMO: **Sesión 3**

Esta sesión permitirá a los Centinelas usar habilidades de resolución de problemas en grupo.

Materiales

Antes de esta sesión, recopila los materiales de la lista de Materiales.

- Marcador
- Un surtido de equipos de juego
- Bolígrafos o lápices
- Un aperitivo y una bebida (sin pajitas!)

- Si tu grupo Centinela es pequeño, pídeles que trabajen juntos para crear sus propios juegos de construcción de equipos.

- Si tu grupo Centinela es grande, que se dividan en dos o tres grupos para crear un juego.

- Después de que los Centinelas terminen de planear sus juegos, pídeles que expliquen las reglas al grupo. ¡Juega los juegos y disfruta!

- Sirve una merienda al grupo. Di: *Hoy, vamos a tener un refrigerio que nos muestra la importancia de la cooperación. Quiero que finjan que no tienen codos. No puedes doblar los brazos. Tienes que averiguar cómo comer sin doblar los codos.* Los Centinelas deben comenzar a alimentarse mutuamente, manteniendo sus brazos rectos. Si no se aferran a esto, es posible que desees guiarlos.

- Lee el Salmo 133: 1. Pregunta: *¿Cuáles son algunas cosas que la gente debe hacer para vivir en unidad?* (Abandonen su propio camino, estén dispuestos a ayudar a otros.) Luego que los Centinelas lean 1 Tesalonicenses 5:11. Cierre en oración, agradeciendo a Dios por el deseo que Él da a los cristianos de vivir en paz y unidad.

PROYECTOS MINISTERIALES: Sesión 4

Elige y completa uno o más proyectos en la sección *Ir, Servir* de esta insignia. Si seleccionaste un proyecto que combina dos insignias, considera el número de semanas que tarda en completar los requisitos de insignia para ambas. Hay infinitas combinaciones de proyectos ministeriales que se pueden hacer. Usa tu imaginación. Adapta los proyectos ministeriales para satisfacer las necesidades de los Centinelas, sus familias y la iglesia.

¡Envuélvelo!

Pide a los Centinelas que contesten las preguntas para reflexionar sobre lo que han aprendido a través de esta insignia. Al enseñar esta insignia, recuerda a los Centinelas que Phineas F. Bresee, el fundador de la Iglesia del Nazareno, creía que los grupos de iglesias que trabajan juntos podrían ayudar a las personas a convertirse en Cristianos fuertes viviendo vidas santas.

VIAJE

Bases Bíblicas: "Cuando por fin el Faraón dejó salir a los Israelitas, Dios no los guió por el camino principal que atraviesa el territorio filisteo, aunque esa era la ruta más corta a la Tierra Prometida. Dios dijo: 'Si los Israelitas llegaran a enfrentar una batalla, podrían cambiar de parecer y regresar a Egipto'. Por eso Dios los hizo dar un rodeo por el camino del desierto, hacia el mar Rojo. Así los Israelitas salieron de Egipto como un ejército preparado para la batalla.

El Señor iba delante de ellos, y los guiaba durante el día mediante una columna de nube y les daba luz durante la noche con una columna de fuego. Esto les permitía viajar de día y de noche. El Señor nunca quitó de su lugar, delante de ellos, la columna de nube ni la columna de fuego." (Éxodo 13:17-18, 21-22)

Punto Bíblico: Dios está con nosotros donde quiera que vayamos.

Meta de la Insignia:

■ Los Centinelas deben saber qué elementos deben empacar en una maleta o una mochila y cómo embalarlos.

■ Los Centinelas podrá crear un kit de actividades de viaje.

■ Los Centinelas aprenderán consejos de viaje en avión.

Valor Fundamental: El Evangelismo.

El viaje ayuda a una persona a experimentar nuevos climas, culturas y escenas. Los Viajes ayudan a una persona a tener interesantes temas de conversación.

Plan de Acción

La insignia de Viaje presentará a los Centinelas a muchas acciones que sus padres probablemente han hecho por ellos en el pasado.

Ropa, ropa interior, un cepillo de dientes y jabón son elementos esenciales para incluir en una maleta. Sin embargo, si permites que un niño normal de ocho o nueve años de edad empaque una maleta, muchos de estos elementos no estarían en la bolsa. La insignia de Viaje está diseñada para enseñar a los Centinelas la importancia de planificar y empacar bien. Su próxima experiencia de viaje debe ser una aventura por lo que vayan a ver o hacer, no por lo que se olvidaron o no planificaron.

150

PLANIFICADOR DE INSIGNIAS

Sesión

1 Los Centinelas irán a través del campo de entrenamiento maleta. Aprenderán qué empacar, cómo empacar, y algunas tips de viajar.

2 Los Centinelas crearán un kit de actividad para ayudar a pasar el tiempo durante un largo viaje por carretera o viaje en avión. Esta sesión será divertida para los niños, y los padres también lo agradecerán.

3 Los Centinelas aprenderán algunas cosas básicas acerca de los viajes aéreos.

4 Los Centinelas pueden participar en un proyecto opcional de ministerio usando las habilidades de viaje.

Requisitos ✓ de Insignia

Elige cuatro de los cinco requisitos siguientes para completar la Insignia Viaje.

- ☐ Organizar y empacar una maleta para un viaje de una semana.
- ☐ Desarrollar un paquete de actividades.
- ☐ Conocer las directrices y consejos de seguridad para el transporte aéreo.
- ☐ Planificar un viaje imaginario con viajes en automóvil y/o en avión.
- ☐ Encontrar una manera de utilizar sus habilidades de Viaje para ministrar a otra persona.

¡SeRViR!

Los Centinelas pueden usar cualquiera de estas sugerencias para los proyectos ministeriales. (Los proyectos ministeriales son opcionales y no se requieren para completar los requisitos de la insignia.)

100 Completar los requisitos para la insignia Viaje.

200 Utiliza los requisitos de la insignia Viaje como proyecto ministerial para servir a otras personas. Considera la posibilidad de crear kits de actividades de viajes para los niños que visitan tu iglesia.

300 Combina las habilidades para la insignia Viaje y la insignia de Ecursionismo para ayudar a prepararse para un viaje nocturno. Incluye amigos para un evento de alcance.

Social

PALABRAS PARA SABER

Itinerario: Un plan que muestra las fechas en las que viajarás, donde estarás y en qué momento.

Suvenir: Algo de recuerdo de una persona, un lugar o un evento.

Comprobación del Equipaje: El área del aeropuerto donde se comprueba el equipaje que se desea colocar en el depósito debajo de un avión.

Reclamo de Equipaje: El área donde se recoge el equipaje.

Tarjeta de Identificación: Una tarjeta que incluye nombre, número de teléfono, direcciones y la persona a contactar en caso de una emergencia.

PREPARADOS . . .LISTOS . . .FUERA

CAMPO DE ENTRENAMIENTO MALETA: Sesión 1

Los Centinelas crearán una lista de comprobación de empaque y empacarán una maleta. Desarrollarán un tema de campo de entrenamiento y se vestirán como si estuvieran en el Ejército. Una vez que hayas revisado el material, completa el juego La Carrera de la Maleta Loca.

Antes de esta sesión, recoge los artículos en el Materiales. Considera la posibilidad de informar a los padres sobre los elementos que necesitarás con antelación. Cada Centinela puede traer sus propios materiales. Ten extras a mano.

Coloca varias mesas alrededor de la habitación. Coloca las bolsas de materiales y la maleta en las mesas.

Nota: Que los Centinelas escriban la palabras *ropa interior* en una hoja de papel y que pongan el papel en la maleta.

Materiales

- Maleta (una para cada Centinela)
- Una bolsa de papel

Cada bolsa debe contener:
- — 2 juegos de ropa
- — 1 par de zapatos
- — 1 bolsa de plástico de supermercado
- — varios artículos de tocador
- — 1 bolsa (tamaño galón) resellable
- — 1 bolsa de lavandería (opción: bolsa de basura)
- — 1 toalla
- — 1 paraguas
- — 1 chaqueta

- Lápiz o pluma (uno para cada Centinela)
- Un pequeño regalo

Buscando Direcciones

- Cuando los Centinelas comiencen a llegar, que hablen de las experiencias de viaje que han disfrutado u odiado.
- Que voluntarios lean el versículo Bíblico, la sección "¿Qué puedes hacer con esta habilidad?", los requisitos de la insignia y los temas de seguridad.
- Que voluntarios lean "Lo Básico de Empacar" y "Tips para empacar".
- Da tiempo para mostrar a los Centinelas la forma correcta de empacar una maleta.
- Que los Centinelas llenen su maleta. Lleva a cabo esta actividad como una carrera. Sin embargo, que los Centinelas sepan que la primera persona que haya empacado maleta correctamente en la cantidad más corta de tiempo, ganará.
- Cierra la sesión leyendo los versículos de la Biblia para la insignia de Viaje. Que un voluntario lea Éxodo 13: 17-18, 21-22. Luego, habla con ellos acerca de cómo Dios es nuestro guía.
- Cierre con la oración, agradeciendo a Dios por amarnos y guiarnos.

Juego: La Carrera de la Maleta Loca
Si tiene un grupo Centinela grande, o varios visitantes, adapta esta actividad convirtiéndola en una carrera de relevos. Instruye a cada Centinela para empacar un elemento. El primer equipo para terminar y empacar correctamente su maleta gana.

¿YA LLEGAMOS? Sesión 2

Los Centinelas harán un kit de actividad para viajar.

Materiales

Antes de esta sesión, recopila y prepara los Materiales.

- Bolsa de viaje o caja de tamaño mediano (una por Centinela)
- Bandas de goma y clips
- Portátil (uno por Centinela)
- Fichas
- Papel construcción blanco
- Lápices y bolígrafos
- Reglas
- Materiales decorativos o artesanales (pegatinas, marcadores y papel construcción de colores)

Buscando Direcciones

- Divide las actividades en tres estaciones de trabajo. Espera 10 minutos en cada estación. Los Centinelas crearán dos juegos.
- **Bingo de Viajes**

    (Materiales: Papel construcción blanco y de colores, crayones, reglas, lápices, clips, laminador o papel transparente de contacto [opcional] y pegatinas decorativas)
    Que cada Centinela haga un tablero de juego de bingo usando los materiales de construcción que has proporcionado. Que los Centinelas escriban las instrucciones al Bingo de Viajes en una tarjeta de índice.
    (Nota: Puedes crear un tablero de bingo reutilizable laminado o cubierto con papel transparente de contacto cada tablero de juego. Usa un marcador de borrado en seco para escribir y un pañuelo de papel para limpiar el tablero de juego).

Instrucciones:

Necesitarás: una tarjeta de bingo por jugador, crayón o marcador de borrado en seco, tejido

Cómo Jugar: Dar a cada jugador una tarjeta de bingo y un crayón o marcador de borrado en seco. Los jugadores deben marcar una X sobre el número en su tarjeta cuando vean el número. El primer jugador en marcar cuatro cuadrados en una fila (arriba, abajo, diagonal, o cruzar) es **un** ganador. Podrías esperar hasta que cada cuadrado esté marcado para declarar **al** ganador. (También podrías hacer una tarjeta de bingo con los elementos.)

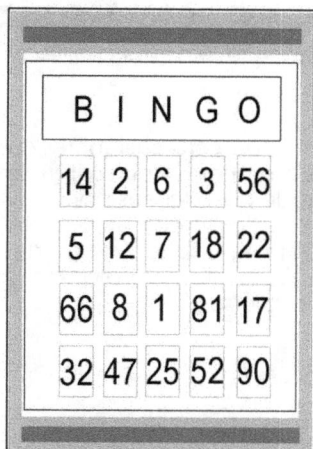

B	I	N	G	O
14	2	6	3	56
5	12	7	18	22
66	8	1	81	17
32	47	25	52	90

■ Béisbol de Coches

(Materiales: tarjetas de índice de 4" x 6", reglas, crayones, marcadores, lápices o bolígrafos, gomas adhesivas y pegatinas decorativas)

Los Centinelas deben hacer varias cartas de juego de béisbol de coches. Pueden decorar cada tarjeta con pegatinas, crayones y marcadores.

Instrucciones:

Necesitarás: Una carta de juego para que cada jugador anote su puntaje, un lápiz o lapicero.

Cómo se Juega: Cada jugador toma un turno para "batear". Cada jugador tiene tres "outs" cada vez que batea. Cuando es su turno el jugador, debe observar los carros que vienen hacia el y anotar el puntaje en la carta en el orden en el cual los ve venir. Por ejemplo: . Si ve un carro rojo, anota una carrera = 1 punto. Si ve un carro blanco anota 1 "out", etc.) Opcional: Si hay mucho tráfico, puede anotar el puntaje según cada tercer o quinto carro que observe.

Automóvil Rojo: Home Run

Automóvil Negro: Solo

Automóvil Amarillo: Triple

Automóvil Blanco: Un Out

Automóvil Azul: Doble

■ La tercera estación de trabajo debe estar equipada con materiales para decorar el kit de actividad de cada Centinela.

■ Lee Éxodo 13: 17-18, 21-22. Pregunta: ***Así como Dios le dio a los israelitas una nube y una columna de fuego para guiarlos, Dios nos ha dado la Biblia para ayudarnos a saber qué hacer. Leer la Biblia es una manera de aprender lo que Dios quiere que hagamos.***

Cierra en oración. Agradece a Dios por amarnos y guiarnos.

¡VUELO 2010! Sesión 3

Los Centinelas planean un viaje de simulación.

Antes de esta sesión, recoge los materiales del "Materiales". Puede que desees ponerte en contacto con un agente de viajes local para obtener varios folletos y folletos de vacaciones.

Materiales

- Papel
- Bolígrafos o lápices
- Itinerario del *Estudiante Centinela*
- Ordenador con acceso a Internet (opcional)
- Folletos de vacaciones
- Maleta y varios artículos de la Sesión 1
- Tarjetas de índice (una por Centinela)
- Cartulina (una por Centinela o grupo)
- Varios materiales de arte y artesanía

Buscando Direcciones

- A medida que llegan los Centinelas, déjalos navegar por los folletos de viaje. Deja que voluntarios lean "Itinerario" y "Comprobación de equipaje" para ayudar a los Centinelas a entender estos aspectos del viaje. Luego lee "¿Quiénes son?" Y "¿Dónde está mi maleta?" No pases más de 10 minutos revisando el material de esta sección.

- Permite que los Centinelas pasen 40 minutos planeando sus vacaciones de ensueño. Tendrán que incluir las siguientes cosas en su proceso de planificación.

  - Una maleta llena, con el traje apropiado para el destino
  - Una lista de los artículos empacados
  - Juegos y otras actividades que podrían jugar mientras viajan.
  - Un itinerario de sus tiempos de viaje, horarios de vuelo y lugares visitados
  - Una etiqueta o tarjeta de identificación
  - Folletos para lugares para visitar
  - Mostrar material en un trozo de cartulina

- Lee Éxodo 13: 17-18, 21-22. Di: **Hemos estado hablando de cómo debemos mirar a Dios en busca de dirección. Dios está dispuesto a ser nuestro guía, pero debemos estar dispuestos a seguir. ¿Estás dispuesto a comprometerte a seguir a Dios?** Proporciona una oportunidad para los niños que aún no lo han hecho, para que se conviertan en Cristianos. Si alguno de los Centinelas responde, utiliza el folleto *Mi Mejor Amigo, Jesús* o el ABC de Salvación.

Concluye con una oración, agradeciendo a Dios por perdonar nuestros pecados y guiarnos cada día.

PROYECTOS MINISTERIALES: Sesión 4

Elige y completa uno o más proyectos en la sección *Ir, Servir* de esta insignia. Si seleccionaste un proyecto que combina dos insignias, considera el número de semanas que tarda en completar los requisitos de insignia para ambas. Hay infinitas combinaciones de proyectos ministeriales que se pueden hacer. Usa tu imaginación. Adapta los proyectos ministeriales para satisfacer las necesidades de los Centinelas, sus familias y la iglesia. Considera la posibilidad de tener una noche de visitantes.

¡Envuélvelo!

Que los Centinelas respondan las preguntas para reflexionar sobre lo que han aprendido a través de este distintivo de Viaje.

RANGO SCOUT
Instrucciones del Guía del Rango Scout

Trabajar en las insignias del Rango Scout

Los niños en el rango Scout completan las insignias y los requisitos. Los niños deben trabajar sólo en las insignias del rango Scout mientras están en el año Scout.

Excepción: Los alumnos de cuarto grado pueden compensar insignias que necesiten para ganar el premio Esther Carson.

Para prepararse para Enseñar una Insignia

- Leer la información de la placa en el Libro del alumno y en el Guía del líder.
- Decidir qué nivel enseñar (100, 200 o 300)
- Decidir la cantidad de sesiones necesarias y el orden en que se impartirán.
- Considerar reclutar a un "invitado" para enseñar la habilidad
- Reunir los materiales y suministros necesarios

Requisitos de Membrecía

No hay requisitos de membrecía para ser una parte de Caravana.

Valores Fundamentales

El rango Explorador tiene cuatro Valores Fundamentales que representan cuatro elementos esenciales a las características Cristianas. Cada Valor Fundamental destaca un líder Nazareno que encarna este valor. El Scout destaca Santidad y Evangelismo mientras el Scout destaca Misión y Carácter. En cada categoría, cada insignia de habilidad individual destaca uno de los dos Valores Fundamentales para el año. El guía debe hacer hincapié en el Valor Fundamental, junto con la enseñanza de cada Insignia.

Los Valores Fundamentales son una insignia colocada. Los Scouts pueden completar una insignia en cualquier momento, ya sea en grupo o individualmente. Los guías pueden elegir el momento de enseñar los Valores Fundamentales. Opción: Elige cuatro insignias de habilidades con el mismo Valor Fundamental énfasis.

Los cuatro Valores Fundamentales que se impartirán en el Explorador son los siguientes:

Centinela—Santidad (Phineas F. Bresee)
Evangelismo (Buddie Robinson)

Scout—Misión (Harmon Schmelzenbach)
Carácter (Audrey Williamson)

Insignias

Las insignias se clasifican de la siguiente forma: Artículos de Fe (estrellas), Valores Fundamentales e insignias de habilidades. Las Insignias Habilidad se clasifican en cuatro categorías: (mental, física, espiritual y social). Las insignias se distinguen por el color del borde. (Mental-verde, Física-azul, Espiritual-blanco, y Social- rojo)

Cada año los niños ganan cuatro estrellas Artículos de Fe, dos pasadores Valores Fundamentales, y un mínimo de dos insignias por Centinela y Scout al año en cada categoría: Mental, Físico, Espiritual y Social.

Los Exploradores pueden ganar más insignias. Los guías y niños eligen cualquiera de las dos insignias de una categoría. No hay requisitos previos para completar ninguna insignia. Cada insignia tiene tres sesiones intercambiables con una cuarta sesión opcional diseñada para cualquier enseñanza adicional o un proyecto de ministerio.

Cada una de las primeras 3 sesiones incluye lo siguiente:

- Materiales – los suministros necesarios para la sesión se enumeran aquí.
- Buscando Direcciones – se dan instrucciones paso a paso sobre cómo llevar a cabo la sesión.
- Mirada mas Cercana – algunas insignias tienen estas actividades e información adicionales.
- Envuélvelo (libro para estudiantes) - Los estudiantes reflexionan sobre lo que han aprendido y escriben sus pensamientos

Cada insignia tiene un componente de formación espiritual, con un versículo Bíblico, pensamiento devocional, meta de insignia, conexión con un Valor Fundamental, y un proyecto opcional de ministerio.

Cada insignia tiene las siguientes secciones:

Plan de Acción - Este ofrece orientación al guía para enseñar la insignia y ofrece sugerencias y consejos útiles para ella.

Planificador de Insignia - Esto muestra las actividades y el enfoque de los contenidos de cada sesión. Esta sección te ayudará a prepararte para guiar las próximas sesiones. Las sesiones son intercambiables.

Requisitos de Insignia - Cada insignia tendrá requisitos para su finalización. Los Exploradores pueden elegir cuatro de los cinco requisitos que les gustaría completar. Los requisitos de la Insignia se imprimen en los libros del líder y del estudiante y están diseñados para ser completados dentro de la sesión Caravana.

Recursos - Cada insignia tiene fuentes adicionales disponibles para ayudar al guía al enseñar las habilidades.

¡Ir, Servir! - Desarrollar "Discípulos en formación, no discípulos en espera" es un objetivo principal de Caravana. "¡Ir, Servir!" Proporciona una opción para que los guías dirijan a sus Scouts a través de experiencias de ministerio. Hay tres niveles para ¡Ir, Servir! que se pueden implementar en una insignia.

100—Finalización única de los requisitos de la insignia. Este nivel es genial si estás presionado por el tiempo, quieres tener un montón de visitantes para esta insignia, o no puedes participar en un proyecto de ministerio opcional debido a las finanzas, el transporte, la dotación de personal, u otras consideraciones.

200—Finalización de requisitos para la insignia y un proyecto de ministerio diseñado para usar la habilidad aprendida en la insignia para servir bien a la iglesia local (o a alguien en la iglesia), la comunidad o la iglesia nacional / internacional. Este nivel es muy bueno para la introducción de proyectos de ministerio simples a los Exploradores.

300—Planea combinar al menos dos insignias. Desarrolla un proyecto de ministerio donde estén representadas las dos insignias. Al finalizar los requisitos de insignia de ambas insignias, debe tener lugar el proyecto de ministerio. Esta opción promueve una Caravana orientada a eventos que utiliza distintivos para producir eventos. Esta opción permite los puntos de entrada para que los visitantes participen en Caravana. Si tu iglesia quiere tener muchos visitantes, un enfoque orientado a eventos sería una buena opción.

Mantenimiento de Registros

El mantenimiento de registros exactos es esencial en la determinación de las insignias y los premios que los niños reciban.

Responsabilidades del Guía:

■ Preparar y organizar insignias.

■ Desarrollar proyectos ministeriales y reclutar invitados.

■ Firmar y poner fecha en las insignias completadas.

— Dar al director local Caravana una lista que contenga los nombres de las insignias, las fechas de terminación de las insignias (mes, día, año), y los nombres de los niños que obtuvieron las insignias.

Responsabilidades del Director Local:

— Mantener un *Formulario de Registro Individual* para cada niño.

— Anotar la fecha de terminación de las insignias (mes, día y año).

— Verificar y registrar la finalización de Valores Fundamentales.

— Registrar los proyectos ministeriales del *Formulario de Registro Individual*.

Esquema de Planificación del Rango Scout

La siguiente es una lista de todas las insignias del rango Scout. El tiempo que tarda en completar una insignia variará en función de las diferencias en las capacidades e intereses de los niños. Cada insignia contiene tres sesiones, con una cuarta sesión opcional para los proyectos ministeriales. Los Artículos de Fe y Valores Fundamentales se completan en una sesión.

Rango Scout

Insignia	Fecha
Artículos de Fe 5-8	
1. Pecado	_____
2. Expiación	_____
3. Libre Albedrío	_____
4. Arrepentimiento	_____
Valor Fundamentales	
Misión—Harmon Schmelzenbach	_____
Carácter—Audrey Williamson	_____
Insignias de Habilidad	
Insignias Mentales	
Coleccionando	_____
Primeros Auxilios	_____
Equitación	_____
Costura	_____
Tecnología	_____
Insignias Físicas	
Deportes de Acción	_____
Artesanía	_____
Ciclismo	_____
Pescando	_____
Deportes Acuáticos	_____
Insignias Espirituales	
Lectura Biblia	_____
Ministerios Infantiles	_____
Discipulado	_____
Mayordomia	_____
Insignias Sociales	
Cuidado de Niños	_____
Ciudadanía	_____
Empresa	_____
Hospitalidad	_____

Artículo de Fe 5: Pecado

Definición: El pecado es rebelión contra Dios. Una persona escoge desobedecer a Dios.

Antes de la sesión, recoge los suministros y colócalos en una mesa. Establece una serie de dominó.

Materiales

- Mesa plana
- Dominó
- ABC de Salvación, dentro de la contraportada
- Libro de salvación: *Mi Mejor Amigo, Jesús*

Creemos

- En el principio, Adán y Eva no tenían pecado en sus vidas. El pecado vino al mundo cuando Adán y Eva desobedecieron a Dios.

- Cada persona nacida desde Adán tiene pecado natural. Este pecado causa que la gente esté lejos de Dios.

- Cuando Adán y Eva pecaron, su relación con Dios se rompió. Se separaron de Él. El dolor y la muerte vinieron a formar parte de la vida humana.

Buscando Direcciones

- Que los Scouts lean el Artículo de Fe 5 y la sección "Creemos". Responde cualquier pregunta que tengan los Scouts.

- Que los Scouts trabajen en parejas para encontrar Romanos 8:5 y Romanos 3:23. Que los Scouts usen el banco de palabras en el libro del *Estudiante Scout* para completar las palabras de los versículos. Las respuestas son: Romanos 8: 5- "Los que viven según la naturaleza (pecadora) tienen sus mentes establecidas en esa naturaleza (los deseos); Pero los que viven de acuerdo con el (Espíritu) tienen sus (mentes) establecidas en lo que el Espíritu desea".
  Romanos 3:23- "Porque todos pecaron y están destituidos de la gloria de Dios".

- Que los Scouts escriban en sus propias palabras lo que el Artículo de Fe 5 les dice sobre el pecado. Deja que voluntarios compartan lo que escribieron.

- Que los Scouts lean las declaraciones bajo la sección "¡Hágalo!". Comprueba las que son verdaderas. Las respuestas correctas son 1, 3 y 5.

¡Enséñalo!

El pecado es rebelión contra Dios. El pecado entró en el mundo cuando Adán y Eva se rebelaron contra Dios y desobedecieron Su mandato. Cuando desobedecieron, su relación con Dios se rompió. Su pecado los separó de Dios y de su santidad. Desde Adán y Eva, todas las personas nacen con tendencia a alejarse de Dios. La gente nace sin una relación personal con Dios. Sin embargo, desde que Jesús murió en la Cruz por nuestros pecados, la gente puede tener una relación restaurada con Dios.

¡Hazlo!

Antes de estudiar este Artículo de Fe, que los Scouts alineen dominós en un curso de su diseño. Que el último dominó esté sobre seis pulgadas de los otros. Recoge el primer dominó y di: *Adán y Eva fueron los primeros en pecar. Desde entonces, cada persona lucha con el pecado.* Golpea los dominós. El último debe estar de pie.

Di: *Jesús vino a la tierra para morir en la Cruz por nuestros pecados.* Recoge el último dominó de pie. Di: *No tenemos que luchar con el pecado, porque Jesús tiene la respuesta para nosotros. Él murió en la Cruz para poder ser salvados de nuestros pecados. Él quiere ser tu Salvador.*

Si es pedido por el Espíritu Santo, has una invitación de salvación.

Usa el ABC de Salvación o el libro de salvación *Mi Mejor Amigo, Jesús*.

Artículo de Fe 6: Expiación

Definición: La Expiación es la reconciliación de Dios y la gente a través de la muerte de Jesús en la Cruz. La gente puede pedir perdón de su pecado, restaurar su relación con Dios, y ser "uno" con Él.

Antes de la sesión, recolecta los suministros y ponlos sobre una mesa. Mantén la lejía alejada de los Scouts.

Materiales

- Frasco de vidrio transparente grande
- Pequeño frasco de vidrio transparente
- Agua
- Pequeña cantidad de lejía
- Colorante rojo para la comida

Creemos

- Jesucristo sufrió y murió en la Cruz para que nuestros pecados puedan ser perdonados.
- Jesús es la única manera en que una persona puede ser salva del pecado.
- Jesús murió por todos, pero sólo los que se arrepienten y creen, serán salvos.

Buscando Direcciones

■ Que los Scouts lean el Artículo de Fe 6 y la sección "Creemos". Responde cualquier pregunta que los Scouts puedan tener.

■ Que los Scouts encuentren Hechos 3:19 y completa las palabras faltantes del versículo en su libro. Respuestas: (Arrepentíos) (volver) (a) (Dios),(borrados)(Señor).

■ Discute los conceptos en la sección "¡Enséñalo!".

■ Que los Scouts escriban o digan en sus propias palabras lo que el Artículo de Fe 6 dice acerca de la expiación y nuestra relación con Dios.

■ Utiliza la lección "! Hazlo!" para ayudar a los Scouts a visualizar cómo Dios puede perdonar y quitar nuestros pecados. Que los Scouts respondan a las preguntas de la página 11 del *Estudiante Scout*. Las respuestas correctas son: 1B, 2A y 3A. Si el Espíritu dirige, proporciona una invitación de salvación. Usa el ABC de Salvación o el libro de salvación *Mi Mejor Amigo, Jesús*. Cierra con oración.

¡Enséñalo!

La expiación de Jesús es la solución al problema del pecado. Ayuda a los Scouts a entender que Jesús y Su sacrificio en la Cruz es el único camino al cielo. Y sólo aquellos que se arrepienten de sus pecados y crean en el sacrificio de Jesús serán salvos. Lee Juan 3:16 y explica que la expiación de Jesús es un acto de amor que nos ayuda a restaurar nuestra relación con Dios.

¡Hazlo!

Llena un vaso de cristal grande con agua. Llena una jarra de vidrio transparente más pequeña con parte de agua y parte de lejía. Al explicar la expiación, di: *Cuando pecamos contra Dios, contaminamos nuestras vidas.* Coloca varias gotas de colorante rojo en el frasco de vidrio grande. Permite que el colorante del alimento coloree el agua. *El pecado contamina nuestras vidas. Sin embargo, Jesús sufrió y murió en la Cruz por nuestro pecado, Él hizo la expiación por nuestros pecados, para poder estar "de nuevo" con Dios.* Vierte el vaso de agua de lejía en el frasco y revuelve con una cuchara de plástico grande. El agua roja debe volverse clara otra vez.

Di: *Para los que creen, Jesús hizo la expiación por el pecado. Había color rojo en este frasco, pero ahora no lo hay. Había pecado en nuestras vidas, pero Dios puede perdonar nuestro pecado y hacernos Sus hijos.*

Puedes tener algunos niños que quieren pedirle a Dios que perdone sus pecados. Usa el ABC de Salvación o el folleto de salvación *Mi Mejor Amigo, Jesús* para explicar cómo ser salvo. Ora con los Scouts que respondan.

Cierra esta sesión con oración, agradeciendo a Dios por enviar a Jesús para salvarnos de nuestros pecados.

Artículo de Fe 7:
Libre Albedrio

Definición: Dios le dio a la gente la habilidad de tomar decisiones sobre lo correcto y lo incorrecto. Cada persona es responsable ante Dios por su manera de vivir.

Antes de la sesión, escribe en la parte superior de la tabla de marcadores, "Agencia Libre".

Materiales

- Pizarra
- Marcadores

Creemos

- Dios creó a la gente con la habilidad de elegir lo correcto y lo incorrecto.
- Cada persona es responsable ante Dios por la forma en que vive.
- Dios ayuda a aquellos que quieren apartarse del pecado. Cada persona puede convertirse en Cristiana y vivir una vida Cristiana.

Buscando Direcciones

- Que los Scouts lean el Artículo de Fe 7 y la sección "Creemos". Responde cualquier pregunta que los Scouts puedan tener.
- Que los Exploradores encuentren Romanos 6:23. Que añadan la letra e a las palabras del versículo en su *Estudiante Scout*. Las respuestas son: "La paga del pecado es muerte, pero el don de Dios es vida eterna en Cristo".
- Discute los conceptos en la sección "¡Enséñalo!".
- Que los Scouts escriban o relacionen oralmente lo que entienden sobre el Artículo de Fe 7 y el don de Dios de libre albedrío.
- Después de hacer la actividad del laberinto, discute las buenas y malas decisiones que hacen los niños. Deja que los Scouts le digan cuál es su opción más importante.

Cierra con oración, agradeciendo a Dios por el don de la elección. Pide a Dios que ayude a los Scouts a tomar buenas decisiones, especialmente a elegir pedirle perdón por sus pecados.

¡Enséñalo!

El libre albedrio es una doctrina importante para la teología wesleyana. Sin embargo, puede ser fácilmente incomprendida por las mentes jóvenes. Porque Dios nos ama, nos ha dado un libre albedrío, la capacidad de tomar decisiones. La gente puede elegir obedecer a Dios y mantener una relación correcta con Él. O bien, las personas pueden seguir sus propios deseos egoístas y apartarse de Dios. La gente vive con las consecuencias de sus elecciones.

¡Hazlo!

Que los Scouts encuentren su camino a través del laberinto.

Di: *Si no tuviéramos elección en nuestras decisiones, seríamos como si este ratón pasara por el laberinto, sin elegir la dirección a seguir. Dios no trabaja así. Dios nos ha dado un "libre albedrío", la capacidad de tomar decisiones. Dios nos ama y quiere que tomemos buenas decisiones. Él nos ha dado la Biblia y el Espíritu Santo para ayudarnos a ir en la dirección correcta.*

Artículo de Fe 8: Arrepentimiento

Definición: Arrepentirse significa cambiar completamente la mente del pecado y pedir perdón a Dios. La persona se aleja del pecado y se vuelve a Dios.

Antes de la sesión, corta el cordón del pony en tiras de 12 pulgadas. Pon las perlas en los tazones y colócalas sobre una mesa.

Materiales

- Biblia
- Cordón de cuentas de pony
- Cuentas de pony: negro, rojo, blanco, verde, amarillo
- Tijeras
- Cuencos de papel

Creemos

- Toda persona que quiera ser salvo de sus pecados debe arrepentirse.
- Arrepentimiento significa estar arrepentido, pedirle a Dios que te perdone, prometer dejar de pecar y comenzar a vivir una vida Cristiana.
- Cuando la gente se arrepiente de sus pecados, Dios los perdona.
- Sólo las personas que se arrepienten de sus pecados y crean en Jesús como su Salvador serán salvas.

Buscando Direcciones

- Que los Scouts lean el Artículo de Fe 8 y la sección "Creemos". Contesta cualquier pregunta que los Scouts puedan tener.

- Que los Scouts trabajen en parejas o grupos pequeños para encontrar y completar las palabras de Hechos 2:38a e Isaías 55:7. Esto está en la página 14 del *Estudiante Scout*. Respuestas: Hechos 2:38a "(Arrepentíos) y bautícese (cada uno) de vosotros, en el nombre de (Jesucristo) por el perdón de vuestros pecados." Isaías 55:7- (Malvado) abandonar su camino y el hombre (malo) sus pensamientos. Dejadlo al Señor, y él tendrá misericordia de él y de nuestro Dios, porque él lo perdonará.

- Que los Scouts escriban en sus propias palabras lo que el Artículo de Fe 8 dice acerca del arrepentimiento. Deja que voluntarios compartan lo que escribieron.

- Discute el ABC de Salvación. Imprimelos en el tablero para que los Scouts puedan copiarlos en sus libros. A - Admite que has pecado. B - Busca de Dios. C - Cree que Dios te ama y envió a su Hijo, Jesús, para salvarte de tus pecados. Pregunta si los Scouts quisieran arrepentirse de sus pecados y convertirse en Cristianos. Ora con cualquiera que responda.

- Has las pulseras del grano de la salvación. Que los Scouts indiquen lo que representa cada color de la pulsera.

¡Enséñalo!

Arrepentirse significa que una persona cambia su mente completamente sobre el pecado. La persona se arrepiente de haber desobedecido a Dios y piden su perdón. La persona deja de desobedecer a Dios y decide no hacerlo de nuevo. Cuando una persona se arrepiente, Dios perdona.

Enseña el ABC de la Salvación.

A—Admite que has pecado (hecho mal, desobedecido a Dios). Dile a Dios lo que has hecho, arrepiéntete de ello y debes estar dispuesto a dejarlo. (Romanos 3:23)

B—Busca de Dios, proclama a Jesús como tu Salvador. Di lo que Dios ha hecho por ti. Ama a Dios y sigue a Jesús. (Romanos 10:13)

C—Cree que Dios te ama y envió a su Hijo, Jesús, para salvarte de tus pecados. Pide y recibe el perdón que Dios te está ofreciendo. Ama a Dios y sigue a Jesús. (Juan 3:16)

¡Hazlo!

Has un brazalete de cuentas "salvación" con los siguientes colores: color oscuro (pecado), rojo (Sangre de Jesús), blanco (arrepentimiento y perdón del pecado), verde (crecimiento cristiano), amarillo (cielo). Encadena las perlas sobre el cordón, luego atarlas.

Di: *La expiación de Jesús en la Cruz fue para todas las personas. Los Scouts pueden tener una relación activa y vital con Jesucristo hoy.* Que los Scouts indiquen lo que representa cada color de la pulsera.

MISIONES

Misión—*Una misión es una tarea especial por hacer. La misión de la Iglesia es decir las buenas nuevas de Jesucristo al mundo. Un misionero es una persona llamada por Dios y enviada por la iglesia para llevar el evangelio a otra cultura. Las tareas colectivas y los proyectos se refieren a menudo como misiones.*

Conociendo a: Harmon Schmelzenbach

A la edad de 12 años, los padres de Harmon Schmelzenbach murieron. Harmon y sus hermanos eran huérfanos. Harmon trabajó duro en una fábrica para mantener a su hermano y hermana.

Harmon se convirtió en cristiano. Sabía que Dios quería que fuera misionero. Harmon fue a un colegio nazareno. Luego subió a un bote con otros misioneros conoció a una niña llamada Lula. Se hicieron buenos amigos.

Después de que el barco llegó a África, Harmon y Lula se casaron. Ellos fueron a una ciudad en Zululand para contarle al pueblo africano acerca de Jesús. Después de un tiempo, Harmon sintió que Dios quería que ellos fueran a Suazilandia (Sua-zi-landia). Nadie le había contado nunca a la gente allí acerca de Jesús.

Al principio, la reina de Suazilandia no le daba a Harmon y a su esposa permiso para vivir allí. Lula y Harmon vivieron en su carro y lo condujeron de un lugar a otro hasta que la reina les dio permiso para vivir allí.

Harmon vio la necesidad de medicina y cuidado de la salud. Estudió libros sobre medicina e hizo un kit simple de medicina. Usaba este kit mientras visitaba a la gente.

Harmon y Lula se enfrentaron a enfermedades, peligros y a la muerte de algunos de sus hijos. Sin embargo, sintieron el llamado de Dios a decirle a la gente de Suazilandia acerca de Jesús.

Harmon se enfermó de malaria. Murió y fue enterrado en Suazilandia. La Iglesia del Nazareno honra a Harmon y Lula por su trabajo. Debido a ellos, muchas personas en Suazilandia recibieron atención médica y muchos se convirtieron en cristianos.

El Ministerio de Misiones

Muchas veces Dios pide a la gente que le sirva cuando son jóvenes.

Mira 1 Samuel 16: 7b. ¿Qué le dijo Dios a David que iba a ser, un joven pastor, el Rey de Israel?

Dios todavía llama a la gente hoy a ir a otra cultura para decirle a la gente acerca de Jesús. A veces Dios da este llamado cuando la persona es un niño. Para otros es durante la adolescencia o la edad adulta. Todavía haya personas que nunca han oído hablar de Jesús, y necesitan que alguien les diga.

¿Qué puedes hacer para ayudar a la gente de otras tierras y culturas a conocer a Jesús?

¿Por qué crees que las misiones son importantes?

CARÁCTER

CARÁCTER—*Cuando una persona vive las acciones y enseñanzas de Jesucristo.*

Conoce a: Audrey Williamson

Audrey nació en 1899 en una estación de tren. Su padre era un agente de la estación de ferrocarril del Ferrocarril Central de Illinois. En esos días, la compañía de ferrocarril proporcionó un hogar sobre la estación para el agente y su familia.

Después de dos años, la familia se mudó a Marathon, Iowa. La Iglesia Metodista tuvo un renacimiento. Los padres de Audrey se salvaron y comenzaron a vivir la vida cristiana. Audrey asistía regularmente a la iglesia, oraban antes de las comidas, leían regularmente la Biblia y tenían tiempos de oración familiar. A la edad de cuatro años, Audrey le dijo a su madre: "Quiero que me suceda lo que te ha pasado." Audrey se arrodilló junto a la mecedora de su madre y le pidió perdón a Dios.

En su casa, Audrey y su hermana vieron a sus padres modelar pureza, vida limpia e ideales cristianos. La madre de Audrey sentía que era importante memorizar versículos bíblicos. Ayudó a sus hijos a memorizar pasajes de la Biblia. El grupo de jóvenes en su iglesia también la recompensó por aprender capítulos enteros de la Biblia. El aprendizaje de la escritura se convirtió en un hábito para toda la vida de Audrey. Cuando era niña, Audrey estaba fascinada por el poder del habla y el arte de la comunicación. Se graduó de la universidad con un grado en discurso. Recibió una maestría en comunicación del habla y se convirtió en profesora del habla. En 1931, se casó con Gideon Williamson. Ella sirvió como esposa de pastor, esposa de un presidente de colegio, esposa de superintendente general y como maestra en el Colegio Bíblico Nazareno en Colorado Springs, Colorado.

A través de todas estas experiencias, modeló las actitudes de vida cristiana que aprendió cuando era niña y se hizo conocida por su carácter Cristiano y su habilidad para recitar pasajes de las Escrituras.

¡El Carácter Cuenta!

A medida que los niños maduran, desarrollan el carácter. Las cosas que son importantes para ellos son las cosas en las que pasarán tiempo, creerán y harán. Estas son cosas que valoran. Ahora mismo estás formando tu personaje.

¿Cuáles son algunas cosas que son importantes para ti?

¿Cuáles son algunas de las formas en que puedes comenzar a mostrar a otros las enseñanzas y acciones de Jesús?

¡Sigue Leyendo!

José vivió en tiempos del Antiguo Testamento, mucho antes del tiempo de Jesús. Sin embargo, él era un gran ejemplo de un carácter piadoso. Lee Génesis 39.

¿Cómo describirías a José?

COLECCIONANDO

Bases Bíblicas: "No acumulen para sí tesoros en la tierra, donde la polilla y el óxido destruyen, y donde los ladrones se meten a robar. Más bien, acumulen para sí tesoros en el cielo, donde ni la polilla ni el óxido carcomen, ni los ladrones se meten a robar. Porque donde esté tu tesoro, allí estará también tu corazón." (Mateo 6:19-21)

Punto Bíblico: Es bueno valorar las cosas especiales que tenemos aquí en la tierra, pero lo más importante que tenemos es nuestra relación con Dios.

Meta de la Insignia:

■ Los Scouts deben reconocer el don de Dios de amor como lo más importante que tienen, y todas sus pertenencias deben ser secundarias a su relación con Dios.

■ Los Scouts deben saber cómo crear y organizar una colección.

■ Los Scouts pueden ser introducidos a un proyecto opcional de ministerio usando habilidades de Coleccionando.

Valor Fundamental: Misiones. Lee la información acerca de Harmon Schmelzenbach. A medida que los Scouts invitan a amigos y conocidos a su hogar a ver sus colecciones, pueden usarla como una oportunidad para testificar acerca de Dios. Harmon Schmelzenbach encontró muchas oportunidades de ser testigo mientras viajaba por África. Los Scouts no tienen que predicar sermones. Pueden expresar agradecimiento a Dios por lo que Él les ha dado.

Plan de Acción

Hubo un tiempo en que Jesús se sentó y enseñó a la gente cómo vivir de una manera que agradaría a Dios. Una de las cosas que Jesús enseñó a la gente es mantener sus corazones enfocados en Dios y no en las cosas que poseen.

Así que ustedes podrían preguntar: ¿Por qué debemos aprender acerca de la importancia de coleccionar cuando Jesús dijo que no deberíamos centrarnos en lo que poseemos? El punto de la enseñanza de Jesús es que nuestra primera prioridad debe ser Dios. No hay nada que podamos jamás poseer que se aproxime a la importancia del don de amor que Dios nos da. Pero como una respuesta al amor de Dios, es importante para nosotros tratar las cosas que tenemos con respeto. Aprender las habilidades de organización y saber cómo mostrar los artículos atractivamente son habilidades importantes que tener.

PLANIFICADOR DE INSIGNIAS

Sesión

1 Los Scouts aprenderán lo que es una colección. Examinarán diversos artículos que pueden recolectar.

2 Los Scouts aprenderán sobre el comienzo y la adición a una colección. Los Scouts practicarán la organización, la clasificación, la exhibición y la presentación de una colección que el profesor traerá a la clase.

3 Los Scouts irán en una excursión a un museo local o el hogar de un individuo que tiene una colección interesante.

4 Los Scouts pueden presentar un "Show de Colección" opcional. El objetivo de esto sería invitar a sus amigos a ver las colecciones que los Scouts han hecho y compartir con sus amigos lo que han aprendido sobre la Coleccionando.

Requisitos ✓ de Insignia

Elige cuatro de los cinco requisitos siguientes para completar la insignia de Coleccionando.

☐ Aprender cómo iniciar y organizar una colección.

☐ Planificar una colección. Utilizar imágenes del periódico, revistas o Internet para crear un collage de algo que esperas reunir algún día.

☐ Iniciar una colección. Elige algo que deseas recopilar y empieza a recopilarlo.

☐ Organizar y exhibir tu colección de una manera que sea fácil para que otros miren y disfruten.

☐ Encontrar una manera de usar habilidades de Coleccionando para ministrar a otra persona.

RECURSOS

- *El Manual Oficial de Boy Scouts* de Boy Scouts de América y William Hillcourt
- Varios sitios web determinados por la (s) área (s) de interés de los estudiantes
- Varios libros o revistas dependiendo de la (s) área (s) de interés de los estudiantes

¡R SeRViR!

Los Scouts pueden usar cualquiera de estas sugerencias para los proyectos ministeriales. (Los proyectos ministeriales son opcionales y no se requieren para completar los requisitos de la insignia.)

100 Completar los requisitos para la insignia de música.

200 Hacer una colección que relate tu relación con Dios. Recoge artículos que te ayuden a contar tu historia sobre cómo llegaste a conocer a Dios.

300 Combina habilidades de las insignias de Coleccionando y Discipulado para crear una oportunidad de compartir con un amigo acerca de Dios a través de tu colección. (Crea una colección de imágenes de Jesús o símbolos de Jesús y úsalas para contarle a un amigo acerca de Él.)

PALABRAS PARA SABER

Que los Scouts intenten dar definiciones para las siguientes palabras. Después de haber adivinado, pídeles que usen su *Estudiante Scout* para leer el significado de estas palabras.

Colección: Un grupo de cosas que se mantienen juntas en un lugar especial.

Pantalla: Coloca tu colección en un lugar donde sea fácil para que la gente vea y disfrute.

Organizar: Poner tus cosas en orden para que sean fáciles de realizar un seguimiento y mostrar a los demás.

Investigación: Leer libros o usar Internet para encontrar información sobre algo que te interesa.

PREPARADOS . . .LISTOS . . .FUERA

TIPOS DE COLECCIONES: Sesión 1

Los Scouts aprenderán cómo comenzar y agregar a una colección.

Antes de esta sesión, muestra algunos elementos que los niños pueden recoger.

Materiales

- Biblia
- Muestras de artículos que los niños pueden recoger (es decir, un libro de recuerdos, sellos, tarjetas de béisbol, muñecas o fotografías de artículos de interés para los niños)
- Papel y lápices o crayones para que los estudiantes dibujen
- Libros o revistas sobre colecciones o revistas para recortar

Buscando Direcciones

- A medida que lleguen los Scouts, deja que examinen los artículos que la gente recolecta. Deja que los Scouts compartan acerca de las colecciones que han comenzado o de otros miembros de la familia que han comenzado.

- Deja que voluntarios lean el versículo de la Biblia, la sección "¿Qué puedes hacer con esta habilidad?", los requisitos de la insignia y las palabras del vocabulario.

- Lee "Tipos de Colecciones" del *Estudiante Scout*. Que los Scouts discutan diferentes tipos de colecciones y consideren una o más cosas que les gustaría coleccionar. Que los Scouts listen las colecciones que podrían comenzar.

- Lee Mateo 6:19 con los Scouts. Explica la diferencia entre respetar nuestras posesiones e idolatrar nuestras posesiones. Recuerda a los estudiantes que lo que más debemos valorar es nuestra relación con Dios.

- Lee Mateo 6: 19-21. Di: *Este versículo nos dice que lo más importante y valioso es nuestra relación con Dios. No hay nada en la tierra que tengamos que se acerque a lo especial e importante que es Dios para nuestras vidas. Lo que vamos a hacer en esta insignia es aprender cómo hacer una colección de artículos que son especiales o importantes para ustedes. Recuerda mantener tu corazón centrado en Dios mientras aprendemos acerca de cómo hacer una colección.*

Cierra en oración, agradeciendo a Dios por darnos el mayor regalo de todos, Jesús. Pide sabiduría para saber el equilibrio entre respetar nuestras posesiones y mantener nuestros pensamientos enfocados en Dios.

TIPOS DE COLECCIONES: Sesión 2

Los Scouts clasificarán los elementos, organizarán, mostrarán y compartirán una colección.

Antes de esta sesión, recopila y prepara los materiales que se encuentran en el "Materiales". Ten ideas listas para compartir con los estudiantes sobre colecciones que tal vez deseen comenzar por sí mismos.

Tendrán que encontrar dos o tres diferentes tipos de colecciones para este proyecto. Permite que los Scouts ayuden a hacer tus artículos en una o más colecciones.

Materiales

- Biblia
- Elementos de la casa o el salón de clases que se podrían hacer en una colección (No se ordenan estos elementos, ya que los estudiantes ayudarán a "crear" una colección utilizando los elementos que has elegido).
- Revistas que los estudiantes pueden mirar y cortar imágenes las cosas que quieren coleccionar

Buscando Direcciones

- Cuando lleguen los Scouts, habla con ellos sobre sus ideas para colecciones. Deja que los voluntarios lean "Comenzando y agregando a su colección" del *Estudiante Scout*.
- Trae artículos que estén agrupados aleatoriamente. Que los Scouts ayuden a clasificar estos elementos en dos o más colecciones. Habla acerca de cómo cosas similares se agruparían en una colección.
- Que los estudiantes se dividan en pequeños grupos (uno para cada colección) y habla sobre las maneras en que podrían explicar o compartir esa colección con otra persona.
- Lee Mateo 6: 19-21. Di: **Parece que estos versículos nos dicen que no coleccionemos cosas. Todo lo contrario es cierto. Dios no frunce el ceño en una colección a menos que hagamos esos artículos más importantes para nosotros de lo que Él es. Si pasamos nuestro diezmo para agregar a nuestra colección, entonces eso no sería agradable a Dios.**

Cierre con oración. Agradeciendo a Dios por darnos cosas especiales que podemos recolectar. Pide a Dios que ayude a los Scouts a tener oportunidades de compartir sus colecciones y también ten oportunidades de agradecer a Dios por Sus bendiciones.

LLAMANDO A TODOS LOS COLECTORES: Sesión 3

Los Scouts tendrán la oportunidad de visitar una colección en su comunidad. Recuerda a los Scouts que no deben tocar nada que vean en la colección de otra persona. También recuerda a los Scouts que piensen en lo que les gustaría coleccionar.

Antes de esta sesión, has arreglos para el transporte. Sigue las pautas de la iglesia para la seguridad.

Materiales

- Formulario de permiso para cada Scout
- Un lugar para visitar una colección (esto podría ser en un museo local o en el hogar de un individuo que tiene una colección interesante.)
- Lápices o bolígrafos para cada estudiante
- Medios de transporte
- Chaperones adicionales

Buscando Direcciones

- Antes de salir de la iglesia, lee la información en el *Estudiante Scout*.
- Después de la excursión, permite que los Scouts respondan las preguntas del *Estudiante Scout*.
- Lee Mateo 6: 19-21. Señala que el Valor Fundamental para esta insignia es Misiones. Pregunta: **¿Cómo podrían los Scouts usar sus colecciones para contarles a otros acerca de Dios?**

Cierra en oración. Agradeciendo a Dios por todo lo que Él nos da. Pídele que ayude a los Scouts a colocar el valor correcto en lo que poseen. Pide a Dios que ayude a los Scouts a darle el primer lugar.

PROYECTOS MINISTERIALES: Sesión 4

Elige y completa uno o más proyectos en la sección *Ir, Servir* de esta insignia. Si seleccionaste un proyecto que combina dos insignias, considera el número de semanas que tarda en completar los requisitos de insignia para ambas. Hay infinitas combinaciones de proyectos ministeriales que se pueden hacer. Usa tu imaginación. Adapta los proyectos ministeriales para satisfacer las necesidades de los Scouts, sus familias y la iglesia. Considera la posibilidad de tener una noche de visitas, donde los Scouts pueden compartir sus colecciones.

¡Envuélvelo!

Que los Exploradores respondan las preguntas para reflexionar sobre lo que han aprendido a través de esta insignia de Coleccionando.

PRIMEROS AUXILIOS

Mental

Bases Bíblicas: "A esas horas de la noche, el carcelero se los llevó y les lavó las heridas; en seguida fueron bautizados él y toda su familia. El carcelero los llevó a su casa, les sirvió comida y se alegró mucho junto con toda su familia por haber creído en Dios."(Hechos 16:33-34)

Punto Bíblico: Mostramos el amor de Dios a los demás ayudándolos.

Meta de la Insignia:

- Los Scouts deben aprender habilidades básicas de Primeros Auxilios.
- Los Scouts deben ser capaces de decir cómo pueden mostrar el amor de Dios mediante el uso de habilidades de Primeros Auxilios.
- Los Scouts pueden ser presentados a un proyecto del ministerio usando habilidades de Primeros Auxilios.

Valor Fundamental: Las Misiones.

Lee la información acerca de Harmon Schmelzenbach. Enfatiza que las habilidades de primeros auxilios se pueden utilizar para servir a otros.

Plan de Acción

Las capacidades sociales de los Exploradores se están desarrollando rápidamente. Los Exploradores son más propensos a involucrarse cuando saben que tienen las habilidades para ayudar a otros. Mientras aprenden habilidades de Primeros Auxilios, que los Scouts trabajen en grupos. Asegúrate de moderar los grupos asegurando que cada niño participe en el proceso de aprendizaje.

Los Scouts tienen gusto por alcanzar a otros. Su preocupación por la equidad puede llevar a preguntas de por qué sucede algo. Asegúrate de reconocer sus preguntas como legítimas. Concéntrate en cómo los Scouts pueden mostrar el amor de Dios en situaciones de emergencia y difíciles.

PLANIFICADOR DE INSIGNIAS

Sesión

Mental

1 Los Scouts aprenderán cómo hacer una llamada de emergencia.

2 Los Scouts visitarán un departamento de bomberos o una instalación de ambulancia para conocer el papel que desempeñan estas unidades en una situación de emergencia.

3 Los Scouts crearán su propio botiquín de primeros auxilios. También aprenderán habilidades para tratar heridas comunes en el hogar. Un orador invitado especial puede ayudarles a aprender las habilidades en esta sección.

4 Los Scouts pueden participar en un proyecto opcional de ministerio usando habilidades de Primeros Auxilios.

Requisitos ✓ de Insignia

Elige cuatro de los cinco requisitos a continuación para completar la insignia de Primeros Auxilios.

☐ Ser capaz de pedir ayuda. Saber qué información se necesita y a quién llamar.

☐ Crear un botiquín de primeros auxilios para tu hogar.

☐ Aprender procedimientos básicos de primeros auxilios para estas emergencias comunes: cortes /raspaduras/ moretones, quemaduras, hemorragias nasales, picaduras de insectos, desmayos, ampollas y esguinces.

☐ Describir qué es el shock y cómo tratarlo.

☐ Encontrar una manera de usar tus habilidades de Primeros Auxilios para ministrar a alguien más.

RECURSOS

- Un médico profesional local
- La Cruz Roja Americana <www.redcross.org>
- El Instituto Heimlich <www.deaconess-healthcare.com/heimlich_institute/heimlich_maneuver/how_to_do_the_heimlich_maneuver>

¡a SeRViR!

Los Scouts pueden usar cualquiera de estas sugerencias para los proyectos ministeriales. (Los proyectos ministeriales son opcionales y no se requieren para completar los requisitos de la insignia.)

100 Completar los requisitos para la insignia de Primeros Auxilios.

200 Usa los requisitos de la insignia como un proyecto ministerial que sirva a otras personas. Organiza una Feria de Primeros Auxilios y haz que tus Scouts inviten a sus familiares y amigos.

300 Combina habilidades de las insignias de Primeros Auxilios y Ciclismo para crear un proyecto de ministerio para Scouts. Pídeles que inviten a sus amigos y enseñen las habilidades de primeros auxilios que podrían ser necesarias en un viaje en bicicleta.

#1 SeguRidad

- **Nunca** dejes a una víctima a menos que sea absolutamente necesario. Si hay dos personas, uno debe pedir ayuda mientras que uno se queda con la víctima.
- **Nunca** muevas a una persona con lesiones graves.
- **Siempre** revisa si hay identificación médica. La persona llevará una pulsera, collar, o tiene información en una cartera o monedero.
- **Siempre** deje que los profesionales hagan su trabajo.

PALABRAS PARA SABER

RCP: Reanimación Cardiopulmonar. RCP se administra cuando una persona deja de respirar y su corazón no está latiendo.

SME: Servicio Médico de Emergencia. Esto por lo general es una ambulancia.

MTE: Médico Técnico de Emergencia.

Primeros Auxilios: Primera ayuda dada en una emergencia.

Fractura: Un hueso roto. Una fractura compuesta es un hueso roto que sobresale de la piel. Una fractura simple, la más común, es un hueso roto que no se sobresale de la piel.

Quemadura: Una herida recibida como resultado de algo caliente. Puede incluir una quemadura solar.

Shock: Una condición en la que una persona se debilita, puede comenzar a perder el conocimiento, y la piel se vuelve fría y pálida.

Inconsciente: Cuando la persona no está despierta. Son incapaces de ver, sentir o pensar.

PREPARADOS...LISTOS...FUERA

APENAS UNA LLAMADA: Sesión 1

Los Scouts aprenderán cómo pedir ayuda en una situación de emergencia.

Antes de esta sesión, recoge todos los suministros necesarios. Escribe en tarjetas de índice situaciones de emergencia a las que sus estudiantes puedan enfrentarse. No tendrán que tratar estas lesiones. Los usarán para practicar pidiendo ayuda.

Materiales

- Fichas
- Bolígrafos
- Papel
- Dos o tres teléfonos antiguos

Buscando Direcciones

- Cuando llegue el grupo, divídelos en dos grupos y que intenten definir las palabras del vocabulario. Pídeles que escriban su definición en un pedazo de papel. Revisa sus respuestas con las definiciones del libro.

- Deja que los voluntarios lean el versículo Bíblico, la sección "¿Qué puedes hacer con esta habilidad?", los requisitos de la insignia, las cuestiones de seguridad y las palabras del vocabulario.

- Deja que voluntarios lean "¿Qué debo hacer?" "Obtener ayuda", "Ponerlo todo junto" y "Evaluar un accidente".

  Explica a los Scouts que las emergencias reales ocurren todos los días. Los Scouts deben entender cómo averiguar una situación de emergencia y llamar a la asistencia médica necesaria.

- Da a tus estudiantes la oportunidad de practicar llamando por ayuda. Divide a tu grupo en equipos y da a cada equipo una ficha con una situación de emergencia escrita en ella. Que los Scouts usen las pautas en el *Estudiante Scout* para determinar qué información necesitan relacionar.

- Pide a un voluntario que lea Hechos 16:33-34. Di: *Este versículo cuenta cómo alguien usó habilidades de Primeros Auxilios para ayudar a Pablo y a Silas.*

  Estos hombres habían sido arrestados bajo falsas acusaciones. En lugar de rebelarse en la cárcel, estos hombres cantaron canciones y dieron alabanzas a Dios. Los otros presos y el carcelero observaron su comportamiento cristiano. Como resultado, el carcelero y toda su familia se convirtieron en Cristianos.

  Pregunta: *¿Cómo has usado una habilidad que tienes para mostrar el amor de Dios a alguien?* Es posible que desees animar a los Scouts a compartir diciendo acerca de un momento en que mostraste amor al ayudar a alguien.

Cierra en oración. Pídele a Dios que brinde oportunidades a los Scouts para compartir su amor con los demás.

TODAS LAS COSAS CORRECTAS: Sesión 2

Los Scouts visitarán una estación de bomberos local, un servicio de ambulancia o un centro de despacho.

Antes de esta sesión, organiza una visita con una estación de bomberos local, servicio de ambulancia o centro de despacho. Organiza el transporte, siguiendo las pautas de seguridad de tu iglesia. Ten una lista de preguntas preparadas para hacer.

Materiales

- Formularios de permiso para cada niño
- Voluntarios adultos adicionales
- Arreglos de transporte

Buscando Direcciones

- Lee las palabras del vocabulario y las cuestiones de seguridad.
- Visita un departamento de bomberos local, un servicio de ambulancia o un centro de despacho. Asegúrate de que los trabajadores describan su papel en una situación de emergencia. Pide a los Técnicos Médicos de Emergencia que describan la información que necesitan cuando se informa de una emergencia.
- Lee Hechos 16: 33-34. Di: *La gente está demostrando el amor de Dios a los demás cuando usan habilidades de primeros auxilios para ayudar a una persona lesionada. Nuestro Valor Fundamental para esta insignia es misiones. Harmon Schmelzenbach era un conocido misionero de África. Los misioneros a menudo combinan la satisfacción de las necesidades físicas con la satisfacción de las necesidades espirituales. Dios quiere que ayudemos a otros necesitados, sin importar la necesidad.*

Cierra en oración. Agradece a Dios por las personas que han dedicado sus vidas a ayudar a otros.

TU TURNO AHORA: Sesión 3

En esta sesión, los Scouts aprenderán valiosas habilidades de primeros auxilios de un profesional médico local. También harán botiquines de primeros auxilios.

Antes de esta sesión, recoge suficiente material para que cada Scout haga un botiquín de primeros auxilios para el hogar. Invita a un médico local, EMT, enfermera u otro profesional médico para ayudar a enseñar las habilidades de primeros auxilios en esta sección. Utiliza el *Estudiante Scout* como guía.

Materiales

- Suministros de primeros auxilios de *Estudiante Scout*
- Un contenedor para sostener el botiquín de primeros auxilios
- Profesional médico local
- *Mi Mejor Amigo, Jesús* folletos de salvación
- ABC de salvación

- Ten un invitado especial que da una cierta información de fondo sobre su trabajo.

- Permite que el orador invitado enseñe a los Scouts las habilidades de Primeros Auxilios necesarios para lesiones domésticas comunes.

- Después de que el invitado termine, reúne a los estudiantes y ayúdalos a preparar un botiquín de primeros auxilios para el hogar.

- Lee Hechos 16: 33-34. Di: **Han disfrutado aprendiendo habilidades de primeros auxilios. Pueden usar estas habilidades para ayudar a otras personas. Cada vez que ayudamos a otras personas, estamos mostrando el amor de Dios con nuestras acciones.**

    El carcelero de Filipos tomó una decisión importante. Eligió ser cristiano. Puede que te hayas dado cuenta de que tienes pecado separándote de Dios. Puedes orar y pedirle a Dios que perdone tus pecados.

    Utiliza el ABC de Salvación o el folleto *Mi Mejor Amigo, Jesús.*

Agradece a Dios por las nuevas habilidades que los Scouts están aprendiendo. Dale gracias por su amor y perdón.

PROYECTOS MINISTERIALES: Sesión 4

Elige y completa uno o más proyectos en la sección *Ir, Servir* de esta insignia. Los primeros auxilios pueden complementar muchas de las insignias físicas.

¡Envuélvelo!

Que los Scouts respondan las preguntas para reflexionar sobre lo que han aprendido a través de esta insignia de Primeros Auxilios.

EQUITACIÓN

Bases Bíblicas: [Dios le preguntó a Job] "¿Le has dado al caballo su fuerza? ¿Has cubierto su cuello con largas crines? ¿Eres tu quien lo hace saltar como langosta, con su orgulloso resoplido que infunde terror?" (Job 39:19-20)

Punto Bíblico: La grandiosidad de Dios se revela a través de los animales que Él creó.

Meta de la Insignia:

■ Aprender a preparar un caballo.

■ Ver una demostración sobre cómo montar y frenar un caballo.

■ Aprender a montar y desmontar con seguridad.

■ Aprender a pedir al caballo que camine, gire y pare.

■ Encontrar una manera de usar las habilidades de equitación para ministrar a alguien más.

Valor Fundamental: El Carácter. Lee la información acerca de Audrey Williamson. Dios nos ama y quiere que vivamos como Jesús nos enseñó. Necesitamos tener los pensamientos, las actitudes y las acciones correctas. En nuestras acciones, Dios quiere que cuidemos de este mundo y de todas las cosas que Él creó. Construir relaciones con animales y aprender a entenderlos ayuda a los Scouts a entender más acerca de lo maravilloso que es Dios.

Explorador

Plan de Acción

Los niños que no viven en áreas rurales a menudo pierden experiencias que les pueden enseñar valiosas lecciones sobre la vida y la creación. En nuestra sociedad tecnológica, gran parte de ese aspecto de la vida ha sido pasado por alto; La mayoría de la interacción que algunos niños tienen con la creación es un viaje de campo ocasional o la interacción con las mascotas de la familia.

Eso es lamentable, porque estar en contacto con la creación de Dios tiene un impacto significativo en los niños. La belleza y la fuerza de un caballo los sorprenderá. Utilice esta insignia como una oportunidad para enseñar a los Scouts acerca de la maravilla y la diversidad de la creación de Dios, así como su expectativa de que cuidemos lo que Él creó.

PLANIFICADOR DE INSIGNIAS

Sesión

1 Los Scouts aprenderán las partes de un caballo, las diferencias entre la equitación inglesa y occidental, y el tipo de ropa apropiada para cada uno.

2 Los Scouts serán capaces de identificar las herramientas usadas para arreglar un caballo, realizar el aseo y observar las reglas de seguridad.

3 Los Scouts aprenderán a apuntar con seguridad, montar, y desmontar.

4 Los Scouts pueden ser introducidos a un proyecto opcional de ministerio usando habilidades de Equitación.

Requisitos ✓ de Insignia

Elige cuatro de los cinco requisitos para completar la insignia de Equitación.

☐ Aprender a preparar un caballo.

☐ Ver una demostración sobre cómo montar y frenar un caballo.

☐ Aprender a montar y desmontar con seguridad.

☐ Aprender a pedir al caballo que camine, gire y pare.

☐ Encontrar una manera de usar tus habilidades de equitación para ministrar a alguien más.

¡SeRViR!

Los Scouts pueden usar cualquiera de estas sugerencias para los proyectos ministeriales. (Los proyectos ministeriales son opcionales y no se requieren para completar los requisitos de la insignia.)

100 Completar los requisitos para la insignia de Equitación.

200 Requisitos de uso para esta insignia, completar un proyecto ministerial. Considera la posibilidad de ser voluntario en un campamento de equitación para discapacitados.

300 Combina las habilidades de Equitación, Hospitalidad, y Acampar para invitar a amigos de la escuela para un viaje de acampada durante la noche en un parque donde la pista de equitación está disponible.

1. Si tienes miedo al caballo, evítalo. Los caballos sienten el miedo.
2. Permanece en silencio alrededor de un caballo.
3. Habla con un caballo antes de tocarlo. No asustes a un caballo.
4. Cuando estés cerca de un caballo, tócalo a menudo.
5. Mira las orejas de un caballo cuando lo preparas o ensillas. Él pondrá las orejas de nuevo bruscamente si va a patear.
6. Si te pierdes en un sendero, da al caballo una rienda suelta. Volverá al granero.
7. NO envuelvas las riendas alrededor de tus manos o no ates al caballo de ninguna manera. Si eres expulsado, podrías ser pisoteado o arrastrado.
8. Asegúrate de que las riendas estén fuera del cuello del caballo cuando desmontes.
9. Usa ropa que sea cómoda y proteja tus piernas mientras se frotan contra la silla de montar y usa zapatos con tacones.
10. Nunca te quedes detrás del caballo.

PALABRAS PARA SABER

Lazos Transversales: Dos cuerdas ancladas a cada lado de una pasarela que se conectan a los anillos del cabestro de un caballo.

Mano: Un término de medida. Una mano es de unas cuatro pulgadas, alrededor de la anchura de la mano de un hombre en sus nudillos. Los caballos se miden en manos. Un caballo tiene al menos 14 1/2 manos de alto. Un poni tiene menos de 14 1/2 manos de alto.

Semental: Un caballo masculino utilizado para la cría.

Yegua: Una hembra de más de tres años de edad.

Potra: Una hembra de menos de tres años de edad.

Potro: Un caballo masculino de menos de tres años de edad.

Potrillo: Un caballo joven.

Lado Cercano: Lado izquierdo de un caballo.

Lado de Afuera: El lado derecho de un caballo.

Arreos: Equipo tal como el sillín y brida, usados para arnés de caballos de silla.

Brida: El sombrero usado para controlar el caballo. Está hecho de correas y piezas de metal que caben en la cabeza del caballo y en su boca.

Bocado: La parte metálica de la brida que encaja en la boca del caballo.

Riendas: Largas, estrechas tiras de cuero conectadas a la broca, utilizadas por el jinete para comunicarse con el caballo.

Canto: La pieza de la manija en la parte posterior de la silla de montar.

Pomo: El mango en la parte delantera de la silla.

PREPARADOS . . . LISTOS . . . FUERA

TRABAJO PREPARATORIO: **Sesión 1**

Los Scouts aprenderán los fundamentos acerca de Equitación.

Antes de esta sesión, haz arreglos para tener una demostración de la silla de montar, brida y ropa listos. Si no hay alguien en tu iglesia que tenga caballos, consulta con organizaciones comunitarias.

Materiales

- Juego: Poner la cola al burro
- Bolígrafo
- Cinta
- Sillín
- Brida
- Ropa de montar
- Proyector de transparencias

Buscando Direcciones

- Cuando llegue tu grupo, animarlos a que examinen la pista y se familiaricen con ella.

- Deje que los voluntarios lean el versículo de la Biblia, la sección "¿Qué puede hacer con esta habilidad?", los requisitos de la insignia, las cuestiones de seguridad y las palabras del vocabulario. Pase más tiempo ayudando a los Scouts a familiarizarse con las palabras del vocabulario. Es posible que desee jugar un juego escribiendo las palabras en un juego de cartas y las definiciones en otro conjunto. Scramble las cartas, y dejar Scouts coinciden con palabras y definiciones.

- Deje que los voluntarios lean "El caballo", "Equitación inglesa y occidental", "Ropa para montar" y "Piense en la seguridad".

- Utilice una máquina de copiar para colocar la carta de las partes del cuerpo del caballo en una transparencia. Si su iglesia no tiene una máquina de copias, una imprenta local o incluso una tienda de comestibles puede ser capaz de ayudarle. Proyecte la gráfica en una pared, pero cubra los nombres de las partes del cuerpo. Haga que los Scouts se dividan en equipos. Deje que se turnen para nombrar la parte del cuerpo que usted indica en la transparencia.

- Juega a un juego de Pin the Tail on the Horse. En esta versión, haga que los Scouts nombren la parte del cuerpo que fijaron si fallaron la cola. Los Scouts pueden usar sus libros para pedir ayuda.

- Lea el Job 39:19-20. Di: *Dios le hizo a un hombre llamado Job esta pregunta. En ese momento, Job estaba muy desanimado. Si alguien te hiciera esta pregunta, ¿cómo responderías?*
  No podíamos dar a un caballo su fuerza o crear un animal tan maravilloso. Pero Dios puede y lo hizo.

El Valor Fundamental de esta insignia es la Santidad. Cuando entregamos nuestras vidas completamente a Dios, de buen grado nos preocupamos y aprendemos acerca de las cosas que Dios creó. Al interactuar con plantas y animales, nos damos cuenta de lo maravilloso que es Dios.

Cierra en oración, agradeciendo a Dios por todo lo que ha creado.

PREPARACIÓN: **Sesión 2**

La sesión debe tener lugar en un granero con un experimentado tratante de caballos para mostrar a los Scouts cómo preparar un caballo. Precaución: Es vital que los caballos sean mansos y bien entrenados.

Antes de esta sesión, coordina el viaje con el director de la escuela. Deja al encargado saber tu necesidad. Asegúrate de que cada niño tenga un formulario de permiso firmado y siga las pautas de la iglesia para la seguridad en el transporte.

Planea una exhibición de las herramientas usadas para preparar a un caballo.

Materiales

- Peine de curry
- Cepillo rígido
- Cepillo suave
- Formularios de permiso
- Pezuña
- Transporte a un establo o granja
- Chaperones adicionales

Buscando Direcciones

- Cuando los Scouts lleguen, déjalos mirar las herramientas de aseo para un caballo. Deje que los Scouts compartan lo que hacen en casa para cuidar a sus mascotas.

- Antes de salir del aula, deja que voluntarios lean "Preparación" en el *Estudiante Scout*. Permite que los Scouts se familiaricen con los tres pasos del cepillado y se familiaricen con la selección de pezuñas.

- Cuando llegues al establo o al granero, presenta al administrador del establo a los Scouts y déjalos revisar las reglas de seguridad del granero.

- Deja que el administrador explique las herramientas de aseo y las técnicas de aseo adecuadas, incluyendo puntos de seguridad y recoger los cascos.

- Deja que los Scouts se turnen aprendiendo a prepararse. El administrador sabrá las muestras de irritación o de incomodidad al mirar a los caballos.

- En el camino de regreso, permite que los Scouts evalúen esta experiencia. Lee Job 39:19-20. Ora, agradeciendo a Dios por los caballos y el disfrute que proporcionan.

¡CUENTA HO!: Sesión 3

Los Scouts tendrán la oportunidad de montar caballos.

Antes de esta sesión, reunirte nuevamente con el gerente establo para coordinar la sesión. Considera el número correcto y el tipo de caballos para sus Scouts.

Materiales

- Caballos
- Sillín
- Bridas
- Bloque de montaje (si es posible)
- Arreglos de transporte
- Formularios de permiso
- Chaperones adicionales

Buscando Direcciones

- Comienza la sesión permitiendo a los voluntarios leer toda la información del *Estudiante Scout* para esta sesión. Enfatiza la seguridad y obedece las reglas de seguridad. Toma tiempo para orar y dar gracias a Dios por los caballos y todos los animales que Él creó.

- Lleva a tu grupo al establo y dirige la lección al gerente del establo.

- Pide al administrador que revise cuidadosamente estas áreas: Cómo tocar a un caballo, montar el caballo con seguridad, sostener las riendas, pedirle a un caballo que camine, pedirle a un caballo que se vuelva, pedirle a un caballo que se detenga y cómo hacer para desmontar.

- Cada uno de tus estudiantes debe ser capaz de hacer cada una de las actividades anteriores en esta sesión. Si tu grupo es demasiado grande, divide la clase en varias sesiones.

PROYECTOS MINISTERIALES: Sesión 4

Considera la posibilidad de utilizar el proyecto sugerido en *Ir, Servir* para un evento de divulgación.

¡Envuélvelo!

Que los Scouts responden las preguntas para reflexionar sobre lo que han aprendido a través de esta insignia del Equitación.

COSTURA

Bases Bíblicas: "Sin demora Pedro se fue con ellos, y cuando llegó lo llevaron al cuarto de arriba. Todas las viudas se presentaron llorando y mostrándole las túnicas y otros vestidos que Dorcas había hecho cuando aún estaba con ellas." (Hechos 9:39)

Meta de la Insignia:

- Los Scouts aprenderán los fundamentos de la costura y podrán coser un botón.
- Los Scouts harán un proyecto utilizando las habilidades de costura.
- Los Scouts pueden ser presentados a un proyecto de ministerio usando habilidades de costura.

Valor Fundamental: Las Misiones. Lee la información acerca de Harmon Schmelzenbach. Harmon era un misionero bien conocido en África. Utilizó todos sus talentos y habilidades para adaptarse a la cultura africana. Al adaptarse a su cultura, Harmon ganó el respeto del pueblo africano. Entonces estuvieron dispuestos a escuchar mientras él les decía acerca de Jesús. Los Scouts necesitan desarrollar destrezas y habilidades que les ayuden a poder contar a otros acerca de Jesús.

Plan de Acción

En esta era de la tecnología, los niños están aprendiendo a usar herramientas que les permiten aprovechar una increíble riqueza de conocimiento. Al mismo tiempo, los niños están perdiendo rápidamente contacto con las artesanías que eran de segunda naturaleza para sus abuelos y bisabuelos.

Hay algo que decir para las artesanías, ya sea que esté haciendo un vestido o un mueble. La costura es una habilidad valiosa y práctica, y enseñará paciencia e independencia. Es importante que los niños no se conviertan en expertos informáticos que no puedan arreglar un botón cuando salga.

Esta insignia le enseñará los fundamentos de aprender a coser. Por ahora, enfócate en ayudar a los Scouts a disfrutar de lo básico de la costura.

PLANIFICADOR DE INSIGNIAS

Sesión

1 Los Scouts aprenderán cómo enhebrar una aguja y coser un botón.

2 Los Scouts practicarán las puntadas de costura básicas.

3 Los Scouts usarán habilidades de costura para producir un proyecto.

4 Los Scouts pueden participar en un proyecto ministerial opcional.

NOTA: Si es posible, pida a un orador especial que venga a clase. Una costurera que pueda mostrar a los niños algunas de las cosas que ha hecho a mano sería una gran manera de conseguir que los niños emocionados se interesen en el aprendizaje de esta habilidad.

Requisitos ✓ de Insignia

Elige cuatro de los cinco requisitos para completar la insignia de Costura.

☐ Ser capaz de demostrar el lado correcto e incorrecto de una pieza de tela, la orilla y el corte de un trozo de tela con un patrón.

☐ Demostrar cómo usar clavijas rectas para sujetar dos piezas de tejido juntas y fijar un patrón a la tela.

☐ Demostrar cómo enhebrar a una aguja y coser un botón.

☐ Hacer un proyecto utilizando las habilidades de costura.

☐ Encontrar una manera de usar habilidades de costura para ministrar a otra persona.

RECURSOS

• Comprueba en la biblioteca local los libros infantiles de artesanías de costura.

• Comprueba el Internet para los proyectos divertidos de costura para los cabritos.

¡R SeRViR!

Los Scouts pueden usar cualquiera de estas sugerencias para los proyectos ministeriales. (Los proyectos ministeriales son opcionales y no se requieren para completar los requisitos de la insignia.)

100 Completar los requisitos para la insignia de Coser.

200 Requisitos de uso para esta insignia, completar un proyecto ministerial que sirva a otras personas. Pida a cada Scout que haga una pequeña bolsa u otro proyecto simple, y luego entregue los proyectos como regalos a personas que están internas o en una casa de retiro local.

300 Combina las habilidades de costura con las habilidades de Evangelismo. Cose sombreros o bolsas para un refugio local sin hogar. Incluye una tarjeta con un mensaje sobre el amor de Dios y Su plan de salvación.

PALABRAS PARA SABER

Coloca palabras y definiciones en tarjetas individuales de "3 x 5". Mezcla las cartas y colócalas sobre una mesa. Al enseñar las diferentes sesiones, brinda a los Scouts la oportunidad de unir las palabras con las definiciones. Esto les ayudará a recordar las palabras de vocabulario para la insignia.

Orilla: El borde exterior de la tela.

Tejido: La dirección de los hilos de la tela tejida. El hilo debe ser seguido para permitir que la prenda o artículo se cuelgue correctamente.

Patrón: Formas impresas en papel de seda para cortar trozos de tela. El patrón incluye instrucciones para juntar esas piezas.

Lado Derecho / Revés: Muchos materiales tienen un lado derecho y un lado revés. El lado derecho es a menudo más colorido que el lado revés.

PREPARADOS . . . LISTOS . . . FUERA

Para el proyecto de costura de tus estudiantes, necesitarán los siguientes materiales:

- Tijeras afiladas
- Hilo en una variedad de colores
- acerico
- Cinta métrica
- Paquete o caja de pasadores rectos
- paquete de agujas de coser
- aguja de enhebrado
- Dedal que se adapta a tu dedo medio

Tus estudiantes necesitarán tejido para practicar puntadas de puntos, tejido para hacer su proyecto para la insignia, y botones. Busca los botones de repuesto y la tela antes de tiempo en las ventas de garaje, y consulta con una tienda de tela local para posibles donaciones.

Selecciona un patrón de un libro de artesanía para un sombrero, una almohada o una bolsa simple.

¿CÓMO ENHEBRAR UNA AGUJA: Sesión 1

Los Scouts aprenderán cómo enhebrar una aguja y coser un botón.

Materiales

Antes de esta sesión, recopila los materiales para la sesión.

- Enhebrador de aguja
- Hilo
- Agujas
- Muestras de tela
- Botones

Buscando Direcciones

- Cuando los Scouts lleguen, ten las selecciones de tela y los patrones en la pantalla para que los vean. Da tiempo a los Scouts para elegir lo que quieren hacer y qué tela quieren usar.

- Deja que voluntarios lean el versículo de la Biblia, la sección "¿Qué puedes hacer con esta habilidad?", los Requisitos de la insignia, palabras de vocabulario y "Primeros pasos". Enfatiza a los niños que no siempre tendrán a sus madres cerca para coser botones y doblar sus pantalones. Los chicos necesitan conocer los fundamentos de costura también.

- Habla acerca de la seguridad básica de la aguja. Enfatiza la importancia de nunca poner la aguja cerca del cuerpo o la cara de nadie. El sostener una aguja o alfileres con la boca cuando se trabaja con tejido NO es aceptable ni seguro.

- Ten una aguja y un enhebrador por estudiante. Cuando los Scouts estén sentados, pídeles que lean la sección de sus libros titulada "Cómo enhebrar una aguja" y "Como coser un botón". Lleva a los Scouts a través de los procesos de enhebrado con y sin un enhebrador.

- Muestra a los Scouts cómo terminar el proceso de roscado anudando el final del hilo. Explica cómo anudar el hilo como un solo hilo, así como la forma de colocar la aguja en el centro de la longitud del hilo para anudar los extremos juntos.

- Después de que los Scouts lean las instrucciones sobre cómo coser un botón, que pasen por el proceso de coser un botón en el tejido que eligieron.

- Lee Hechos 9:39. Di: *Dorcas fue apreciada por sus habilidades de costura. Ella era una buena costurera, y utilizó sus habilidades para ayudar a muchas personas necesitadas. El Valor Fundamental de esta insignia es Misiones. Harmon Schmelzenbach usó sus habilidades como ministro de misionero en África.*

  Debido al ministerio de Harmon, muchos africanos se convirtieron en cristianos. Debido a los proyectos de costura de Dorcas, mucha gente la escuchó hablar de Jesús. Los Exploradores pueden usar sus habilidades como un medio para compartir el amor de Dios con los demás.

Cierra en oración. Agradece a Dios por los Scouts. Pídele a Dios que les ayude a aprender estas nuevas habilidades.

PUNTOS BÁSICOS: Sesión 2

Los Scouts practicarán puntos de costura básicos.

Antes de esta sesión, tienes que saber cómo hacer todas las puntadas que los Scouts aprenderán. Si hay una costurera en la iglesia, pida ayuda con puntadas que no le son familiares.

Materiales

- Chatarra muestras de tela
- Tijeras
- Agujas (una por estudiante)
- Hilo
- Libro de estudiante

Buscando Direcciones

- Cuando los Scouts lleguen, pídales que estudien las ilustraciones de las puntadas básicas en su libro de estudiante. Deja que los Scouts informen de cualquier experiencia de costura que tengan.

- Demuestra a los estudiantes las puntadas, una a la vez.

- Cuando el grupo entero pueda mostrar cada punto en su tela, muestra a los Scouts cómo crear una costura poniendo dos piezas de tejido juntas, lado derecho con lado derecho.

- Lee Hechos 9:39. Pregunta: *¿Conoces a alguien en la iglesia que use habilidades de costura para ayudar a otros? Algunas costureras se ofrecen voluntariamente para hacer arreglos a la ropa para que se ajuste. Algunos hacen edredones para nuevos bebés. Algunos hacen los edredones o trajes de regazo para los ancianos.*
  Los Scouts pueden aprender habilidades básicas de costura y usarlas para servir a Dios y ayudar a otros. Dorcas es un excelente ejemplo de este tipo de compartir.

Cierra en oración, pidiendo a Dios que ayude a los Scouts a encontrar maneras de servirle a través de las habilidades que están aprendiendo en Caravana.

PROYECTO DE COSTURA: Sesión 3

Los Scouts usarán un patrón para cortar las piezas del proyecto que coserán.

Antes de esta sesión, ensambla los materiales necesarios. Si sólo tienes un patrón, recoge la clase a tu alrededor para mostrarles cómo cortar las piezas del patrón para el proyecto. Prueba un proyecto simple como una bolsa de tela o bolsa de frijol. Para esos proyectos, puedes cortar una pieza de patrón de papel para cada estudiante si no tiene un patrón.

Materiales

- Tela
- Piezas patrón
- Agujas
- Hilo
- Dedales
- Tijeras

- Alfileres rectos
- Mesas adecuadas para cortar tejidos
- Materiales para un proyecto de costura

196

■ Pide a tus alumnos que lean las secciones "Usando patrones" y "El diseño". Cuando hayan leído estas secciones, coloca a tus estudiantes en un grupo y muéstrales cómo fijar el patrón al tejido y cortarlo. Asegúrate de cubrir estos puntos:

1. Cómo determinar su tamaño cuando utiliza una pieza de patrón con varios tamaños (si corresponde).
2. Cómo encontrar la orilla.
3. Cómo colocar el patrón hacia fuera y medir con exactitud.

!Ahora es el momento para el proyecto! Aquí están algunas ideas fáciles del proyecto. Puedes utilizar uno de estos o incorporar una idea propia.

BOLSAS DE FRIJOL

Necesitarás para cada estudiante: dos cuadrados de tela de 4 pulgadas, aguja, hilo, tijeras, relleno de bolsa de frijol (frijoles secos, palomitas de maíz, arroz o arena).

a. Corta dos cuadrados de 4 pulgadas.
b. Coloca los lados derechos de la tela juntos.
c. Utiliza una puntada para coser alrededor de tres lados de la bolsa de frijol.
d. Gira el lado derecho del bolso de la bolsa de frijoles. El lado derecho de la tela está ahora en el exterior de la bolsa de frijoles.
e. Dobla el borde de la tela abierta ½ pulgada hacia abajo dentro de la bolsa de frijol. Utiliza pernos rectos para pliegues en su lugar y los dos bordes juntos. Utiliza la puntada cubierta para coser tres cuartas partes de la abertura cerrada.
f. Llena la bolsa con frijoles secos, palomitas de maíz, arroz o arena.
g. Utiliza una puntada cubierta para coser la abertura restante ciérrala.

MI BOLSA

Otra opción de costura es una bolsa simple. Para cada estudiante necesitarás: una pieza de tela de "6 x 16", aguja e hilo, aguja con un ojo grande e hilo o tubo de pintura de tela, alfileres rectos, cuatro anillos de plástico de ½ pulga, un cordón decorativo. El grupo necesitará una plancha y una superficie de planchado.

a. Corta una pieza de tela de "6 x 16".
b. Dobla la tela con los lados derechos de la tela mirando hacia fuera. Esto formará una forma de 6 "x 8". Presiona el pliegue con la plancha.
c. Utiliza un lápiz para escribir las palabras Mi Bolsa (en letras grandes) en el lado derecho de la tela.
d. Utiliza el hilo para coser las letras MI BOLSA, o utilice la pintura de la tela para imprimir las letras.
e. Gira los lados derechos de la tela juntos. El borde plegado formará el fondo de la bolsa. Utiliza una puntada corriente para coser los lados derecho e izquierdo para formar una bolsa de 6 "x 8".
f. Gira la bolsa. El lado derecho de la tela estará en el exterior.

197

g. Para hacer la apertura de la bolsa, dobla el borde abierto hacia abajo alrededor de ½ "dentro de la bolsa. Utiliza pernos rectos para sostener el pliegue. Presiona el pliegue con la plancha. Usa una puntada de dobladillo o una puntada para doblar el pliegue. No coser los dos bordes juntos.

h. Cose cuatro anillos de plástico (tamaño ½") en la bolsa. Cose un anillo en cada costura lateral. Cose un anillo en el centro delantero. Cose uno en el centro posterior.

i. Hila un cordón a través de los anillos para formar un cordón.

■ Lee Hechos 9:39. Di: ***Dorcas usó sus habilidades para servir a Dios y ayudar a los necesitados. Las habilidades que aprendes en Caravana no deben usarse sólo con fines egoístas. Dios quiere usar tus talentos y habilidades para servirle y cuidar las necesidades de los demás.***

Cierra en oración. Pide a Dios que ayude a los Scouts a usar sus habilidades para ayudar a otros.

PROYECTOS MINISTERIOS: Sesión 4

Elige y completa uno o más proyectos en la sección *Ir, Servir* de esta insignia. Si seleccionaste un proyecto que combina dos insignias, considera el número de semanas que tarda en completar los requisitos de insignia para ambas. Hay infinitas combinaciones de proyectos ministeriales que se pueden hacer. Usa tu imaginación. Adapta los proyectos ministeriales para satisfacer las necesidades de los Scouts, sus familias y la iglesia.

¡Envuélvelo!

Que los Scouts respondan las preguntas para reflexionar sobre lo que han aprendido a través de esta insignia de Costura.

TECNOLOGÍA

Bases Bíblicas: "Escuche esto el sabio, y aumente su saber; reciba dirección el entendido." (Proverbios 1:5)

Punto Bíblico: Dios quiere que tomemos decisiones sabias.

Meta de la Insignia:

■ Los Scouts deben ser capaces de decir cómo tomar decisiones sabias.

■ Los Scouts deben conocer habilidades tecnológicas básicas.

■ Los Scouts pueden ser introducidos a un proyecto opcional de ministerio utilizando habilidades Tecnológicas.

Valor Fundamental: El Carácter. Lee la información acerca de Audrey Williamson. La tecnología puede ser muy útil en nuestros hogares e iglesias. Sin embargo, la tecnología puede ser mal utilizada y abusada. Especialmente con las computadoras, los Scouts deben ser conscientes de que deben elegir los sitios que ven con extrema precaución. Audrey William era conocida por citar pasajes de la Escritura. Ella llenó su mente con lo mejor.

Plan de Acción

Los Exploradores son más activos que los estudiantes de primero y segundo grado. Se les ha enseñado a utilizar diversas formas de tecnología a lo largo de su juventud. A diferencia de las generaciones anteriores, nunca han vivido sin las comodidades tecnológicas ahora disponibles. La tecnología, cuando es abusada, puede destruir la inclinación natural del Explorador a socializar. Las salas de chat y los tablones de anuncios en línea pueden convertirse en una comunidad sustituta para ellos.

El uso de la tecnología permitirá que la excitación natural de los Scouts se desborde. Ellos ya disfrutan de videojuegos y otras formas de tecnología, así que ayúdales a entender cómo usarlo para ayudar a la iglesia de Dios. Ayúdales a entender que la tecnología es buena, pero no debe ser exagerada.

Los Exploradores tienen gusto de alcanzar a otros. Discute maneras en que la tecnología puede ser una manera de compartir el amor de Dios con los demás. Las computadoras los pondrán en contacto con muchos tipos de personas. Anímalos a ser amable y corteses, pero con mucho cuidado.

PLANIFICADOR DE INSIGNIAS

Sesión

1 Los Scouts aprenderán sobre las computadoras y las diversas partes de una computadora. Explorarán el interior de una computadora. Pueden tener una visita de alguien experimentado en computadoras.

2 Los Scouts aprenderán los conceptos básicos del uso del software de presentación. Ellos aprenderán a hacer diapositivas para su uso en un ambiente de adoración.

3 Los Scouts visitarán la cabina de sonido de la iglesia o un estudio de sonido local para aprender lo que ocurre durante un servicio de adoración en la iglesia.

4 Los Scouts pueden participar en un proyecto de ministerio opcional usando las habilidades de Tecnología.

Requisitos ✓ de Insignia

Elige cuatro de los cinco requisitos para completar la insignia de Tecnología.

☐ Explorar el interior de una computadora.

☐ Utilizar el software de presentación para crear diapositivas para una canción.

☐ Visitar una cabina de sonido, un estudio de sonido o una tienda de equipos de sonido.

☐ Ayudar a ejecutar la cabina de sonido para un servicio o saber lo que ocurre en la cabina de sonido durante un servicio.

☐ Encontrar una manera de utilizar las habilidades tecnológicas para ministrar a alguien más.

RECURSOS

- Estudio de sonido local o tienda de música
- Tutorial de PowerPoint
- Búsqueda en Internet
- Tienda de computadoras

Los Scouts pueden usar cualquiera de estas sugerencias para los proyectos ministeriales. (Los proyectos ministeriales son opcionales y no se requieren para completar los requisitos de la insignia.)

100 Completar los requisitos para la insignia de

200 Que los Scouts sean voluntarios para escribir e imprimir versículos de la Biblia para una clase de la Escuela Dominical.

300 Combine las habilidades para las insignias de Tecnología y Ministerio del Niño para ayudar con las necesidades de tecnología durante el desempeño del ministerio de niños, como una presentación musical o dramática.

Seguridad #1

- **Nunca** uses el equipo de sonido a menos que esté presente un adulto experimentado.
- **Nunca** apuntes los micrófonos a un altavoz.
- **Siempre** utiliza siempre el menú para apagar un ordenador.
- **Siempre** ten mucho cuidado al utilizar equipos de tecnología.
- **Nunca** retires la cubierta de una computadora sin la supervisión de un adulto.

PALABRAS PARA SABER

CD-Rom: Un pedazo de hardware de computadora que lee un programa de software de disco compacto.

Monitor de Computadora: Un dispositivo similar a un televisor que permite ver la imagen principal de la computadora.

CPU: Unidad Central de Procesamiento. El chip de computadora principal utilizado para todos los cálculos de computadora en el equipo.

Disco Duro: El dispositivo de memoria principal de un ordenador.

Hardware: Equipo informático, como el monitor de la computadora, el disco duro o la impresora.

Monitor Speaker: Un altavoz utilizado para ayudar a los cantantes y la banda se escuche mejor.

Mother Board (placa madre): El principal componente electrónico de una computadora.

Software de Presentación: Software de computadora que permite presentar material en formato de diapositivas a través de un proyector de vídeo o monitor de computadora.

Software: Un programa de computadora.

Proyector de Vídeo: Un dispositivo utilizado para proyectar imágenes de vídeo o de computadora en una pantalla grande.

PREPARADOS . . . LISTOS . . . FUERA

UNA MIRADA INTERIOR: Sesión 1

Los Scouts serán introducidos a los fundamentos de las computadoras.

Antes de esta sesión, invita a una persona con experiencia en computadoras para que discuta las partes básicas de una computadora y cómo se usan las computadoras en la iglesia para ayudar a la gente a aprender más acerca de Dios. Reúne varias computadoras viejas para que tu clase las destruya. También reúne las herramientas necesarias para separar una computadora.

Materiales

- Herramientas
- Tres a cuatro computadoras viejas
- Un sistema informático completo
- Experto especialista en informática invitado

Buscando Direcciones

- Cuando tu grupo llegue, que los Scouts cuenten sus experiencias con las computadoras. Deja que voluntarios lean el versículo Bíblico, la sección "¿Qué puedes hacer con esta habilidad?", Los requisitos de la insignia, las cuestiones de seguridad y las palabras del vocabulario. Deja que voluntarios lean la información sobre las computadoras en el *Estudiante Scout*. Deja que los Scouts etiqueten las partes de una computadora.

- Que tu orador invitado explique las partes de un sistema informático e introduzca a los niños en las partes interiores de una computadora. También pídele que explique cómo se pueden usar las computadoras y la tecnología en la iglesia.

- Divide tu clase en equipos. Permíteles abrir un ordenador antiguo y eliminar las piezas para examinarlas más de cerca.

- Pide a un voluntario que lea Proverbios 1:5. Di: ***Necesitamos más que conocimiento para tomar buenas decisiones. Cuando combinas la experiencia, la oración y el conocimiento, entonces puede comenzar a tomar decisiones sabias. Audrey Williamson tuvo que tomar muchas decisiones como madre, esposa del pastor y esposa del superintendente general. Dios la ayudó y Él te ayudará.***

Anima a los Scouts a compartir cómo han tomado decisiones sabias en el pasado. Ora para que Dios dé a los Scouts la sabiduría mientras toman decisiones ahora y en el futuro.

PROGRAMAS QUE AYUDAN: **Sesión 2**

Los Scouts aprenderán los conceptos básicos de crear diapositivas para una presentación usando PowerPoint o MediaShout.

Antes de esta sesión, familiarízate con la creación de diapositivas en el software de presentación. Estate familiarizado con los asistentes y tutoriales de contenido automático disponibles para tu programa.

MateRiales

- Computadoras
- Software para presentaciones
- .jpeg imágenes o imágenes prediseñadas

Buscando Direcciones

- Pregunta a tu grupo: **¿Qué sería más fácil para ustedes vivir sin: un teléfono celular, computadora, videojuegos, walkman, DVD o la Web?** Diles a los Scouts que sólo son invenciones recientes. Discute con ellos qué cosas podrían ser inventadas en el futuro que podrían cambiar la forma en que viven.

- Que voluntarios lean del *Estudiante Scout* acerca del software. Enseña a tus alumnos cómo usar el software de presentación disponible. Mientras los está demostrando e instruyendo, usa los "Diez consejos para presentaciones excelentes" para guiar.

- Lee Proverbios 1:5. Di: **Dios dice que cuando nos falta sabiduría podemos pedirla. Cuando le preguntamos, Él ha prometido darnos sabiduría para tomar las decisiones correctas.** Dales ejemplos de sabiduría en acción. Ora, pidiendo a Dios que dé a los Scouts sabiduría para tomar las decisiones correctas.

COMPROBACIÓN, 1, 2: **Sesión 3**

En esta sesión, los Scouts visitarán la cabina de sonido y aprenderán los diversos aspectos de la conducción de un servicio de adoración. Presentarán tarjetas de agradecimiento por el trabajo que se realiza entre bastidores.

Antes de esta sesión, recoge todo el equipo necesario para hacer las tarjetas. Organiza una visita la cabina de sonido y explora cómo se hace todo para un servicio de adoración.

MateRiales

- Papel de construcción
- Tijeras
- Marcadores, crayolas y bolígrafos
- Cabina de sonido
- Operador de la cabina de sonido de la iglesia

Buscando Direcciones

- Di: *Hay muchos trabajos que la gente hace en la iglesia que no se reconocen. Uno de los más comunes es el operador de cabina de sonido. Sin estas personas no podríamos oír al pastor a través de los altavoces o escuchar a nuestros músicos tocar las canciones.*

- Que tu clase haga tarjetas de aprecio por el operador de la cabina de sonido.

- Visita la cabina de sonido. Que el operador de la cabina de sonido explique su papel en un servicio de culto. Que esta persona enseñe a los Scouts cómo prepararse antes y derribar después de un servicio. También deben demostrar cómo ajustar el mezclador, registrar el servicio y presentar cualquier problema de seguridad involucrado.

- Lee Proverbios 1:5. Di, *Han disfrutado de aprender sobre la tecnología. Sabemos que tomar decisiones sabias significa algo más que tener conocimiento. Tú enfrentarás muchas decisiones en tu vida, y necesitarás la ayuda de Dios para tomar la decisión correcta.* Agradece a Dios por las nuevas habilidades que los Scouts están aprendiendo. Agradece por ayudarlos a tomar decisiones sabias tanto ahora como en el futuro.

PROYECTOS MINISTERIALES: Sesión 4

La Tecnología es una gran insignia que se puede combinar con otras insignias para un proyecto ministerial.

¡Envuélvelo!

Que los Scouts respondan las preguntas para reflexionar sobre lo que han aprendido a través de esta insignia de Tecnología.

DEPORTES DE ACCIÓN

Bases Bíblicas: "Sed, pues, imitadores de Dios, como hijos amados." (Efesios 5:1)

Punto Bíblico: Estamos llamados a ser imitadores de Dios.

Meta de la Insignia:

☐ Los Scouts conocerán los diferentes tipos de patines y patinetas.

☐ Los Scouts aprenderán la importancia del equipo de seguridad cuando jueguen deportes de acción.

☐ Los Scouts aprenderán los principios básicos para montar una patineta y usar Patines

☐ Los Scouts aprenderán la importancia de ser imitadores de Dios y no des su héroes "terrenales".

☐ Los Scouts pueden participar en un proyecto opcional de ministerio usando las habilidades de Deportes de Acción.

Valor Fundamental: El Carácter. Lee la información acerca de Audrey Williamson. La señora Williamson se convirtió en cristiana a la edad de cuatro años. Sus padres le enseñaron sobre Vida cristiana. Su madre sentía que era importante memorizar versículos bíblicos. A lo largo de su vida, Audrey Williamson modeló la vida cristiana y un amor por citar pasajes de la Biblia.

Física

Explorador

Plan de Acción

NOTA: LOS PADRES O TUTORES DE CADA SCOUT QUE PARTICIPE EN LA INSIGNIA DEPORTES DE ACCIÓN DEBEN FIRMAR UNA EXENCIÓN DE RESPONSABILIDAD.

Los deportes de acción son disfrutados por personas de todas las edades, formas y tamaños. Aquellos que buscan desafiar sus límites físicos están especialmente intrigados por la cantidad de atletas de deportes de acción y que hacen que lo aparentemente imposible parezca fácil. Durante esta insignia, algunos de tus Scouts querrán intentar cosas que son demasiado difíciles o peligrosas. Es importante estructurar cada sesión de una manera que permita un tiempo mínimo de "tiempo libre". También es importante estar al tanto de cualquier limitación física que tus Scouts puedan tener. Comienza a pensar en cómo adaptar cualquier o todas las actividades para que todos puedan participar. **Esta es una gran insignia de alcanzar.**

205

PLANIFICADOR DE INSIGNIAS

Sesión

1 Los Scouts aprenderán sobre los diferentes tipos de patines y monopatines, qué equipo de seguridad deben usar y algunas pautas para ayudarles a patinar seguros.

2 Los Scouts practicarán el patinaje en línea, aprenderán algunos consejos de patinaje y jugarán un juego de hockey sobre patines.

3 Los Scouts aprenderán sobre como andar en monopatín intentarán realizar algunos trucos de skate y completarán una carrera de obstáculos.

4 Los Scouts pueden participar en un proyecto de ministerio opcional usando las habilidades de Deportes de Acción.

Física

Requisitos ✓ de Insignia

Elige cuatro de los cinco requisitos para completar la insignia de Deportes de acción.

☐ Nombrar las cuatro partes básicas de una patineta.

☐ Enumerar los elementos de seguridad de la sección titulada Armadura de Calle.

☐ Maniobrar a través de la pista de obstáculos "Crashline" en una patineta o en un par de patines en línea.

☐ Recita las reglas patinaje seguro.

☐ Encontrar una manera de usar las habilidades de Deportes de Acción para ministrar a otra persona.

#1 Seguridad

- **Mantente Alerta:** ten siempre presente tu entorno.
- **No patinar nunca** sin protección corporal. Ver Armadura de Calle para más detalles.
- **Siempre** patina sobre pavimento o superficies lisas.
- **No patinar nunca** por el lodo o agua.
- **Nunca** patinar en la calle o donde los coches viajan a menudo.

¡SeRViR!

Los Scouts pueden usar cualquiera de estas sugerencias para los proyectos ministeriales. (Los proyectos ministeriales son opcionales y no se requieren para completar los requisitos de la insignia.)

100 Completa los requisitos para la insignia de Deportes de Acción.

200 Requisitos de uso para esta insignia, completar un proyecto ministerial que sirva a otras personas. Crea un vídeo deportivo de acción usando clips de cada sesión. Añade música Cristiana en el vídeo.

300 Combina las habilidades de la insignia de Deportes de Acción y la insignia de Hospitalidad. Ten un "Día de Deportes Extremo" en un parque local. Haz una competición para los patinadores locales, proporciona refrescos, y tal vez incluso contrata a una banda Cristiana local para jugar durante el evento.

PALABRAS PARA SABER

Patines Agresivos: Patines diseñados para trucos. Son duros, duraderos, y están hechos de plástico duro. Estos patines especiales tienen ruedas pequeñas y una placa de moler. Su diseño ayuda a realizar acrobacias agresivas.

Patines Recreativos: Patines diseñados para la recreación y el ejercicio. Se hacen sobre todo de plástico duro, tienen gran soporte de tobillo, ruedas más grandes, y están diseñados para la comodidad.

Patines Artísticos: Patines diseñados para patinaje artístico. El patín de arranque es similar a un patín de hielo, y las ruedas son más pequeñas para aumentar la maniobrabilidad.

Nariz: La parte redondeada del monopatín donde descansa el pie delantero.

Cola: La parte del monopatín donde descansa el pie trasero.

PREPARADOS . . . LISTOS . . . FUERA

¡COMIENZA LENTO!: Sesión 1

Los Scouts aprenderán sobre diferentes patines y monopatines y cómo patinaje seguro. Utilizarán la información que aprenden para crear un anuncio en Productos de patinaje y seguridad.

Antes de esta sesión, cada uno de los padres o tutores de los Scout firmará una exención de responsabilidad. Luego, reúne los materiales en "Materiales". Considera la posibilidad de pedir donaciones de personas en tu iglesia.

Aunque las actividades para esta insignia se han planeado para el aire libre, también puedes completar las actividades en una gran sala o gimnasio.

Materiales

- Patines en línea (1 a 3 pares)
- Cámara de vídeo (opcional)
- Casco de patín, rodilleras, almohadillas para el codo y muñequeras
- Marcadores y crayones
- Tijeras, hilados, carteles y otros materiales de artesanía

- A medida que lleguen los Scouts, diles qué experiencias han disfrutado con los deportes de acción. Deja que voluntarios lean el versículo Bíblico, la sección "¿Qué puedes hacer con esta habilidad?", los requisitos de la insignia, los temas de seguridad y la sección "Palabras Para Saber". Luego que voluntarios lean todas las secciones de "Comienza Lento". Pasa aproximadamente 15 minutos en esta parte.

- Luego, divide a los Scouts en grupos de tres a cuatro. Instruye a cada grupo para crear un comercial de 2 minutos sobre el equipo de skate y la seguridad. Permite que los Scouts trabajen durante 20 minutos.

- Has un videotape de cada grupo realizando su comercial luego, ponlo para la clase entera. Piensa en dar premios al mejor actor, al momento más divertido, al más educativo y al más creativo.

- - Pide a un voluntario que lea Efesios 5: 1. Di: **Hay muchas maneras de decirle a otras personas acerca de Jesús. Una forma es ser un imitador de Dios.** (Puede que necesites explicar lo que significa imitar.) **En Su enseñanza, Jesús nos dijo cómo es Dios y cómo quiere que vivamos para complacerlo.**

  Audrey Williamson se convirtió en cristiana cuando tenía cuatro años. Pasó casi toda su vida como cristiana. Ella tenía padres cristianos que le enseñaron a vivir como cristiana. Puedes o no tener padres cristianos para enseñarte cómo vivir la vida cristiana. Al asistir a estas reuniones de Caravans, aprenderás muchas cosas acerca de ser cristiano. Durante la semana puedes ver famosos o estrellas de deportes de entretenimiento. Puedes ser tentado a modelar su vida después de la suya. En cambio, nuestro versículo dice que somos imitadores de Dios.

  Concluye en oración. Agradeciendo a Dios por la Biblia porque nos dice cómo Dios quiere que vivamos.

Mirada mas De Cerca!
Anima a los Scouts a traer su propio equipo de patinaje. Sin embargo, debes tener materiales adicionales a mano para aquellos que olvidan los suyos, o para los visitantes.

PATINAJE EN LINEA: Sesión 2

Los Scouts tendrán una idea de sus patines en línea, aprenderán a caer, y jugarán un juego de hockey sobre patines.

Antes de esta sesión, recoge los artículos sugeridos en el "Materiales". Si tus Scouts no tienen su propio equipo de seguridad, considera comprar uno o dos juegos. Luego, en lugar de jugar al hockey sobre patines, desarrolla juegos y habilidades que pueda hacer uno a la vez.

Materiales

- Patines en línea (un par para cada explorador)
- Equipos de seguridad (muñequeras, casco, rodilleras, coderas)
- Pequeñas escobas (una para cada explorador)
- Pelota de hockey en la calle
- 4 conos anaranjados para 2 goles

Buscando Direcciones

- Permite que voluntarios revisen las palabras del vocabulario y las cuestiones de seguridad. Deja que voluntarios lean todas las secciones sobre el patinaje en línea del *Estudiante Scout.*

- Toma un tiempo para calentar. Que los Scouts tengan una idea del pavimento o del piso del gimnasio.

- Luego, juega un juego de hockey sobre patines. En lugar de usar palos de hockey, que los jugadores usen escobas pequeñas. Esto ayudará incluso el campo de juego. Los juegos duran cinco minutos o el primer equipo marca tres goles. Cambia de equipo al final de cada juego.

- Concluye esta sesión leyendo Efesios 5: 1. Que los Scouts hablen de maneras en que pueden aprender acerca de Dios (de la Biblia, lecciones de la Escuela Dominical, sermones y libros Cristianos). Luego, que los Scouts listen las características de Dios. Anima a los Scouts a pasar tiempo cada día aprendiendo acerca de Dios. Cierra con la oración.

¡SKATEBOARDING! Sesión 3

Los Scouts aprenderán los fundamentos del skate, intentarán aprender algunos trucos, y patinarán a través de la carrera de obstáculos "Crashline".

Antes de esta sesión, reúne los materiales enumerados en el "Materiales". A continuación, utiliza diversos materiales para configurar el curso de obstáculos "Crashline". Debes saber el nivel de habilidad de tus Scouts en este momento. Haz el curso comparable a sus habilidades. Si tienen una variedad de niveles de habilidad, crea un curso de relevo en el que cada persona sea responsable de una parte del curso.

Materiales

- Monopatín (uno a tres)
- Patines en línea (un par para cada Scout)
- Conos naranjas
- Otros materiales para crear una carrera de obstáculos

209

- Permite que los Scouts revisen las reglas de seguridad. Deja que voluntarios lean la información sobre el skate en el *Estudiante Scout*.

- Permitea que los Scouts se familiaricen con los monopatines. Deben determinar si montan el pie goofy o regular. Los Scouts pueden descubrir esto colocando un balón de fútbol en el suelo. Cualquier pie con el que patea debe ser el pie en la nariz de su tabla.

- Que los Scouts intenten cada truco. Comienza con dejar que traten cada truco en la hierba. Los Exploradores, que efectivamente pueden completar un truco en la hierba, pueden intentarlo en el pavimento.

- Que los Scouts decidan si se sienten más cómodos en patineta o patines en línea. Luego, has que usen ese elemento para patinar a través del curso "Crashline". Crea competiciones amistosas y otros juegos que puedan jugar.

- Lee Efesios 5:1. Discute maneras prácticas de que los Scouts puedan ser imitadores de Dios. Registra cada sugerencia.

Cierra en oración. Pídele a Dios que ayude a cada uno de los Scouts a comprometerse con varias de las maneras prácticas de ser imitadores de Dios.

PROYECTOS MINISTERIALES: Sesión 4

Los Deportes de Acción son una gran insignia para eventos de alcance. Recuerda planificar insignias después de los Deportes de Acción que atraerían a los visitantes.

¡Envuélvelo!

Que los Scouts respondan las preguntas para reflexionar sobre lo que han aprendido a través de esta insignia de Deportes de Acción.

ARTESANÍA

Bases Bíblicas: "Un hombre no puede hacer nada mejor que comer y beber y encontrar satisfacción en su trabajo. Esto también, yo veo, es de la mano de Dios." (Eclesiastés 2:24)

Punto Bíblico: Dios nos ha dado talentos que podemos usar para servirle.

Meta de la Insignia:

■ Los Scouts debe ser capaces de experimentar tres diferentes tipos de artesanías.

■ Los Scouts deben ser capaces de pensar en maneras en que la artesanía se puede usar para ministrar a otras personas.

■ Los Scouts pueden ser introducidos a un proyecto opcional de ministerio utilizando las habilidades de Artesanía.

Valor Fundamental: El Carácter. Lee la información acerca de Audrey Williamson. Descubrir talentos y usarlos para servir a Dios ayuda a desarrollar el carácter cristiano de un niño.

Física

EXPLORADOR

Plan de Acción

Los Scouts pueden divertirse con las artesanías mientras aprenden que los esfuerzos creativos pueden usarse para servir a Dios y a otras personas. Hay muchos, muchos tipos diferentes de artes disponibles. Hay una o más manualidades sugeridas para cada sesión. Sin embargo, si hay un estilo del arte que sea más atractivo o si tienes más maestría en otro tipo de arte, sustituye una sesión. Asegúrate de que cada embarcación pueda ser completada en la sesión y ser llevado a casa la misma noche.

Cada semana es autónoma e intercambiable entre sí. Si utilizas un proyecto ministerial, has hincapié en que el proyecto debe ser utilizado para fines ministeriales. Los proyectos ministeriales son opcionales.

PLANIFICADOR DE INSIGNIAS

Sesión

1 Los Scouts harán una pulsera con cuentas, un proyecto artesanal con un énfasis en la salvación.

2 Los Scouts harán un collar de cruz, un proyecto artesanal con un énfasis en la salvación.

3 Los Scouts elegirán entre varias artesanías divertidas que podrían compartir con un amigo.

4 Los Scouts pueden participar en un proyecto de ministerio opcional usando las habilidades de Artesanía.

Física

Requisitos ✓ de Insignia

Elige cuatro de los cinco requisitos para completar la insignia de Artesanía.

☐ Completar al menos dos artesanías.

☐ Decir cómo la creatividad y la artesanía se pueden usar para servir a Dios y a otras personas.

☐ Dar una de las artesanías que hayas hecho a otra persona y usarla para compartir el evangelio.

☐ Contar brevemente el ABC de Salvación.

☐ Encontrar una manera de usar las habilidades de Artesanía para ministrar a alguien más.

RECURSOS

• Tiendas de artes o manualidades

¡SERVIR!

Los Scouts pueden usar cualquiera de estas sugerencias para los proyectos ministeriales. (Los proyectos ministeriales son opcionales y no se requieren para completar los requisitos de la insignia.)

100 Completar los requisitos para la insignia de Artesanía.

200 Requisitos de uso para esta insignia, completar un proyecto ministerial para servir a otro grupo o persona.

300 Considera la posibilidad de hacer títeres para la insignia de Ministerios Infantiles.

#1 Seguridad

- **Siempre** utilizar correctamente los materiales para manualidades.
- **Siempre** escuchar las instrucciones.

PALABRAS PARA SABER

Salvación: Lo que Dios hace para quitarnos los pecados y ayudarnos a tener una relación correcta con Él.

Pecado: Apartarse de Dios y escoger desobedecer lo que Él quiere que hagamos.

PREPARADOS . . . LISTOS . . . FUERA

PULSERA PENDIENTE: Sesión 1

Los Scouts harán una pulsera con cuentas. Se puede usar para decirle a alguien acerca de Jesús.

Antes de esta sesión, recoge los suministros necesarios y colócalos en el aula. Precaución de longitud de 12 pulgadas. Utiliza recipientes de plástico separados para cada color de cuentas. Haz una pulsera de muestra. Corta papel de construcción en cuadrados de 3 pulgadas. Ten uno de cada color para cada niño.

Materiales

- Cuentas de poni: rojo, azul oscuro, blanco, amarillo, verde
- Cordón satinado negro
- Tijeras
- Cuencas de plástico
- Papel construcción

213

Buscando Direcciones

- Deje que los voluntarios lean el versículo Bíblico, la sección "¿Qué Puedes Hacer Con Esta Habilidad?", los requisitos de la insignia, las cuestiones de seguridad y las palabras del vocabulario. Di: **Dios nos ha dado talentos y habilidades. Puedes crear objetos que te puedan ayudar a contar a otros acerca de Jesús.**

- Que los Scouts lean en el *Estudiante Scout* las instrucciones para hacer la pulsera con cuencas.

- Deja que un voluntario lea " El Significado de los Colores" en el *Estudiante Scout*. Divide el grupo en pares. Déjalos practicar el decir los colores del brazalete.

- Lee Eclesiastés 2:24. Di: **¡Las artesanías son divertidas! La pulsera con cuentas fue elegida porque tiene un significado espiritual específico. El versículo Bíblico nos dice que la gente puede encontrar satisfacción en el trabajo de sus manos. Todos los talentos, incluyendo las habilidades de artesanía, son regalos de Dios. Audrey William tenía un talento para citar pasajes de las Escrituras. Ella voluntariamente sirvió a Dios con su talento.**

Concluye en oración. Agradeciendo a Dios por todo talento que Él da a los Scouts. Pídele que ayude a los Scouts a encontrar maneras de usar esos talentos y habilidades para servirle y ayudar a otros.

Mirada mas De Cercana!

Si eliges otro arte perlado, asegúrate de que se puede completar en el tiempo de la sesión.

COLLAR CRUZ DE CLAVOS: **Sesión 2**

Los Scouts harán un collar de cruz.

Antes de esta sesión, corta la cuerda en secciones de 20 pulgadas. Cuenta cuatro clavos por proyecto (dos de 4 pulgadas y dos de 2 pulgadas). Corta 12 pulgadas y 6 pulgadas de longitud de alambre de artesanía para cada niño. Coloca los materiales necesarios para hacer un "kit" en una bolsa para cada niño.

En el tablero marcador, dibuja tres columnas con las letras A, B o C en la parte superior de cada columna.

Materiales

(Para cada niño)
- Dos clavos de 4"
- Dos uñas de 2"
- Cola de rata de 20", gamuza o cordón de plástico negro
- Alambre de plata
- ABC de Salvación o libro *Mi Mejor Amigo, Jesús*

Buscando Direcciones

- Cuando los Scouts lleguen, pídeles que escriban palabras que comiencen con A, B, o C en cada columna. Di: *En la sesión de hoy, usaremos algunas palabras especiales que comienzan con A, B, y C.*

- Ten "kits" en cada lugar de la mesa de trabajo. Deja a un voluntario leer las direcciones en el *Estudiante Scout* para hacer los collares de cruz.

- Lee Eclesiastés 2:24. Pregunta: *¿Te sientes satisfecho con lo que has hecho con tus manos? La cruz que hiciste representa el sacrificio que Jesús hizo por tus pecados.*

   Que tres voluntarios lean el ABC de Salvación y suministren las palabras que faltan: Admite, Busca, Cree. Si te sientes conducido por el Espíritu Santo, haz una invitación de salvación usando el ABC de Salvación o el libro *Mi Mejor Amigo, Jesús.*

   Cierra en oración.

NOCHE DE PEGOTE: **Sesión 3**

Los Scouts pueden elegir entre varias artesanías divertidas.

Antes de esta sesión, obtén los suministros necesarios y colócalo en la sala Caravana. Ten todos los suministros de limpieza a mano. Prepara una muestra de cada embarcación. Ten suministros listos para el arte que quieres que los Scouts hagan. NOTA: Si no te sientes cómodo con una "noche de pegote", reemplaza estas actividades con una embarcación de tu elección.

Materiales

- Ingredientes para recetas en el *Estudiante Scout*
- Suministros de limpieza
- Suministro de agua
- Actitud flexible
- Tazones de mezcla, cucharas y toallas de papel
- Cuencas de plástico

✦ Buscando Direcciones

- Cuando los Scouts lleguen, déjalos mirar las muestras de las artesanías. Los Scouts pueden tener tiempo para hacer sólo una de las artes sugeridas. (Juzga por el tiempo que te lleva a hacer tus muestras.) Los Scouts tienen instrucciones en sus libros para hacer todas las artesanías.

- Lleva a los Scouts a través de las direcciones en sus libros para el arte que has seleccionado. Asegúrate de que los Scouts limpien su desorden.

- Lee Eclesiastés 2:24. Di: *Dios entiende a las personas y las necesidades que tienen. Hay un tiempo para que los niños jueguen y celebren ser un niño. También hay un tiempo para ser serio y pensar en cosas importantes como el amor de Dios. Dios nos ama y entiende la necesidad de un niño de divertirse. Dios quiere que los Scouts hagan buen uso de su tiempo y habilidades. Los Scouts pueden compartir sus momentos divertidos con amigos y compartir con amigos su amor por Jesús.*

    Cierra en oración.

PROYECTOS MINISTERIALES: Sesión 4

Elige y completa uno o más proyectos en la sección *Ir, Servir* de esta insignia. Si seleccionaste un proyecto que combina dos insignias, considera el número de semanas que tarda en completar los requisitos de insignia para ambas. Hay infinitas combinaciones de proyectos ministeriales que se pueden hacer. Usa tu imaginación. Adapta los proyectos ministeriales para satisfacer las necesidades de los Scouts, sus familias y la iglesia.

¡Envuélvelo!

Que los Scouts respondan las preguntas para reflexionar sobre lo que han aprendido a través de esta insignia de Artesanía.

CICLISMO

Bases Bíblicas: "Hagan lo que hagan, trabajen de buena gana, como para el Señor y no como para nadie en este mundo." (Colosenses 3:23)

Punto Bíblico: Una relación con Dios nos prepara para el futuro.

Meta de la Insignia:

- Los Scouts deben ser capaces de decir cómo la construcción del carácter cristiano les ayuda a responder de una manera piadosa.

- Los Scouts deben conocer las habilidades básicas de ciclismo.

- Los Scouts pueden ser presentados a un proyecto ministerial opcional usando las habilidades de Ciclismo.

Valor Fundamental: El Carácter. Lee la información acerca de Audrey Williamson. Audrey Williamson estaba dispuesta a ayudar a su esposo (un Superintendente General para la Iglesia del Nazareno) a dirigir una denominación porque ella había desarrollado el carácter Cristiano. Se necesita perseverancia y práctica para ser bueno en el Ciclismo. Se necesita trabajo y paciencia para desarrollar el carácter Cristiano.

Plan de Acción

Los Scouts son más activos y físicamente capaces que los estudiantes de primer y segundo grado. El ciclismo les ayudará a desarrollar sus grandes grupos musculares. Los Scouts deben ser capaces de participar en un paseo de media distancia.

El ciclismo es excelente para desarrollar la naturaleza social de los Scouts. Su excitación natural se desbordará, e interacturán mientras se conduce. Sus habilidades sociales se están desarrollando rápidamente.

Los Scouts tienen gusto de alcanzar a otros. El Ciclismo los pondrá en contacto con muchos tipos de personas. Anímalos a ser amables y corteses mientras montan.

PLANIFICADOR DE INSIGNIAS

Sesión

1 Los Scouts aprenderán habilidades básicas de ciclismo. Ellos aprenderán acerca de los diferentes tipos de bicicletas y el equipo necesario y las herramientas necesarias para un viaje seguro. Pueden tener la visita de un ciclista experimentado.

2 Los Scouts aprenderán el cuidado básico y el mantenimiento de una bicicleta. En concreto, aprenderán a reparar un neumático desinflado.

3 Los Scouts participarán en un viaje en bicicleta de media distancia.

4 Los Scouts pueden participar en un proyecto de ministerio opcional usando las habilidades Ciclismo.

Física

Requisitos ✓ de Insignia

Elige cuatro de los cinco requisitos para completar la insignia de Ciclismo.

☐ Ser capaz de identificar los tipos básicos de bicicletas y el equipo necesario para el ciclismo.

☐ Ser capaz de cambiar / reparar un neumático desinflado.

☐ Realizar un control de bicicleta en una bicicleta.

☐ Ir en un paseo en bicicleta de al menos cinco millas.

☐ Encontrar una manera de usar las habilidades de ciclismo para ministrar a otra persona.

RECURSOS

- Una tienda local de bicicletas
- Revista de ciclismo

¡SeRViR!

Los Scouts pueden usar cualquiera de estas sugerencias para los proyectos ministeriales. (Los proyectos ministeriales son opcionales y no se requieren para completar los requisitos de la insignia.)

100 Completar los requisitos para la insignia de ciclismo.

200 Distribuye agua y bebida en la ruta de ciclismo como un evento de alcance "sin ataduras".

300 Combina las habilidades para las insignias de Ciclismo y Cuidado de Niños para crear un rodeo de triciclo / bicicleta para los niños más pequeños.

#1 SeguRidad

- **SieMPRe** usa un casco.
- **Nunca** cargues la bicicleta.
- **Nunca** te agarres a un vehículo en movimiento mientras estás en tu bicicleta.
- **SieMPRe** usa ropa de color claro y usa reflectores y luz si tienes que montar en bicicleta por la noche.
- **SieMPRe** obedece las leyes de tránsito. Evita andar en la calle a menos que haya marcado carriles para bicicletas.
- **Nunca** montes una bicicleta demasiado grande para ti.
- **SieMPRe** mantén siempre tu bicicleta en buen estado.

PALABRAS PARA SABER

BMX: Motocross de bicicleta

Ciclista: Una persona que monta bicicleta como hobby.

Descarrilador: El dispositivo mecánico que cambia los engranajes en una bicicleta de camino o de montaña.

Eje: La unidad central de un neumático que le permite girar.

Tubo Interior: Un tubo de goma dentro de un neumático que contiene aire.

Remiendo: Un pedazo de goma usado para cubrir un agujero en el tubo interno de una bicicleta.

Borde: Un círculo metálico delgado que sostiene el tubo interior y el neumático en su lugar.

Rayo: varillas de metal fino que sujetan el borde al cubo del neumático.

Pisada: El caucho en el neumático que da la tensión a la bicicleta.

Palanca del Neumático: Una herramienta de metal o plástico que te permite levantar el neumático fuera de la llanta.

PREPARADOS . . . LISTOS . . . FUERA

¡NADA LE GANA UNA BICI!: Sesión 1

Los Scouts aprenderán los fundamentos del ciclismo.

Materiales

Antes de esta sesión, invite a un ciclista experimentado a visitar su clase. Reúna los suministros necesarios que necesitará para la clase.

- Una bicicleta BMX
- Una bicicleta de carretera
- Una bicicleta de montaña
- Una bicicleta en tándem (opcional)
- Papel
- Lápiz
- Caramelo para dar como premio
- Equipo para ciclismo (ver *Estudiante Scout*)
- Ciclista invitado especial

Buscando Direcciones

- Que los Scouts intenten nombrar correctamente los tipos de bicicletas. Deben escribir sus conjeturas en un pedazo de papel. Cuando todos hayan tenido la oportunidad de anotar su suposición, concédeles un trozo de caramelo para cada respuesta correcta.

- Deja que voluntarios lean el versículo de la Biblia, la sección "¿Qué Puedes Hacer Con Esta Habilidad?", los requisitos de la insignia, las cuestiones de seguridad y la sección "Palabras Para Saber".

- Presenta a tu orador invitado. Que el orador explique cuánto tiempo han estado haciendo ciclismo, qué recuerdos especiales tienen de andar en bicicleta, los fundamentos del ciclismo y el equipo necesario.

- Si no tienes un ciclista invitado, deja que voluntarios lean "Viajando Con Estilo" y "Solo lo Básico" del *Estudiante Scout*.

- Que un voluntario lea Colosenses 3:23. Di: *Todo lo que hacemos, debemos hacerlo de una manera que agrade a Dios. Cuando vivimos nuestras vidas para agradar a Dios, Él recompensará nuestros esfuerzos. Cualquiera que sea nuestra tarea: alimentar a una mascota, sacar la basura, hacer la tarea, practicar música, todo puede hacerse con una gran actitud.*

  El Valor Fundamental de esta insignia es Carácter. A medida que aprende la habilidad física de Ciclismo, también puede aprender sobre el carácter Cristiano.

Cierra en oración, agradeciendo a Dios por ayudar a los Scouts a aprender nuevas habilidades mientras trabajan en las actitudes Cristianas.

SEÑOR O SEÑORITA ARRÉGLALO: **Sesión 2**

Los Scouts aprenderán el cuidado básico y el mantenimiento de una bicicleta.

Antes de esta sesión, encuentra una bicicleta con un neumático desinflado, preferiblemente uno con un pinchazo. Querrás revisar la lista de control de mantenimiento básico del *Estudiante Scout*. Reúne todos los suministros necesarios.

Materiales

- Bomba de neumáticos
- Un neumático plano de la bicicleta
- Un kit de reparación de tubo interior
- Un tubo interior perforado
- Llave para quitar el neumático de bicicleta
- Palancas de neumáticos

Buscando Direcciones

- Demostrar cómo hacer un chequeo de bicicleta.
- Lee del *Estudiante Scout* "Fijación Plana".
- Demostrar cómo reparar un neumático desinflado. Sigue las instrucciones del kit de reparación del tubo interior.
- Da a tus estudiantes tiempo para practicar la reparación de un tubo interno perforado. Guía a los Scouts mientras reparan el tubo interno.
- Lee Colosenses 3:23. Di: *El Valor Fundamental de esta insignia es Carácter. Cuando vives tu vida de una manera que agrada a Dios, comienzas a crecer espiritualmente. Estos tiempos de crecimiento espiritual nos preparan para tiempos difíciles que vendrán en nuestra vida. Así como debemos estar preparados para cambiar un neumático desinflado cuando sucede, también debemos estar espiritualmente preparados.*

Ora, agradeciendo a Dios por todo lo que Él hace para prepararnos para tiempos difíciles. Ora para que Dios ayude a cualquiera en el grupo que puede estar enfrentando un momento difícil.

AFUERA Y MONTANDO: Sesión 3

En esta sesión, los Scouts experimentarán la diversión del ciclismo.

Antes de esta sesión, recoge todo el equipo necesario para el ciclismo. Localiza un rastro local que no sea demasiado difícil. El sendero debe ser plano y fácil. No olvides los formularios de permiso y las directrices de transporte.

Materiales

- Formularios de permiso para cada niño
- Voluntarios adultos adicionales
- Arreglos de transporte
- Bicicleta para cada niño
- Casco para cada niño
- Refrescos

Buscando Direcciones

- Antes de salir de la iglesia, revisa los asuntos de seguridad. Deja que voluntarios lean "Chequeando la Bici" y "La Vuelta Larga".

- Llega al inicio del sendero y ayuda a tus Scouts a prepararse para el paseo. Divide a los Scouts en grupos de equitación con un líder adulto para cada grupo. Ten refrigerios para que los niños disfruten en el camino. Es posible que desees montar un sendero con un destino específico en mente. No olvides llevar un montón de agua.

- Lee Colosenses 3:23. Di: ***Han disfrutado aprendiendo habilidades de ciclismo. Sabemos que estar preparados es una parte importante de andar en bicicleta. Construir el carácter Cristiano también ayuda a prepararnos para las emergencias de la vida.***

    Concluye en oración. Agradeciendo a Dios por las nuevas habilidades que los Scouts están aprendiendo. Pídele a Dios que ayude a los Scouts a desarrollar el carácter Cristiano.

PROYECTOS MINISTERIALES: Sesión 4

Elige y completa uno o más proyectos en la sección *Ir, Servir* de esta insignia. Si seleccionaste un proyecto que combina dos insignias, considera el número de semanas que tarda en completar los requisitos de insignia para ambas. Hay infinitas combinaciones de proyectos ministeriales que se pueden hacer. Usa tu imaginación. Adapta los proyectos ministeriales para satisfacer las necesidades de los Scouts, sus familias y la iglesia.

¡Envuélvelo!

Que los Scouts respondan las preguntas para reflexionar sobre lo que han aprendido a través de esta insignia de Ciclismo.

PESCANDO

Bases Bíblicas: "Mientras Jesús caminaba junto al mar de Galilea, él llamó a Pedro y a su hermano Andrés. Estaban echando una red en el lago, porque eran pescadores. 'Vengan, síganme', dijo Jesús, 'y los haré pescadores de hombres.'" (Mateo 4:18-19)

Punto Bíblico: Podemos contarles a otros acerca de Dios.

Meta de la Insignia:

- Los Scouts deben ser capaces de relacionar cómo pueden decirle a otros acerca de Dios.
- Los Scouts deben conocer habilidades básicas de pesca.
- Los Scouts pueden ser introducidos a un proyecto opcional de ministerio usando las habilidades de Pesca.

Valor Fundamental: El Carácter. Lee la información acerca de Audrey Williamson. Audrey era un buen ejemplo de una persona con carácter Cristiano. ¿Qué tiene que ver la pesca con el carácter Cristiano? Se necesita paciencia y perseverancia para tener buenas habilidades de pesca.

Física

Explorador

Plan de Acción

Los Scouts son más activos y físicamente capaces que los estudiantes de primero y segundo grado. Su coordinación del ojo está mejorando, permitiendo que practiquen las habilidades necesarias para los ganchos de cebo y el bastidor.

La pesca estimulará la naturaleza social de sus Scouts. Su excitación natural se desbordará al experimentar la alegría de atrapar un pez. Las habilidades sociales de los Scouts se están desarrollando rápidamente. Mientras aprenden la pesca,

Permítales hablar, pero recuerda que hablar demasiado alto puede asustar a los peces. Los Exploradores tienen gusto de alcanzar hacia fuera a otros. Recuérdeles que Jesús llamó a Sus discípulos a ser "pescadores de hombres". Esto significa que ellos debían ayudar a otros a conocer a Dios y Su amor.

PLANIFICADOR DE INSIGNIAS

Sesión

1 Los Scouts aprenderán los tipos comunes de peces de agua dulce y el equipo necesario para la pesca. Pueden tener una visita de un pescador.

2 Los Scouts visitarán un lago o río de pesca local y discutirán el cebo necesario que necesitarán y las áreas que pueden ofrecer la mejor pesca. También practicarán el casting.

3 Los Scouts irán a pescar.

4 Los Scouts pueden participar en un proyecto de ministerio opcional usando las habilidades de Pescando.

Física

Requisitos ✓ de Insignia

Elige cuatro de los cinco requisitos a continuación para completar la insignia de Pescando.

☐ Ser capaz de explicar las reglas de seguridad para la pescando.

☐ Conocer el equipo básico necesario para la pescando.

☐ Aprender a usar una caña de pescar y un carrete para lanzar.

☐ Ir de pesca. Cebar un gancho y aprender a eliminar un pez del gancho.

☐ Seguir todas las reglas de seguridad.

☐ Utilizar tus nuevas habilidades de pescando para ministrar a alguien más.

¡A SERVIR!

Los Scouts pueden usar cualquiera de estas sugerencias para los proyectos ministeriales. (Los proyectos ministeriales son opcionales y no se requieren para completar los requisitos de la insignia.)

100 Completar los requisitos para la insignia de Pescando.

200 Usa los requisitos de la insignia como un proyecto ministerial que sirva a otras personas. Enseña a los niños más jóvenes las habilidades de la pesca o ten un derby de pesca de la comunidad.

300 Combina habilidades de las insignias Pescando y Deportes Acuáticos para un viaje de pesca a bordo de un barco. No te olvides de invitar a amigos.

#1 seguridad

- **Nunca** vayas a pescar solo.
- **Siempre** usa un chaleco salvavidas. Esto te ayudará a flotar
- **Siempre** mira a tu alrededor antes de lanzar. Asegúrate de que nadie esté detrás de ti.
- **Siempre** ten cuidado al manipular ganchos.
- **Siempre** obedecer las reglas de pesca de tu área.

PALABRAS PARA SABER

Pescador: Una persona que hace de la pesca un hobby normal.

Cebo: Algo para atraer a los peces a morder el gancho. El cebo natural incluye: pececillos, gusanos o saltamontes. Los cebos artificiales se llaman señuelos.

Barra: Un dispositivo de plástico o espuma que flota en la superficie del agua. Sostiene el cebo en el lugar correcto.

Pesca con mosca: Utilizando una "mosca" o señuelo que se parece a un insecto que flota en la superficie del agua. El pescador arroja el cebo agitando la varilla hacia adelante y hacia atrás.

Señuelo: Cebo hecho a mano utilizado para imitar cebo real.

Bobina: Un dispositivo que se une al extremo de una barra y recupera la línea de pesca.

Varilla: Un poste largo hecho de bambú, fibra de vidrio, grafito, o metal.

Pesa: Un pedazo de metal usado para pesar la línea de pesca para que se hunde.

Trastos: Equipos utilizados para la pesca: postes, líneas, señuelos, plomos y flotadores.

PREPARADOS . . . LISTOS . . . FUERA

CONSEGUIR EL PESCADOR CORRECTO: Sesión 1

Los scouts serán introducidos a la pescando.

Materiales

Antes de esta sesión, escribe los nombres de las especies locales de peces en un pedazo de papel. Coloca las imágenes del pez local en la pared de la clase. Invite a un pescador local.

- Imágenes grandes de varios peces en su área
- Surtido de equipos de pesca
- Surtido de polos de pesca
- Tarjetas de 3 "x 5"
- Señuelos de pesca variados
- Bolígrafos o lápices
- Pescador invitado especial

Buscando Direcciones

- Cuando los Scouts lleguen, dales una tarjeta de 3 "x 5" por cada pescado representado. Usando la lista de especies de peces locales, que intenten nombrar el pez. Deben escribir su nombre y las especies de peces que creen que representan la imagen. Pídeles que graben su tarjeta debajo de la imagen.

- Deja que voluntarios lean el versículo de la Biblia, la sección "¿Qué Puedes Hacer Con Esta Habilidad?", los requisitos de la insignia, los temas de seguridad y las palabras del vocabulario.

- Introduce a tu orador invitado. Si no tienes un pescador invitado, deja que voluntarios lean la información del *Estudiante Scout* sobre los tipos de pescado y equipo de pesca.

- Que un voluntario lea Mateo 4: 18-19. Di: *Cuando Jesús llamó a los discípulos a seguirlo, les dijo que los haría "pescadores de hombres". Podemos decirle a la gente cómo Dios nos ha ayudado. El Valor Fundamental de esta insignia es Carácter. Dios forma nuestro carácter para que podamos decirle a la gente acerca de Dios.*

Ora para que Dios les dé a los Scouts la oportunidad de compartir con otros sobre su iglesia y sobre Jesús.

CÓMO UN SEÑUELO: Sesión 2

Los Scouts visitarán un estanque, lago o arroyo local para discutir posibles lugares de pesca.

Materiales

Antes de esta sesión, ubique un lago, estanque o riachuelo en su área. Reúne los materiales. Tus Scouts pueden compartir postes de pesca para esta actividad, pero deben tener su propio dispositivo de flotación personal mientras están alrededor del agua.

- Formulario de permiso para cada niño
- Voluntarios adultos adicionales
- Arreglos de transporte
- Palos de pesca para cada niño
- Dispositivo de flotación personal para cada niño
- Tres o cuatro cestas de lavandería vacías
- De media a una onza para cada palo de pesca

Buscando Direcciones

- Revisa con tu grupo los detalles necesarios o cuestiones de seguridad para el viaje. Antes de salir de la iglesia, deja que voluntarios lean del *Estudiante Scout* "Usando el Cebo Derecho".

- Visita un lago, un estanque, o un arroyo local y discute varios lugares de pesca. Describe lo que hace un lugar ideal para pescar.

- Enseña a tus Scouts cómo lanzar correctamente. Establece un curso de desafío para que el grupo practique cómo lanzar una línea de pesca. Coloca las cestas de lavandería vacías a varias distancias, y que los Scouts intenten lanzar su señuelo en la canasta.

- Lee Mateo 4:18-19. Di: *Cuando le decimos a otras personas acerca de Dios, no las empujamos a aceptar nuestras creencias. La mejor manera de decirles a otros acerca de Dios es decirles lo que Él ha hecho por ustedes.* Ora, agradeciendo a Dios por las muchas formas en que Él ayuda a los Cristianos. Oremos para que Dios les dé a los Scouts la oportunidad de hablar con sus familiares y amigos acerca de todo lo que Dios ha hecho por ellos.

¿CÓMO SACAR UN PEZ?: Sesión 3

Los Scouts experimentarán la alegría de pescar de primera mano. Para hacer su experiencia más agradable, sigue las sugerencias dadas a continuación.

Materiales

Antes de esta sesión, recoge todo el equipo necesario para pescar. Debería haber una plataforma de pesca y un dispositivo de flotación personal para cada niño participante.

Debe haber por lo menos un adulto por cada tres niños. Los adultos no deben pescar, pero deben ayudar a los niños a disfrutar su tiempo.

- Formularios de permiso para cada niño
- Voluntarios adultos adicionales
- Transporte
- Palos de pesca para cada niño
- Equipo de pesca para cada niño
- Cebo
- Dispositivo de flotación personal para cada niño
- Refrescos

Has Que Pescar Sea Divertido

- La seguridad en primer lugar! Que los adultos observen a los niños en lugar de pescar. Asegúrate de que cada niño tenga un dispositivo de flotación.

- Diviértete! Haz lo que sea necesario para ayudar a los niños a atrapar más peces. Investiga tu área para lugares de buena pesca.

- Ve en la primavera. Los peces son más activos y es probable que muerdan durante los meses templados de primavera.

- No fuerces a los niños a manejar el pescado o el cebo. Ayuda a que este viaje sea de recuerdos agradables.

- Toma fotos. Cuando los niños cojan un pez, toma una foto instantánea y escribe la longitud de los peces en la imagen.

- Utilice equipo confiable. Un Equipo roto arruinará toda la excursión.

227

Buscando Direcciones

- Llega al lago, al estanque o arroyo, y ayuda a los niños a preparar sus cañas de pescar.
- Que cada grupo se separe. Cada adulto debe ayudar a sus tres Scouts durante el proceso de pesca, manteniéndolos atentos.
- Disfruta de refrescos para los niños.
- Lee Mateo 4: 18-19. Di: **Han disfrutado aprendiendo habilidades de pesca. Sabemos que Jesús quiere que seamos "pescadores de hombres" hoy. También sabemos que Él quiere que le contemos a otros acerca de Él y todo lo que Él ha hecho por nosotros.**

Agradece a Dios por las nuevas habilidades que los Scouts están aprendiendo. Agradece por las oportunidades de contarle a otros acerca de Él.

PROYECTOS MINISTERIALES: Sesión 4

Elige y completa uno o más proyectos en la sección *Ir, Servir* de esta insignia. Si seleccionaste un proyecto que combina dos insignias, considera el número de semanas que tarda en completar los requisitos de insignia para ambas. Hay infinitas combinaciones de proyectos ministeriales que se pueden hacer. Usa tu imaginación. Adapta los proyectos ministeriales para satisfacer las necesidades de los Scouts, sus familias y la iglesia.

¡Envuélvelo!

Que los Scouts respondan las preguntas para reflexionar sobre lo que han aprendido a través de esta insignia de Pescando.

228

DEPORTES ACUÁTICOS

Bases Bíblicas: "Cual ciervo jadeante en busca de agua, así te busca, oh Dios, todo mi ser. Tengo sed de Dios, del Dios de la vida. ¿Cuándo podré presentarme ante Dios?" (Salmo 42:1-2)

Punto Bíblico: Dios quiere que lo deseemos más que a nada.

Meta de la Insignia:

- Los Scouts deben entender los procedimientos básicos de seguridad del agua.

- Los Scouts deben aprender sobre el equipo y la información de seguridad que están involucrados en varios deportes acuáticos.

- Los Scouts pueden ser presentados a un proyecto de ministerio usando habilidades de Deportes Acuáticos.

Valor Fundamental: El Carácter. Lee la información acerca de Audrey Williamson. Se necesita coraje y paciencia para que los Scouts aprendan las destrezas del Deporte Acuático. También se necesita tiempo paciencia para desarrollar el carácter Cristiano. Audrey Williamson se convirtió en Cristiana cuando tenía cuatro años. Tenía muchos años para desarrollar sus actitudes Cristianas. Ayuda a comenzar temprano en la vida.

Plan de Acción

Todo el mundo necesita un tiempo de refrescar y recreación. Dios sabe la importancia del agua. Sabe que es necesario para la vida. También proporciona una fuente de diversión y relajación. Mientras que divertirse en el agua, refresca el cuerpo y la mente, confiar en el Señor refresca el alma. Durante estas sesiones, enfatiza que Dios quiere que los Scouts se diviertan en el agua y confíen en Él.

PLANIFICADOR DE INSIGNIAS

Sesión

1 Los Scouts aprenderán y practicarán las técnicas básicas de seguridad del agua.

2 Los Scouts aprenderán sobre el equipo y las instrucciones de seguridad especiales para un deporte acuático.

3 Los Scouts aprenderán cómo participar en al menos un deporte acuático.

4 Los Scouts pueden participar en un proyecto de ministerio opcional usando las habilidades de Deportes Acuáticos.

Física

Requisitos ✓ de Insignia

Elige cuatro de los cinco requisitos para completar la insignia de Deportes Acuáticos.

☐ Aprender sobre las destrezas relacionadas con la seguridad del agua.

☐ Aprender un deporte acuático.

☐ Aprender a enseñar golpes básicos de supervivencia para nadar. Aprenderlos fundamentos de la natación si no es nadador.

☐ Identificar y saber cómo usar equipos de deportes acuáticos.

☐ Consultar una manera en que puedes usar los deportes acuáticos para ministrar a otra persona.

RECURSOS

- Su local distrito de parques y recreación
- Tiendas de equipos de deportes acuáticos

¡Servir!

Los Scouts pueden usar cualquiera de estas sugerencias para los proyectos ministeriales. (Los proyectos ministeriales son opcionales y no se requieren para completar los requisitos de la insignia.)

100 Completar los requisitos para la insignia de Deportes Acuáticos.

200 Requisitos de uso para esta insignia para completar un proyecto ministerial. Considera la posibilidad de planificar un seminario de seguridad del agua para los niños más pequeños. Ten presente un instructor de salvavidas y natación.

300 Combina habilidades de Deportes Acuáticos y Hospitalidad para hacer una fiesta de deportes acuáticos. Proporcionar comida y juegos, y permitir a los huéspedes probar deportes acuáticos.

PREPARADOS . . . LISTOS . . . FUERA

PERMANECER SEGURO: Sesión 1

Ten en cuenta que algunos Scouts no se sentirán cómodos en el agua. Otros no saben cómo nadar. Es posible que tengas que estar cerca de estos niños. Para los Scouts con miedo extremo al agua, arregla para que aprendan la información para la insignia lejos de la piscina. Puedes sustituir las lecciones de natación de inicio por las actividades de deportes acuáticos.

Antes de esta sesión, haz arreglos para que el grupo se reúna en una piscina con un socorrista o instructor de natación. Organiza el transporte y adultos chaperones. Que todos los padres firmen un formulario de permiso antes de dejar a los Scouts. Sigue las pautas de tu iglesia para el transporte.

Materiales

- Piscina
- Arreglos de transporte
- Chalecos salvavidas
- Formularios de permiso
- Chaperones adultos
- Salvavidas certificado o instructor de natación
- *Estudiante Scout*

Buscando Direcciones

- A medida que lleguen los Scouts, déjalos compartir experiencias de agua que hayan disfrutado. Lee el versículo de la Biblia, la sección "¿Qué Puedes Hacer con Esta Habilidad?" y los requisitos de la insignia. Lee las precauciones de seguridad en el *Estudiante Scout*.

- Introducir a los Scouts al instructor. Si eres instructor, comienza demostrando la seguridad del agua y las técnicas de supervivencia. Muéstrales cómo usar un chaleco salvavidas y otros equipos que salvan vidas. Explica cómo se aplican los procedimientos de seguridad del agua en todas partes: océanos, ríos, lagos y piscinas.

- Que cada Scout realice cada procedimiento, incluyendo ponerse un chaleco salvavidas. Asegúrate de cubrir estas áreas de información:
  1. Usar un chaleco salvavidas adecuadamente.
  2. Realizar la vuelta de atrás elemental (una carrera de reposo).
  3. Pisar el agua y usar el flotador de supervivencia.
  4. Utilizar el anillo vital y otro equipo de seguridad de la piscina para ayudar a un guía que está fingiendo ahogarse. Que el guía hable a los Scouts durante el procedimiento la primera vez.

Al final de la sesión, lee el Salmo 42:1-2. Di: **El agua es una necesidad de la vida. También es una gran fuente de diversión y recreación. Dios provee agua para nuestro uso. El Valor Fundamental de esta insignia es Carácter. Audrey Williamson es una dama que modeló el carácter Cristiano. Ella se convirtió en una Cristiana como una niña y vivió el resto de su vida para Dios.**

Ora, agradeciendo a Dios por las nuevas habilidades que los Scouts están aprendiendo. Agradece a Dios por ayudar a los Scouts a desarrollarse también en el Carácter Cristiano.

PREPARARSE: Sesión 2

Los Scouts aprenderán acerca de un deporte acuático.

Antes de esta sesión, haz arreglos para que un instructor de deportes acuáticos enseñe y demuestre un deporte acuático para tu grupo. (También puedes escoger a alguien que tenga conocimientos en un deporte acuático para hablar con los Scouts sobre el deporte.) Asegúrate de tener al menos una persona allí que esté certificada para RCP.

Materiales

- Equipo de deportes acuáticos
- -Chaperones adultos
- -Formularios de permiso
- -Arreglos de transporte
- -Instructor de deportes acuáticos
- -Barco con conductor con licencia
- -Libro del *Estudiante Scout*

Buscando Direcciones

- A medida que lleguen los Scouts, hablen sobre temas de seguridad para los Deportes Acuáticos. Que los Scouts lean del libro del estudiante el equipo necesario para cada deporte acuático.

- Organiza que los Scouts aprendan un deporte acuático esta semana. Que un instructor camine por el grupo a través de todo, desde el equipo hasta la seguridad.
- Antes de salir del área de instrucción, haga que cada Scout demuestre cómo usar el equipo de seguridad y el equipo. Deje que los voluntarios demuestren cómo realizar el deporte.
- Lee el Salmo 42:1-2. Di: *El escritor del salmo dice que nuestra necesidad de Dios debe ser como un ciervo sediento que jadea por el agua. Nuestro deseo de Dios debe ser lo más importante para nosotros.*

Cierra en oración. Agradece a Dios por amarnos y proporcionar agua como fuente de vida y salud y recreación.

¡IR A JUGAR! Sesión 3

Los Scouts participarán en un deporte acuático.

Antes de esta sesión, organiza el transporte para tu grupo a un lago o río de agua cercano. Que un navegante con licencia haga su barco disponible para el grupo. Recuerde tener al menos una persona allí que tiene licencia para hacer CPR. Anime a los Scouts a traer a un amigo para esta sesión. Asegúrese de que los amigos proporcionen un formulario de permiso con la aprobación de los padres.

Materiales

- Equipo de deportes acuáticos
- Chaperones adultos
- Formularios de permiso
- Instructor de deportes acuáticos
- Barco con conductor con licencia
- Arreglos de transporte
- *Estudiante Scout*

Buscando Direcciones

- Que el instructor enseñe los fundamentos del deporte acuático y sus procedimientos de seguridad a cualquier visitante del grupo.
- Permite que el grupo disfrute de un tiempo de compañerismo y juego. Ten concursos para ver quién puede permanecer en sus esquís, wakeboard, o tabla de surf más tiempo.
- Recuerda al grupo que Dios quiere que todos tengan la oportunidad de disfrutar del agua. Lee el Salmo 42: 1-2. Di, *Han disfrutado aprendiendo las habilidades de Deportes Acuáticos. A medida que crezcan en sus habilidades, espero que estén creciendo en sus actitudes espirituales. Dios quiere que crezcan física, mental, espiritual y socialmente.*

Cierra en oración.

PROYECTOS MINISTERIALES: **Sesión 4**

Elige y completa uno o más proyectos en la sección *Ir, Servir* de esta insignia. Si seleccionaste un proyecto que combina dos insignias, considera el número de semanas que tarda en completar los requisitos de insignia para ambas. Hay infinitas combinaciones de proyectos ministeriales que se pueden hacer. Usa tu imaginación. Adapta los proyectos ministeriales para satisfacer las necesidades de los Scouts, sus familias y la iglesia.

¡Envuélvelo!

Que los Scouts respondan las preguntas para reflexionar sobre lo que han aprendido a través de esta insignia Deportes Acuáticos.

LECTURA BÍBLICA

Bases Bíblicas: "Tu palabra es una lámpara a mis pies y una luz para mi camino." (Salmo 119:105)

Punto Bíblico: Dios nos dio la Biblia para ayudarnos a conocerlo y cómo vivir bien.

Meta de la Insignia:

- Los Scouts aprenderán sobre tres tipos de literatura Bíblica: narrativa (cuentos), poesía y los Evangelios (vida de Jesús).

- Los Scouts deben comenzar a entender que la Biblia les ayuda a saber cómo vivir para agradar a Dios.

Valor Fundamental: Las Misiones. Lee la información acerca de Harmon Schmelzenbach. Los Misioneros como Harmon Schmelzenbach usan la Biblia para decirles a los africanos sobre el amor de Dios. Los Exploradores pueden dar por sentado que todas las personas tienen acceso a una Biblia. Esto no es verdad. Todavía hay muchas personas en el mundo que no saben acerca de Dios y Su amor por ellos. Los Scouts deben estar agradecidos de tener acceso fácil a las Biblias.

Plan de Acción

Los niños que descubren que la lectura de la Biblia puede ser una experiencia agradable les será más probable que deseen leer la Biblia por su cuenta. Mediante el uso de actividades prácticas conduce una discusión y pensamiento, los Scouts pueden descubrir que la Lectura Bíblica es una parte maravillosa de la vida Cristiana.

Cada sesión es autónoma y no depende del aprendizaje de la semana anterior. Si los Scouts persiguen un proyecto ministerial, tomen unos minutos cada semana para planificar. Los proyectos ministeriales son opcionales.

PLANIFICADOR DE INSIGNIAS

Sesión

1 Los Scouts aprenderán sobre secciones narrativas de la Biblia, leyendo y estudiando Daniel 3:1-30.

2 Los Scouts aprenderán sobre secciones de poesía de la Biblia, leyendo y estudiando el Salmo 1.

3 Los Scouts aprenderán sobre los Evangelios, leyendo y estudiando Mateo 6:19-34.

4 Los Scouts pueden participar en un proyecto opcional de ministerio usando las habilidades de Lectura Bíblica.

Requisitos ✓ de Insignia

Elige cuatro de los cinco requisitos para completar la insignia de Lectura Bíblica.

Espiritual

☐ Explicar cuáles son las secciones de narrativa y poesía de la Biblia y dar tres ejemplos de cada una.

☐ Explicar cuál es la sección de los Evangelios de la Biblia y decir el propósito de los Evangelios.

☐ Leer tres pasajes de la Biblia y responder preguntas sobre los pasajes.

☐ Leer la Biblia todos los días durante una semana.

☐ Encontrar una manera de usar las habilidades de Lectura Bíblica para ministrar a alguien más.

¡A SerVir!

Los Scouts pueden usar cualquiera de estas sugerencias para los proyectos ministeriales. (Los proyectos ministeriales son opcionales y no se requieren para completar los requisitos de la insignia.)

100 Completar los requisitos para la insignia de Lectura Bíblica

200 Desarrollar un proyecto para que los Scouts lean historias Bíblicas a niños más pequeños usando una Biblia para niños.

300 Combina las insignias de la Lectura Bíblica y Ministerios de niños. Planifica actividades creativas de Lectura Bíblica que se puedan usar en una clase de la Escuela Dominical para niños o preescolar.

PALABRAS PARA SABER

Evangelios: Los primeros cuatro libros del Nuevo Testamento se llaman Evangelios. "Evangelio" significa "buenas nuevas". La "buena noticia" es acerca de la vida, muerte y resurrección de Jesús.

Poesía: Pasajes de la Escritura que están en la forma de un poema. El Libro de los Salmos es una colección de poemas que a menudo se cantaban. Otros libros tienen poesía en ellos.

Narrativa: Pasajes de la Escritura que cuentan la historia de una persona, una situación particular o un grupo de personas.

Pasaje: Un grupo de versículos.

PREPARADOS . . . LISTOS . . . FUERA

NARRATIVA: Sesión 1
Daniel 3:1-30

Los scouts aprenderán sobre secciones narrativas de la Biblia, leyendo y estudiando Daniel 3:1-30.

Materiales

Antes de esta sesión, recopila los materiales enumerados en el "Materiales."

- Biblia
- Trajes bíblicos
- Accesorios para skit
- Tarjetas de 3 "x 5"
- Opcional: cámara de vídeo o cámara digital
- Papel
- Lápices o bolígrafos
- Variedad de versiones o tipos de Biblias
- Pizarrón marcador y marcadores

Buscando Direcciones

- Cuando lleguen los Scouts, que naveguen por las Biblias. Que voluntarios lean el versículo Bíblico, la sección "¿Qué Puedes Hacer Con Esta Habilidad?", los requisitos de la insignia y las palabras del vocabulario.

- Introduce "Tiempo Deformado". Esto llevará a los Scouts de hoy a volver a los tiempos del Antiguo Testamento. Tiempo Deformado es una herramienta para ayudar a los niños a entrar en "el día y la era" de la Escritura que están leyendo. Consulta esta sección en el libro del estudiante. Ayuda a los Scouts a "deformarse en el tiempo" con estas preguntas:

  1. ¿Cómo sería estar vivo en los tiempos del Antiguo Testamento?
  2. ¿Qué harías si te dijeran que hicieras algo que sabes que está mal?

- Leer el pasaje de la Escritura juntos. Permite que los Scouts completen la actividad "Actuando" en el *Estudiante Scout*.

  1. Que los Scouts te cuenten la trama principal y los personajes de la narración. Que los Scouts se pongan sus trajes Bíblicos si aún no lo han hecho. Recuérdeles lo que aprendieron en Tiempo Deformado.
  2. Que los Scouts se ofrezcan como voluntarios para los papeles en el sketch. Distribuye tarjetas de índice para que los niños puedan escribir su personaje y lo que deben hacer o decir en el boceto.
  3. Opcional: filmar el sketch. Un adulto o un Scout que esté ganando la insignia de la fotografía puede hacer un vídeo del bosquejo.
  4. Haga que los niños realicen el bosquejo.

- Haga que los Scouts completen "Tome tiempo para L & P" (Lectura y Pensamiento).

- Lee de nuevo Salmo 119:105. Di: *Dios nos da la Biblia para decirnos cómo vivir bien. La Biblia nos da guía como una lámpara o luz que te guía en un camino oscuro. El Valor Fundamental de esta insignia es Misiones. Los misioneros a veces traducen porciones de la Biblia y materiales de enseñanza al lenguaje de la gente.*

Cierre con la oración, agradeciendo a Dios por la habilidad de tener y leer una Biblia. Pídale a Dios que ayude a las personas que están traduciendo la Biblia a otros idiomas.

POESÍA: **Sesión 2**
Salmo 1

Los Scouts aprenderán sobre secciones de poesía de la Biblia leyendo y estudiando el Salmo 1.

Materiales

Antes de esta sesión, obtén suministros y muéstralos en las mesas de trabajo. Escribe el Salmo 1 en la pizarra marcador.

- Pizarra marcador y marcadores
- Papel de carnicero o cartulina
- Marcadores o pintura de carteles y pinceles

- Cinta
- Tijeras
- Variedad de papel de construcción de colores
- Variedad de niños libros de poesía

Buscando Direcciones

- A medida que los Scouts lleguen, déjalos navegar a través de tu exhibición de libros de poesía. Desafía a los Scouts a escribir un poema de dos líneas o cuatro líneas sobre cualquier tema. Señala que algunas secciones de la Biblia están escritas en forma de poesía. Las líneas no siempre riman, pero están escritas en forma poética.

- Introduce "Túnel del Tiempo" para esta sesión. Ayuda a los Scouts a "regresar en el tiempo" con estas preguntas:

- ¿Quién es el árbol en el versículo 3? ¿Quién es la paja en el versículo 4? ¿Qué promete Dios a aquellos que aman y obedecen Su Palabra y a Él? Que los Scouts completen " ¡Actuando!" en el *Estudiante Scout*. Los Scouts usarán materiales de arte para crear su interpretación del Salmo 1.

    1. Ayuda a los niños a pensar en una manera de interpretar artísticamente el Salmo 1. (Considera una imagen de un árbol junto a un río y una imagen de los campos de trigo y la paja soplando en el aire). Alienta a los niños para que expresen este salmo como quieran.

    2. Una vez terminados los proyectos, que los niños presenten sus proyectos al resto del grupo. Pide a los niños que expliquen cómo se relacionan los proyectos de arte con el Salmo 1.

- Que los Scouts completen "Tome Tiempo para L & P" (Lectura y Pensamiento).

- Pide a un voluntario que lea Salmos 119:105. Di: *Dios nos dio la Biblia para ayudarnos a saber vivir bien. La Biblia nos da guía, como una linterna o luz en un camino oscuro. Que los Scouts digan algunas maneras en que la Biblia les ha ayudado a saber lo correcto.*

Concluye en oración. Agradeciendo a Dios por la Biblia y las muchas maneras en que ayuda a las personas a saber más acerca de Dios.

LOS EVANGELIOS: Sesión 3
Mateo 6:19-34

Los Scouts aprenderán sobre los Evangelios leyendo y estudiando Mateo 6:19-34.

Antes de esta sesión, obtén suministros. Coloca todos los suministros necesarios en las mesas de trabajo.

Materiales

- Pizarrón marcador y marcadores
- Variedad de libros infantiles que son biografías
- Lápices

Buscando Direcciones

- A medida que lleguen los Scouts, déjalos navegar por las biografías. Señala que esta sesión habla de los Evangelios. Se trata de la vida de Jesús.

- Introduce "Túnel del Tiempo". Ayuda a los Scouts a "regresar al tiempo" con estas preguntas:
    ¿Quién sería el líder del país? ¿A dónde irías a la iglesia? ¿Cómo sería vivir en los días del Nuevo Testamento?

- Lee Mateo 6:19-34, alternando con lectores. Deja que los Scouts completen la actividad " ¡Actuando!".

- Los Scouts usarán la página 87 en el *Estudiante Scout* para crear su propia columna de consejos de prensa.
    1. Coloca a los Scouts en dos grupos. Haz una lluvia de ideas con los Scouts sobre algunas situaciones (relacionadas con los conceptos de Mateo 6:19-34).
    2. Que los Scouts escriban la pregunta de la columna de consejos en su libro. Luego, ayuda a los Scouts a encontrar las respuestas a sus preguntas de Mateo 6: 19-34.
    3. Que voluntarios tomen turnos para compartir el resultado de sus columnas de consejos.
    4. Opción: Permite que los Scouts realicen un skit con un presentador de radio y personas que puedan llamar con preguntas. Los Exploradores pueden leer sus preguntas, y el "anfitrión" responde las preguntas de acuerdo con Mateo 6.

- Que los Scouts completen la actividad de "Toma tiempo para L & P" (Lectura y Pensamiento).

- Que un Scout lean el Salmo 119:105. Que voluntarios digan el versículo con sus propias palabras. Di: ***Dios nos da la Biblia para guiarnos en cómo debemos vivir. Una Biblia no nos ayuda a menos que la leamos y apliquemos lo que dice a nuestras situaciones de la vida. Haz hecho un buen comienzo leyendo tu Biblia. Espero que continúes haciéndolo.***

Cierra en oración. Agradeciendo a Dios por los Scouts y las habilidades que han aprendido. Agradece a Dios por la Biblia y nuestro fácil acceso a ella. Pídele a Dios que ayude a los Scouts a hacer un hábito regular de leer la Biblia.

PROYECTOS MINISTERIALES: **Sesión 4**

Elige y completa uno o más proyectos en la sección *Ir, Servir* de esta insignia. Si seleccionaste un proyecto que combine dos insignias, considera el número de semanas que tarda en completar los requisitos de insignia para ambas. Hay infinitas combinaciones de proyectos ministeriales que se pueden hacer. Usa tu imaginación. Adapta los proyectos ministeriales para satisfacer las necesidades de los Scouts, sus familias y la iglesia.

¡Envuélvelo!

Que los Scouts respondan las preguntas para reflexionar sobre lo que han aprendido en esta insignia de Lectura Bíblica.

MINISTERIOS INFANTILES

Bases Bíblicas: "...pero todo el que haya completado su aprendizaje, a lo sumo llega al nivel de su maestro." (Lucas 6:40b)

Punto Bíblico: Los niños pueden beneficiarse de modelos cristianos a seguir.

Meta de la Insignia:

- Los Scouts tendrán la oportunidad de participar en tres métodos de enseñanza utilizados en los programas de Ministerios Infantiles.
- Los Scouts aprenderán el propósito de los Ministerios Infantiles.
- Los Scouts tendrán la oportunidad de usar las habilidades de la insignia Ministerios Infantiles para servir a otra persona.

Valor Fundamental: Las Misiones. Lee la información acerca de Harmon Schmelzenbach. Los objetivos de los Ministerios Infantiles son introducir a los niños a Dios, ayudarlos a convertirse en Cristianos, y enseñarles cómo vivir la vida Cristiana. Harmon Schmelzenbach predicó al pueblo de África. Muchos africanos se convirtieron en Cristianos.

Espiritual

Plan de Acción

A los niños les gusta divertirse y entretener a otros. Esta insignia les dará la oportunidad de aprender nuevas habilidades y usarlas para ministrar a otros.

Los niños aprenden haciendo. La insignia de Ministerios Infantiles tiene un doble propósito: proveer emocionantes actividades prácticas e introducir a los Scouts al ministerio. Involucra al director / pastor de niños tanto como sea posible si planeas un proyecto ministerial.

Cada semana es independiente. Los Scouts aprenderán una actividad diferente de ministerios infantiles cada semana. Considera usar la Sesión 4 como una sesión de aprendizaje extendida para una de las sesiones anteriores o para un proyecto ministerial. Si los Scouts quieren perseguir un proyecto ministerial con sus habilidades, toma unos minutos de cada sesión para discutir el proyecto y los pasos necesarios para llevarlo a cabo.

PLANIFICADOR DE INSIGNIAS

Sesión

1 Los Scouts aprenderán a compartir el evangelio a través de una presentación con títeres.

2 Los Scouts aprenderán a compartir el evangelio a través de una presentación dramática.

3 Los Scouts aprenderán cómo compartir el evangelio a través de una presentación del ministerio de palos.

4 Los Scouts pueden participar en un proyecto ministerial opcional usando las habilidades de los Ministerios de Niños.

Nota: Planea con antelación para tener suministros y guías de invitados (si es necesario) para cada sesión.

Requisitos ✓ de Insignia

Elige cuatro de los cinco requisitos siguientes para completar la insignia Ministerios Infantiles.

- Compartir el evangelio a través de una presentación títere.
- Compartir el evangelio a través de una actividad dramática.
- Compartir el evangelio a través de una presentación del ministerio de palos.
- Decir por qué es importante compartir el evangelio con los niños.
- Encontrar una manera de usar las habilidades de insignia de Ministerios Infantiles para servir a otra persona.

Espiritual

RECURSOS

- Ministerios de "Sticks": <www.saltandlightmin.org> (Dowel 9-1-1 vídeo)
- También puedes encontrar vídeos de actuaciones de "Sticks" en Youtube

¡R SeRViR!

Los Scouts pueden usar cualquiera de estas sugerencias para los proyectos ministeriales. (Los proyectos ministeriales son opcionales y no se requieren para completar los requisitos de la insignia.)

100 Completar los requisitos para la insignia de Ministerios Infantiles.

200 Requisitos de uso para la insignia para desarrollar un programa y realizarlo para otro grupo de niños.

300 Combina estas habilidades con la insignia de Artesanía (hacer títeres o palos) o con la insignia de Cuidado Infantil (desarrolla un sketch para un grupo de niños más joven).

#1 seguridad

- **SiemPRe** manejar con cuidado cualquier objeto o material que se uses con el ministerio de títeres, drama o palos.
- **SiemPRe** escuchar atentamente las instrucciones.

PALABRAS PARA SABER

Ministerio de "Sticks": Es un método que utiliza palos de madera para mejorar una canción. Los palos pueden indicar pistas rítmicas o visuales para la canción.

PREPARADOS . . . LISTOS . . . FUERA

MINISTERIO DE TÍTERES: Sesión 1

Los Scouts aprenderán a usar los títeres para compartir el evangelio.

Antes de esta sesión, recoge los suministros necesarios y colócalos en la habitación. Elige el estilo del títere que se utilizará. Haz títeres de calcetines o suministra un tipo diferente de títere si lo deseas.

Reúne suficientes títeres para cada niño, con algunos extras para los visitantes. Has una exhibición de una variedad de marionetas.

Materiales

- Una variedad de títeres
- Títeres (uno para cada niño) O un calcetín y dos gomas grandes por niño, ojos y pompones para las narices
- Juego de títeres o sillas y sábanas
- Papel
- Lápices
- Cámara de vídeo (opcional)
- Títere sobre un personaje de la Biblia (si los Scouts no escriben uno)

Buscando Direcciones

- A medida que lleguen los Scouts, déjalos mirar los diferentes tipos de títeres. Deja que los Scouts hablen de los títeres que han hecho y de cualquier actuación que hayan hecho.

- Que voluntarios lean el versículo Bíblico, la sección "¿Qué Puedes Hacer Con Esta Habilidad?", los requisitos de la insignia, las cuestiones de seguridad y las palabras del vocabulario.

- Deja que un voluntario lea "Marioneta Rápida y Fácil." Luego que los Scouts hagan un calcetín.

- Deja que un voluntario lea "Tres Partes de un Juego de Títeres". Que los Scouts escriban su propio sketch. Que los títeres digan cómo los niños pueden compartir el evangelio con otros. Si los Scouts no escriben un sketch, ten uno disponible para que los Scouts lo usen. Esto debe ser una sátira sobre un personaje de la Biblia o uno que presente un mensaje de salvación. Que los Scouts practiquen. Luego, si el equipo de vídeo está disponible, graba y reproduce los resultados para los Scouts.

- Que los Scouts respondan a las preguntas de "Marionetas como Ministerio" para evaluar su experiencia.

- Lee Lucas 6:40b. Di: **El Valor Fundamental de esta insignia es Misiones. Harmon Schmelzenbach viajó a África para contarle a la gente sobre el amor de Dios y su plan de salvación. ¿Crees que pudo haber usado marionetas para contarle a los niños acerca de Dios?** (Deja que los Scouts respondan.) **Algunos misioneros han usado títeres para compartir el evangelio con personas de otras tierras. Podemos usar títeres para compartir el evangelio aquí.**

Cierra en oración. Agradece a Dios por ayudar a los Scouts con su habilidad sobre títeres.

MINISTERIO DRAMA: **Sesión 2**

Los Scouts compartirán el evangelio realizando una presentación dramática.

Antes de esta sesión, obtén los suministros. Invita a un guía que tenga experiencia en drama con niños. Prepara una exhibición de libros de drama para niños.

Materiales

- Libros sobre sketch o dibujos para niños
- Accesorios o trajes opcionales
- Lápices
- Papel
- Boceto sobre un personaje bíblico

- Cuando lleguen los Scouts, déjalos navegar por los libros de drama. Que los Scouts compartan sus experiencias con el drama. Enfatiza que el drama puede ser una poderosa herramienta de ministerio.
- Deja que un voluntario lea los consejos para el buen drama del *Estudiante Scout*.
- Elige un boceto que los Scouts puedan aprender y realizar en un período de 40 minutos o menos. Considera un boceto con un mensaje de salvación o uno que se correlacion con el Valor Fundamental de Misiones u otra insignia. Si el tiempo lo permite, incluye accesorios y trajes.
- Que los Scouts evalúen su experiencia respondiendo a las preguntas de "Sketch como Ministerio".
- Lea Lucas 6:40b. Di: *Muchas personas se han convertido en cristianos después de ver un buen drama que compartía el evangelio. Es posible incluir mensajes del amor y la gracia de Dios a través de un sketch. Misioneros como Harmon Schmelzenbach han usado una variedad de métodos para presentar el evangelio. En muchas áreas del mundo, la película de JESÚS ha presentado a miles de personas las buenas noticias acerca de Jesús.*

Cierra en oración. Agradece a Dios por las muchas maneras en que la gente puede compartir el evangelio. Pide a Dios que ayude a los Scouts a usar el drama u otros métodos para decirle a alguien acerca de Jesús.

MINISTERIO DE "STICKS": Sesión 3

Los Scouts compartirán el evangelio realizando una canción usando palos.

Antes de esta sesión, elige una canción que cuente una historia. Determina los movimientos. Elige una canción que cuente una historia completa de principio a fin y sea expresiva.

Para los movimientos de la canción, asegúrate de que los movimientos no son demasiado complicados y pueden ser realizados por un grupo de niños.

Materiales

- Vástagos de 1/4" de espesor y 24" de largo
- Reproductor de CD
- Canción de elección
- Vídeo o libros sobre el ministerio de los "Sticks"

■ Deja que los Scouts hojeen los libros o vean una interpretación en vídeo de un ministerio de palos. Explica a los Scouts sobre el ministerio de los palos. Deja que un voluntario lea "Actuando con Palos" en el *Estudiante Scout*. Introduce los movimientos y la canción que vas a utilizar. Sigue esta secuencia:

1. Introduce a los niños en el manejo adecuado de los palos.

2. Escucha la canción. Ayuda a los niños a visualizar la historia contada.

3. Realiza la canción entera para los Scouts.

4. Guía a los Scouts a través de los movimientos del coro. Si hay tiempo, enséñales porciones de las canciones y luego ponlas todas juntas.

5. Distribuye los palos y deja que los Scouts practiquen. Considera la posibilidad de realizar la canción en frente de todo el grupo Caravana.

■ Que los Scouts respondan a las preguntas de "Preguntas sobre Palos" para evaluar su experiencia.

■ Lee Lucas 6:40b. Di: ***Hay muchas maneras de compartir acerca de Jesús. Dios quiere que los cristianos usen sus habilidades para servirle a Él y a otros.***

Cierra en oración. Agradeciendo a Dios por divertidas maneras de compartir el evangelio con los demás. Pídele a Dios que ayude a los Scouts a usar sus habilidades para ayudar a otros a saber más acerca de Su amor y Su plan de salvación.

PROYECTOS MINISTERIALES: Sesión 4

Las tres habilidades se pueden utilizar en un proyecto del ministerio. Considera las opciones en la sección *Ir, Servir*.

¡Envuélvelo!

Que los Scouts respondan las preguntas para reflexionar sobre lo que han aprendido a través de la insignia de Ministerios Infantiles.

DISCIPULADO

Bases Bíblicas: "Por tanto, vayan y hagan discípulos de todas las naciones, bautizándolos en el nombre del Padre y del Hijo y del Espíritu Santo, enseñándoles a obedecer todo lo que les he mandado a ustedes. Y les aseguro que estaré con ustedes siempre, hasta el fin del mundo." (Mateo 28:19-20)

Punto Bíblico: Es importante que un cristiano siga las enseñanzas de Jesús.

Meta de la Insignia:

■ Los Scouts deben entender la definición e importancia del discipulado.

■ Los Scouts deben aprender lo que significa ser un seguidor diario de Cristo. Los Scouts pueden ser asignados a un mentor espiritual.

■ Los Scouts pueden ser introducidos a un proyecto opcional de ministerio usando habilidades de Discipulado.

Valor Fundamental: Misiones. Lee la información acerca de Harmon Schmelzenbach. Harmon fue llamado por Dios para decirle a la gente en África sobre el plan de salvación de Dios. Hizo muchos discípulos en África. Los Scouts pueden aprender sobre las enseñanzas de Jesús y aplicarlas a sus vidas.

Plan de Acción

Los Scouts pueden entender que necesitan un Salvador que les perdone por las cosas malas que han hecho. Es importante seguir su conversión con el entrenamiento de discipulado. Los niños pueden hacer cambios importantes en su vida ahora mismo.

NOTA: *Amigos de Jesús* es una serie de lecciones diseñadas para ayudar a los niños a entender cómo vivir como cristianos. Se puede usar uno-a-uno con un mentor o como una clase pequeña. Ve los Recursos.

NOTA: En la tercera sesión, los Scouts pueden estar en parejas con un mentor espiritual adolescente o adulto. Consulta con tu pastor y/o director de Caravana para seleccionar personas que serían buenos mentores para los Scouts. Estos mentores deben ser cristianos establecidos que disfrutan alentando a un Scout y enseñándoles acerca de la vida cristiana. Habla con el pastor sobre cualquier procedimiento de seguridad que sea necesario. Ponte en contacto con los padres y obtén su permiso para que sus hijos participen.

PLANIFICADOR DE INSIGNIAS

Sesión

1 Los Scouts aprenderán la definición de discipulado y los nombres de los 12 discípulos de Jesús.

2 Los Scouts descubrirán cómo vivir como Cristianos cada día.

3 Los Scouts hablarán con un mentor sobre cómo vivir la vida Cristiana.

4 Los Scouts pueden participar en un proyecto opcional del ministerio usando las habilidades de Discipulado.

Requisitos ✓ de Insignia

Elige cuatro de los cinco requisitos para completar la insignia Discipulado.

☐ Informar algunas maneras de compartir las buenas nuevas acerca de Jesús con otros.

☐ Aprender el significado de la palabra discipulado y los nombres de los doce discípulos de Jesús.

☐ Entrevistar a un cristiano en quien confíes para ser tu mentor espiritual.

☐ Explicar el ABC de Salvación.

☐ Encontrar una manera de usar las habilidades de Discipulado para ministrar a alguien más.

RECURSOS

* *Amigos de Jesús* - paquete
* *Mi Mejor Amigo, Jesús* - Folleto

Espiritual

¡SERVIR!

Los Scouts pueden usar cualquiera de estas sugerencias para los proyectos ministeriales. (Los proyectos ministeriales son opcionales y no se requieren para completar los requisitos de la insignia.)

100 Completar los requisitos para la insignia Discipulado.

200 Requisitos de uso para esta insignia para completar un proyecto ministerial. Considera la posibilidad de distribuir el folleto de salvación *Mi Mejor Amigo Jesús*, a los niños en el barrio de la iglesia.

300 Combina las habilidades de Discipulado y Hospitalidad para organizar una fiesta para tu clase de Escuela Dominical. Invita a oradores especiales a dar cinco consejos sobre cómo vivir como Cristiano.

PALABRAS PARA SABER

Discipulado: Aprender y seguir las enseñanzas de Jesús.

Mentor: Una persona en la que confías para aconsejarte y guiarte.

PREPARADOS . . . LISTOS . . . FUERA

¿QUÉ ES UN DISCÍPULO? Sesión 1

Los Scouts aprenderán lo que significa ser un discípulo de Jesús.

Antes de esta sesión, recopila un conjunto de materiales para cada Scout. Ten suministros adicionales a mano. Esta semana, los Scouts aprenderán un poco de la "magia del Evangelio" para compartir con sus amigos.

Materiales

- 1 cucharada de sal (por Scout)
- 1 cucharada de pimienta negra finamente molida (por Scout)
- Platos
- Biblias
- Piezas de fieltro o tejido de lana (1 por niño)
- *Estudiante Scout*
- Pajitas de plástico
- Bolígrafos o lápices

Buscando Direcciones

- Cuando lleguen los Scouts, dales papel y lápiz. Pídeles que enumeren en columnas distintas las tareas que les gusta hacer y las tareas que odian hacer. Cuando todos los Scouts hayan llegado, que voluntarios compartan sus respuestas. Di: *Jesús tenía 12 ayudantes especiales llamados discípulos. Aprenderemos más sobre lo que significa ser discípulo hoy.*

- Que voluntarios lean del versículo de la Biblia, la sección "¿Qué Puedes Hacer Con Esta Habilidad?", los requisitos de la insignia y las palabras del vocabulario. Luego lee "¿Qué es un Discípulo?" Que los Scouts encuentren Mateo 10:1-4 y escriban los nombres de los 12 discípulos de Jesús. Para ayudar a los Scouts a recordar los nombres de los 12 discípulos de Jesús, canta la canción en el *Estudiante Scout* a la melodía de "Jesús Me Ama." Luego que los Scouts enumeren a Cristianos que saben que son discípulos de Jesús hoy. Ayuda a los Scouts con la ortografía de los nombres.

- Da a cada explorador un plato y materiales para la lección. Di: *Hoy aprenderemos una lección que puedes usar con tus amigos. Muestra lo que sucede cuando una persona se convierte en un discípulo de Cristo.* Mientras hablas, mezcla la sal y la pimienta en el plato. Di: *Imaginen que los granos de pimienta son los discípulos de Jesús. Imaginen que la sal es el resto del mundo. ¿Cómo puedes diferenciar a un discípulo de las otras personas?* Las respuestas variarán.

    Frota rápidamente el fieltro hacia adelante y hacia atrás en paja alrededor de 20 veces. Di: *Pueden diferenciar a un discípulo de los demás debido a cómo actúan. Siempre se aferran a las enseñanzas de Jesús.* Sostén la paja justo encima de la mezcla de sal / pimienta. Tanto la sal como la pimienta se sentirán atraídas por la paja, pero la pimienta saltará primero a la paja. Esto sucede porque la pimienta es más ligera que la sal. Di: *Cuando la gente vea cómo un discípulo Cristiano actúa, entonces eventualmente querrán seguir las enseñanzas de Jesús, ¡también! La sal debe comenzar a pegarse a la paja.*

    Deja tiempo para que los Exploradores practiquen esta lección de objetos para que puedan mostrarla a sus amigos.

- Lee Mateo 28: 19-20. Di: *Jesús estaba listo para abandonar la tierra y regresar a Dios, el Padre, en el cielo. Él dio un mandamiento a sus seguidores para continuar su trabajo mientras él se había ido. Cuando los Scouts se convierten en discípulos de Jesús, viven sus vidas como lo hizo Jesús. Los Scouts pueden aprender acerca de ser un Cristiano de la Biblia.*

Cierra en oración, agradeciendo a Dios por enviar a Jesús a ser nuestro Salvador y enseñarnos cómo vivir la vida Cristiana.

¿ES USTED UN SEGUIDOR? Sesión 2

Los Scouts aprenden de la Biblia acerca del discipulado.

Materiales

- Biblias
- Bolígrafos o lápices
- *Estudiante Scout*

- Abre la sesión jugando el juego "Copiar Gatos." Aquí está cómo jugar:

  Selecciona una persona para ser el gato. Que el líder sea el gato. Que un Scout se pare al lado de la habitación y sea el Ratón. El resto del grupo debe copiar todos los movimientos del Gato. El giro al juego es el siguiente: El Ratón se para al lado de la habitación, tratando de distraer a los Scouts llamando a sus nombres o dando direcciones equivocadas. Cuando un jugador pierde una acción o la copias mal, se convierte en el ratón, y el ratón anterior puede volver a jugar. (Está bien tener más de un ratón.)

- Después de jugar el juego, di: ***Cuando somos discípulos de Cristo, tratamos de hacer todo como lo hizo Jesús. Queremos vivir como Jesús, siguiendo Sus enseñanzas. A veces, podemos distraernos con otras personas o cosas. Tenemos que prestar atención a lo que dice la Biblia, para que podamos vivir como Jesús.***

- Que los Scouts busquen los siguientes pasajes de la Biblia. Después de cada lectura, pregunta qué nos muestra el pasaje sobre cómo vivió Jesús. Marcos 8:1-8, Juan 4:1-10, Marcos 10:13-16, Marcos 10:17-21

- Que los voluntarios lean las maneras de ser uno de los discípulos de Jesús en el *Estudiante Scout*. Que los Scouts conozcan el ABC de Salvación es una manera fácil de decirle a alguien cómo ser salvo. Que los Scouts se unan y practiquen diciendo a sus parejas el ABC de Salvación. Como otra opción, los Scouts podían leer entre sí el folleto de salvación *Mi Mejor Amigo, Jesús*. Discute cómo los Scouts pueden vivir para agradar a Dios y hablar a otros acerca de Él.

  Cierra la sesión con oración.

¿CÓMO LO VIVO? Sesión 3

La iglesia debe estar involucrada en la conversión y discipulado de tus niños.

Antes de esta sesión, recopila los materiales de la lista del "Materiales". Haz arreglos para que varios cristianos en tu iglesia asistan a la reunión y sean mentores para los Scouts. Haz coincidir cada Scout con un mentor y ten mentores adicionales disponibles para los visitantes. Sigue los procedimientos de selección para tu iglesia y asegura el permiso de los padres. Escribe las cuatro situaciones en tarjetas de índice y dalas a los mentores para utilizar como se habla de "Decisiones".

Materiales

- Aperitivos
- Biblias
- *Estudiante Scout*
- Bolígrafos o lápices
- Adultos dispuestos a educar a los niños Cristianos
- Permiso de los padres o tutores para que los Scouts participen en un programa de tutoría
- Tarjetas de 3 "x 5"

- Prepara bocadillos en tazones en las mesas. Que los Scouts que lleguen temprano ayuden a preparar.

- Que el grupo de Cristianos que invitaste a la reunión se mezcle con los Scouts a medida que lleguen. Que los mentores sepan con quién están en parejas. Di a los Scouts, **Dios quiere que seamos buenos discípulos, o seguidores de Jesús. Pero Él no espera que lo hagamos solos. Es importante tener un cristiano maduro con quien hablar. Esta persona puede ayudar a encontrar respuestas a preguntas y a resolver problemas. Un mentor puede orar y ser amigo. Los he puesto en pareja a cada uno de ustedes con un mentor cristiano de nuestra iglesia.**

- Permite que voluntarios lean "No Estás Solo" y "Conoce a Mi Mentor". Que los Scouts entrevisten a sus mentores y completen la información en el *Estudiante Scout*. Que el mentor y el scout lean "Decisiones" y "¿Qué Pasa Si Elijo La Elección Equivocada?" Da a los mentores una copia de las situaciones para discutir.

- Enviar una nota a casa de los padres de los Scouts, explicando que a cada niño se le asignó un mentor. Que el Scout y el mentor oren juntos para cerrar la sesión.

PROYECTOS MINISTERIALES: **Sesión 4**

Elige y completa uno o más proyectos en la sección *Ir, Servir* de esta insignia. Si seleccionaste un proyecto que combina dos insignias, considera el número de semanas que tarda en completar los requisitos de insignia para ambas. Hay infinitas combinaciones de proyectos ministeriales que se pueden hacer. Usa tu imaginación. Adapta los proyectos ministeriales para satisfacer las necesidades de los Scouts, sus familias y la iglesia.

¡Envuélvelo!

Que los Scouts respondan las preguntas para reflexionar sobre lo que han aprendido a través de este distintivo de Discipulado.

MAYORDOMÍA

Bases Bíblicas: "Busca primeramente su reino y su justicia, y todas las demás cosas serán dadas." (Mateo 6:33)

Punto Bíblico: Dios quiere que usemos nuestras posesiones sabiamente.

Meta de la Insignia:

- Los Scouts deben entender el significado y la importancia de la mayordomía.
- Los Scouts deben examinar su estilo de vida y determinar cómo pueden ser mejores mayordomos.
- Los Scouts pueden ser introducidos a un proyecto opcional de ministerio usando las ideas de Mayordomía.

Valor Fundamental: Misiones. Lee la información acerca de Harmon Schmelzenbach. Cuando vivimos una vida santa, nos dedicamos nosotros mismos y todo lo que tenemos a Dios. Harmon fue a África para contarles a los africanos acerca de Jesús. Algunas personas dirían que sacrificó mucho para ser un misionero. Harmon diría que estaba siendo un buen mayordomo de las habilidades que Dios le había dado.

Plan de Acción

Pueden ser jóvenes, pero los Scouts tienen edad suficiente para entender que todas las cosas buenas vienen de Dios, incluyendo su tiempo, talentos, cuerpos y tesoros. Enseñar esta habilidad a los estudiantes de tercer y cuarto grado puede ayudarles a desarrollar un enfoque de nivel agradable a Dios para las cosas que tienen.

254

PLANIFICADOR DE INSIGNIAS

Sesión

1 Los Scouts examinarán los horarios diarios y hablarán sobre la gestión del tiempo. Ellos completarán las tarjetas "Compartir Tiempo" y se comprometerán a donar dos horas de tiempo para ayudar a otros esta semana.

2 Los Scouts completarán un proyecto compasivo para una familia necesitada.

3 Los Scouts aprenderán la importancia del diezmo y cómo funciona un presupuesto de la iglesia.

4 Los Scouts pueden ser introducidos a un proyecto opcional de ministerio usando habilidades de Mayordomía.

Requisitos ✓ de Insignia

Elige cuatro de los cinco requisitos para completar la insignia de Mayordomía.

☐ Hacer un plan de presupuesto simple.

☐ Usar uno de tus talentos especiales para ayudar a la iglesia.

☐ Ganar dinero para contribuir a la oferta de Alabastro.

☐ Donar dos horas de tu tiempo para ayudar a los demás.

☐ Encontrar una manera en que puedas usar tus habilidades de Mayordomía para ministrar a otra persona.

Espiritual

RECURSOS

- Recursos de desarrollo de la administración en el sitio web de la Iglesia del Nazareno, http: // www.nazarene.org/stewardship.html>

¡Servir!

Los Scouts pueden usar cualquiera de estas sugerencias para los proyectos ministeriales. (Los proyectos ministeriales son opcionales y no se requieren para completar los requisitos de la insignia.)

100 Completar los requisitos para la insignia Mayordomía.

200 Requisitos de uso para esta insignia, completar un proyecto ministerial. Considera la posibilidad de realizar un proyecto de ministerio compasivo que involucre la mayordomía de tiempo, talento o dones.

300 Combina habilidades de Mayordomía y Primeros Auxilios para recoger divertidas band-aids con personajes cómicos. Entregarlos a un director de preescolar.

PALABRAS PARA SABER

Mayordomía: Lo que haces con lo que tienes.

Diezmo: Una cantidad de dinero que le das a Dios para apoyar a la iglesia. Un diezmo es una décima parte de tu dinero.

PREPARADOS . . . LISTOS . . . FUERA

¿SIN TIEMPO? Sesión 1

Los Scouts descubrirán cómo usan su tiempo y planean un proyecto para hacer durante la semana.

Antes de esta sesión, recopila los materiales de la lista del "Materiales". En la mitad de las placas de papel, traza líneas para dividirlas en 24 secciones iguales. Recoge una variedad de dispositivos que indican el tiempo, tales como relojes.

Materiales

- Platos de papel en diferentes colores, dos por niño
- *Estudiante Scout*
- Bolígrafos o lápices
- Tijeras
- Cinta adhesiva
- Fotocopias del cupón " Tiempo Compartido"
- Variedad de relojes y relojes

■ A medida que lleguen los Scouts, déjalos mirar las diversas maneras de contar el tiempo. Pídeles a los Scouts que cuenten cuántos dispositivos tienen en sus hogares.

■ Deja que un voluntario lea del versículo de la Biblia, la sección "¿Qué Puedes Hacer Con Esta Habilidad?", los requisitos de la insignia, la sección "¿Soy Un Buen Mayordomo?" y las palabras del vocabulario. Que los Scouts llenen los espacios en blanco para mostrar el tiempo que pasan en varias actividades. Lee "Tiempo con Dios".

  Luego, dale a cada Scout una placa en blanco y otra con líneas. Reparte las tijeras y que los Scouts corten las placas en "rebanadas". Luego, que los Scouts dispongan las piezas en círculos en la parte superior de las placas enteras. **Nota:** Tendrás que redondear los segmentos de tiempo de media hora a una hora para que esto funcione.

■ Usando la información que suministra la página 102, que cada Scout elimine una rebanada por cada hora que consumen en un día.

■ Pide a cada Scout que comparta su círculo y conteste con el resto del grupo. Si un Scout parece tener muy poco tiempo de sobra en un día, pregunta si puede reorganizar el horario para ganar más tiempo.

■ Di: *Dios nos da tiempo. Podemos demostrar que amamos a Dios haciéndole más importante que cualquier otra cosa que hagamos. También podemos mostrarle a Dios que lo amamos usando parte de nuestro tiempo para ayudar a otras personas.*

■ Entrega las tarjetas "Tiempo Compartido" al grupo. Pídeles que firmen las tarjetas, luego llenen donde planean usar ese tiempo. Anima a los Scouts a compartir dos horas de su tiempo ayudando a los demás de alguna manera esta semana. Es posible que desees planificar algunas tareas para ayudar en la iglesia o para ayudar a un jubilado.

  Cierre con oración. Agradece a Dios por todo lo que Él nos da. Pídele que ayude a los Scouts a ser buenos mayordomos de su tiempo.

ERES UN REGALO! Sesión 2

Los Scouts aprenderán la importancia de cuidar sus cuerpos.

Antes de esta sesión, considera las habilidades de tus Scouts. Luego, planea un proyecto de mayordomía simple y compasivo.

Materiales

- Materiales para un proyecto compasivo
- Estudiante Scout
- Biblias
- Bolígrafos o lápices

Buscando Direcciones

- Lee del *Estudiante Scout* "Manejo de Tu Cuerpo" y "Eres Talentoso". Que los voluntarios lean los versículos de la Biblia.

- Discute las maneras en que los Scouts pueden ser buenos mayordomos de sus cuerpos.

- Que el grupo se siente en un círculo luego mueve un Scout al centro del círculo. Pídele a ese niño que nombre un talento especial que tenga. Luego, que el grupo nombre cosas en las que el niño es bueno. Haz esto para cada Scout. **Nota:** Si un visitante asiste, es posible que necesites ayudar al grupo a superar sus talentos. El punto de la actividad es ayudar a los Scouts a saber que son únicos y talentosos. Los talentos no se limitan a la música y al arte.

- Después de la actividad, pídele al grupo que participe en el proyecto de Mayordomía Compasivo.
- Mientras trabajan, di: *Podemos usar nuestras habilidades para servir a Dios ayudando a los demás.*
- Lee Mateo 6:33. Di: *Dios nos ha dado habilidades maravillosas. Necesitamos usarlas para complacerlo y ayudar a otros.*

Cierra en oración, agradeciendo a Dios por todo lo que ha dado. Pídele que ayude a los Scouts a ser buenos administradores de sus talentos y habilidades.

CAZA DEL TESORO: **Sesión 3**

Los Scouts aprenderán sobre el presupuesto de la iglesia y se darán cuenta de cómo su diezmo ayuda a la iglesia.

Materiales

Antes de esta sesión, recopila los materiales de la lista del "Materiales". Pídele a tu pastor una copia anterior del presupuesto de la iglesia. NOTA: Simplifica el presupuesto para los Scouts y las cuentas de la iglesia.

- Cajas de alabastro
- Biblias
- Bolígrafos o lápices
- Dinero de juego (como monopolio)
- Papel
- Pizarra y marcadores
- Rotafolio con marcadores
- Copias de un presupuesto simplificado de la iglesia

Buscando Direcciones

- Revisa la información en el *Estudiante Scout*. Que los Scouts rellenen y discutan sus respuestas a las preguntas. Explique qué es el diezmo. Si un niño recibe $5.00, el diezmo es de 50 centavos. El niño también podría ahorrar 50 centavos y todavía tiene $4.00 para gastar.
- Que los Scouts se dividan en grupos de tres o cuatro. Da a cada grupo una copia de un presupuesto típico de la iglesia. Luego, da al grupo dinero de juego en la cantidad que la iglesia normalmente recibe en un mes. Di: *El dinero de la iglesia proviene de diezmos y ofrendas. Vamos a dividir el dinero para "pagar" estas facturas.* Para algunas iglesias, los Scouts podrán "pagar" todas las facturas. En este caso, quita la mitad del dinero y di, *Imaginen que la mitad de la gente dejó de diezmar. ¿Cómo pagaríamos las cuentas de la iglesia?* Permíteles responder. Di: *Cuando Dios pide algo de nosotros, Él siempre tiene buenas razones para ello. Cuando nos dice que diezmemos, el dinero paga a nuestro ministro y a las cuentas de nuestra iglesia.*

- Muestra a los Scouts una caja de Alabastro. Di: ***Dos veces al año nuestra denominación recauda dinero para proveer edificios para iglesias alrededor del mundo. Esto se llama la ofrenda de Alabastro. El dinero que ofrece el Alabastro ha construido iglesias, escuelas, clínicas y otros edificios en las áreas de la misión. Les invito a llevar esta caja a casa con ustedes. Pon dinero para la ofrenda de Alabastro siempre que puedas. La próxima vez que nuestra iglesia recolecta esta ofrenda es*** _____. (Pregunta a tu director de Misiones Nazarena Internacionales esta fecha.)

- Que cada Scout piense en dos o tres maneras en que él o ella puede ganar dinero para dar a la ofrenda de Alabastro.

- Lee Mateo 6:33. Di: ***En esta insignia hablamos sobre las muchas cosas buenas que Dios nos ha dado y la responsabilidad de ser buenos mayordomos de esas cosas.***

Cierre esta sesión con oración. Pide a Dios que ayude a todos los Scouts a ser buenos mayordomos.

PROYECTOS MINISTERIALES: Sesión 4

Elige y completa uno o más proyectos en la sección *Ir, Servir* de esta insignia. Si seleccionaste un proyecto que combina dos insignias, considera el número de semanas que tarda en completar los requisitos de insignia para ambas. Hay infinitas combinaciones de proyectos ministeriales que se pueden hacer. Usa tu imaginación. Adapta los proyectos ministeriales para satisfacer las necesidades de los Scouts, sus familias y la iglesia.

¡Envuélvelo!

Que los Scouts respondan a la preguntas para reflexionar sobre lo que han aprendido a través de esta insignia. Al enseñar esta insignia, recuerda a los Scouts que Phineas F. Bresee, el fundador de la Iglesia de Nazareno, creía que una manera de mostrar buena mayordomía era ayudar a los pobres. Ayudar a otros es el propósito de los proyectos y ofrendas de compasión mencionados en esta Guía.

CUIDADO DE NIÑOS

Bases Bíblicas: "Instruye al niño en el camino que debe seguir, y cuando sea viejo no se apartará de él." (Proverbios 22:6)

Punto Bíblico: La Biblia nos muestra que los niños son importantes a los ojos de Dios. Debemos tratar a los niños de la manera correcta y enseñarles sobre los caminos de Dios a una edad temprana.

Meta de la Insignia:

■ Los Scouts deben saber cómo sostener y alimentar a un bebé y cómo cambiar el pañal de un bebé.

■ Los Scouts deben conocer algunas de las principales diferencias entre los bebés (desde el nacimiento hasta los 18 meses) y los niños pequeños (de un año a cuatro años).

■ Los Scouts aprenderán sobre los problemas de seguridad con los niños que están viendo. Se familiarizarán con qué hacer en una emergencia y aprenderán consejos sobre la prevención de accidentes.

■ Los Scouts pueden participar en un proyecto opcional de ministerio usando las destrezas de Cuidado de Niños.

Valor Fundamental: El Carácter. Lee la información acerca de Audrey Williamson. Audrey tenía padres Cristianos que la ayudaron a saber cómo convertirse en cristiana y vivir en los caminos de Cristo. A lo largo de su vida, Audrey amó la Palabra de Dios y modeló el Carácter Cristiano.

Plan de Acción

Las habilidades del Cuidado de Niños son importantes para que los Scouts aprendan. Habrá muchas circunstancias en sus vidas donde tendrán que saber cómo cuidar de los niños. Es importante enfatizar que los bebés y los niños pequeños son preciosos a los ojos de Dios. La mayoría de los Scouts estarán ansiosos de jugar con bebés y niños pequeños que puedan encontrar. Cuando los Scouts aprendan sobre consejos de seguridad y cosas que los bebés necesitan, ayudará a que los Scouts se vuelvan más eficientes y seguros cuando cuidan a bebés y niños pequeños.

Social

261

PLANIFICADOR DE INSIGNIAS

Sesión

1 Los Scouts aprenderán las diferencias entre bebés y niños pequeños. También aprenderán la importancia de conocer a los padres de los niños que están viendo.

2 Los Scouts aprenderán qué hacer en caso de una emergencia. Aprenderán a establecer límites apropiados para los niños que están viendo.

3 Los Scouts aprenderán a divertirse con los niños que están viendo. Los Scouts aprenderán sobre juegos divertidos y actividades para jugar con los niños.

4 Los Scouts pueden participar en un proyecto opcional de ministerio usando habilidades de Cuidado de Niños.

Requisitos ✓ de Insignia

Elige cuatro de los cinco requisitos siguientes para completar la Insignia de Cuidado de Niños.

☐ Aprender cómo sostener y alimentar a un bebé y cambiar un pañal. Practica en una muñeca antes de probar lo real!

☐ Crear una lista de verificación de la información necesaria de los padres de los niños que cuidas.

☐ Crear una lista de actividades apropiadas para su edad. Necesitarás al menos una actividad para cada grupo de edad: nacimiento - 6 meses, 6 meses - 1 año, 1 año - 2 años, 2 años - 3 años, 3 años - 6 años.

☐ Utilizar las herramientas aprendidas en esta insignia de Cuidado de Niños para armar una bolsa de cosas que desees llevar contigo en cualquier momento que tengas q velar a niños. (Incluye una lista de "Verificar con los Padres" y "Actividades" en la lista.

☐ Encontrar una manera de usar las habilidades de Cuidado de Niños para ministrar a otra persona.

Social

SeRViR!

Los Scouts pueden usar cualquiera de estas sugerencias para los proyectos ministeriales. (Los proyectos ministeriales son opcionales y no se requieren para completar los requisitos de la insignia.)

100 Completar los requisitos para la insignia Cuidado de Niños.

200 Considera la posibilidad de que los Scouts lleven a cabo una actividad de "Día de los Padres" para tu iglesia. Proporciona una supervisión adulta adecuada para el número de niños que mirarás.

300 Combina las habilidades de las insignias de Cuidado de Niños y Ciclismo. Considera la posibilidad de organizar un "rodeo de bicicleta" para los niños.

#1 seguridad

- **SiemPRe** tener información de contacto de emergencia para los padres de cada niño que cuides.
- **Asegúrate** de conocer al niño ya la familia del niño que cuidas antes de que los padres te dejen solo con el niño.
- **Nunca** golpees, pellizques, patees o toques a un bebé de cualquier manera que pueda lastimar al bebé. Recuerda que los bebés son pequeños, y necesitas ser amable cuando estás con ellos.
- **SiemPRe** piensa en lo que el bebé podría necesitar primero. Recuerda que los bebés dependen de ti para todo mientras estás cuidándolos.
- **Nunca** dejes a un niño desatendido.
- **SiemPRe** utiliza una voz silenciosa con los bebés y niños pequeños.
- **Nunca** gritar a un bebé.

PALABRAS PARA SABER

Bebé: Un bebé es una persona entre el nacimiento y 18 meses. Los bebés deben ser vigilados con mucho cuidado.

Niño Pequeño: Un niño es una persona que tiene más de un año de edad. Los niños pequeños pueden hacer más por sí mismos, pero todavía necesitan ser observados con mucho cuidado.

Emergencia: Una emergencia es una situación inesperada que requiere una acción inmediata. Puedes estar preparado para estas emergencias por saber lo que debes hacer si se presentan ciertas situaciones.

PREPARADOS . . .LISTOS . . .FUERA

NIÑOS, BEBÉS Y SUS PADRES: Sesión 1

Los Scouts aprenderán cómo cuidar adecuadamente las necesidades de un bebé y / o de un niño pequeño. Deja que los Scouts practiquen con muñecas algunas de las cosas, ellos tendrán que saber trabajar con bebés reales.

Antes de esta sesión, recoge cualquier provisión que tus niños puedan usar para practicar el cuidado de bebés.

Materiales

- Muñecas para representar bebés
- Artículos necesarios para alimentar y cambiar de pañal a un bebé
- Pañales para que los niños practiquen
- Una botella de bebé por scout

Buscando Direcciones

- Cuando lleguen sus Scouts, déjalos compartir sus experiencias cuidando de hermanos menores u otros niños pequeños.

- Haz una lluvia de ideas con tus Scouts sobre las diferencias entre un bebé y un niño pequeño. Escríbelos en un tablero para que todos lo vean.

- Pide a un voluntario que lea el versículo de la Biblia, la sección "¿Qué Puedes Hacer Con Esta Habilidad?", los requisitos de la insignia, las cuestiones de seguridad y las palabras del vocabulario.

- Revisa con los Scouts la lista que hicieron acerca de un bebé y un niño pequeño. Pide a un voluntario que lea la sección "Aprender los Fundamentos". Habla acerca de la lista que los Scouts habían hecho, y compárala con la lista en el *Estudiante Scout*.

- Pasa las muñecas y los pañales. Enseña a los Scouts cómo cambiar el pañal de un bebé. Deja que los Scouts practiquen con las muñecas que tienen.

- Luego que practiquen la alimentación de los bebés. Toma una botella vacía, y muestra a los Exploradores cómo sostener un bebé correctamente, apoyando su cabeza y cuello. Muestra a los Exploradores cómo poner a los bebés para una siesta.

- Pon las muñecas lejos, y lee la sección "Los Padres Saben Mejor" del *Estudiante Scout*.

- Lee el versículo bíblico nuevamente y habla con los Scouts sobre cómo "entrenar a un niño" correctamente.

- Señala que el Valor Fundamental de esta insignia es Carácter. Los padres pueden comenzar temprano en la vida para enseñar a los niños acerca de Dios y Su amor. Los niños que se crían en este ambiente encuentran más fácil desarrollar el carácter Cristiano. Audrey Williamson se convirtió en Cristiana a la edad de cuatro años. Sus padres la ayudaron a crecer como Cristiana.

Cierre con oración, agradeciendo a Dios por ayudar a los Scouts a aprender nuevas habilidades.

CUIDADO Y PREPARACIÓN: **Sesión 2**

Los Scouts aprenderán a cuidar niños y emergencias.

Antes de esta sesión, recopila y prepara los materiales que se encuentran en el "Materiales". Modifica la lista de "Emergencias" y la hoja de criterios "Disciplina" para tus Scouts. Agrega o elimina los elementos como mejor te parezca.

Materiales

- Papel para cada Scout
- Pluma o lápiz para cada Scout
- Pizarra marcador y marcadores

Buscando Direcciones

- Cuando los Scouts entren, pídeles que tomen una muñeca y practiquen el cambio del pañal y la alimentación del bebé.

- Pide a un voluntario que lea el versículo de la Biblia, y la sección "Tener Cuidado y Preparación".

- Pide a los Scouts que definan qué es una emergencia y lea la sección "Saber Qué Hacer En Caso De Emergencia" del *Estudiante Scout*. Enfatiza la importancia de colocar números de teléfono de emergencia cerca del teléfono.

- Has una lluvia de ideas con los Scouts sobre algunas situaciones peligrosas. Que los Scouts acudan al "¡Peligro! ¡Peligro! Peligro!" del *Estudiante Scout*. Habla con tu grupo Scout sobre lo que le podría pasar al bebé o al niño pequeño en cada una de las situaciones. Escribe en un tablero de anuncios lo que los Scouts pueden hacer para evitar estas situaciones peligrosas.

- Mueve la discusión de "Emergencias" a "Disciplina". Los Scouts encontrarán mal comportamiento mientras observan a los niños. Es importante que los Scouts conozcan formas apropiadas de disciplinar a un niño pequeño. Menciona la idea de ignorar el comportamiento inofensivo. Anima al Scout a utilizar la idea de "Tiempo Fuera" como disciplina apropiada (un minuto por cada año de edad).

- Discute la diferencia entre la disciplina y el castigo.

- Lee Proverbios 22:6 otra vez. Discute las maneras en que la disciplina apropiada puede ayudar a "entrenar" a un niño de la manera que debe ir.

Cierre en oración. Agradeciendo a Dios por amarnos y guiarnos y enseñarnos cómo mantener a los niños seguros.

TIEMPO DE JUEGO: **Sesión 3**

Los Scouts aprenderán sobre las maneras apropiadas de jugar con los niños.

Antes de esta sesión, recoge todos los artículos que se encuentran en el "Materiales". Invita a un director de preescolar a hablar con los Scouts sobre materiales apropiados para su edad para bebés y niños pequeños.

Materiales

- Variedad de juguetes apropiados para la edad para bebés y niños pequeños de varias edades
- Un director de preescolar para hablar sobre materiales apropiados para la edad para bebés y niños pequeños

Buscando Direcciones

- A medida que lleguen los Scouts, tendrán los juegos, juguetes y artículos para bebés y niños pequeños en exhibición. Deja que los Scouts los miren y digan si juegan con cualquiera de los juguetes o juegos.

- Pide a un voluntario que lea la sección "Aprender los Fundamentos" de la sección "Niños, Bebés y sus Padres". Repasa con los Scouts algunas de las diferencias entre bebés y niños pequeños.

- Pide a un voluntario que lea Proverbios 22:6. Discute con los Scouts cómo jugar con los niños puede entrenarlos, de acuerdo con la Palabra de Dios. Los Scouts pueden leer un libro de historias Bíblicas o cantar una canción de la Biblia a los niños para enseñarles acerca de Dios.

- Si programa un director de preescolar, deja que la persona comparta las características de edad y describa los materiales adecuados para cada grupo de edad.

- Que los Scouts se dividan en grupos o compañeros y practiquen cómo leerán a niños pequeños o a bebés. (Puedes hacer que practiquen la lectura de un bebé con una muñeca o con un niño pequeño colocando la muñeca en una silla, o sentando la muñeca en su regazo y leyendo).

- De la misma manera, saca a la luz juegos y juguetes apropiados para la edad de los bebés y niños pequeños. Explica cualquier problema de seguridad y permite a los Scouts practicar cómo usarían estos juguetes y juegos con niños pequeños.

- Introduce algunas canciones que los Scouts pueden enseñar a los niños pequeños que están cuidando. Elige una o dos canciones para enseñar a los Scouts. Elige canciones que tengan movimientos de las manos y sean optimistas y activas.

- Termina la sesión agradeciendo a Dios por las nuevas habilidades de Cuidado de Niños que los Scouts están aprendiendo. Agradece a Dios por mostrarnos cómo trabajar y jugar con niños pequeños y bebés. Pídele a Dios que le dé a los Scouts sabiduría para saber cómo ayudar a los niños a sentirse seguros.

PROYECTOS MINISTERIALES: Sesión 4

Elige y completa uno o más proyectos en la sección *Ir, Servir* de esta insignia. Si seleccionaste un proyecto que combine dos insignias, considera el número de semanas que tarda en completar los requisitos de insignia para ambas. Hay infinitas combinaciones de proyectos ministeriales que se pueden hacer. Usa tu imaginación. Adapta los proyectos ministeriales para satisfacer las necesidades de los Scouts, sus familias y la iglesia. Considere la posibilidad de tener una noche de visitante.

Mirada más DE Cercana!

La mejor manera de ganar experiencia cuidando bebés y niños pequeños es realmente ver bebés y niños pequeños en acción. Invita a los padres con niños pequeños a venir a visitar tu clase y explicar lo que a sus hijos les gusta hacer para divertirse.

¡Envuélvelo!

Pídales a los Scouts que respondan las preguntas para reflexionar sobre lo que han aprendido a través de esta insignia de Cuidado de Niños.

CIUDADANÍA

Bases Bíblicas: "Nuestra ciudadanía está en el cielo. Y desde allí esperamos ansiosamente un Salvador, el Señor Jesucristo." (Filipenses 3:20)

Punto Bíblico: Los Cristianos necesitan servir a Dios y a los demás (la comunidad).

Meta de la Insignia:

- Los Scouts deben entender las cualidades de un buen ciudadano.
- Los Scouts deben aprender información sobre el gobierno local, estatal / provincial y nacional.
- Los Scouts pueden ser introducidos en un proyecto opcional de ministerio usando habilidades de Ciudadanía.

Valor Fundamental: Misiones. Lee la información acerca de Harmon Schmelzenbach. Dejó su país natal para ir a África a contarles a los africanos acerca de Jesús. En el reino espiritual, los cristianos son todos ciudadanos de la familia de Dios, independientemente de donde vivan.

Plan de Acción

Los Scouts están expandiendo su visión más allá de la escuela y la familia a la comunidad y el país. Ellos son más conscientes de los eventos nacionales como ver la televisión y ver informes instantáneos de los principales eventos en toda la nación. Construye sobre su creciente interés mientras los ayudas a aprender sobre la Ciudadanía.

Social

PLANIFICADOR DE INSIGNIAS

Sesión

1 Los Scouts participarán en un proyecto de servicio a nivel comunitario. Aprenderán que el primer paso para ser un buen ciudadano es ser activo en la comunidad.

2 Los Scouts aprenderán información básica sobre el gobierno local, estatal / provincial y nacional. Discutirán los acontecimientos actuales.

3 Los Scouts participarán en un proyecto de ministerio compasivo para mostrar el cuidado de los miembros de la comunidad o la iglesia.

4 Los Scouts pueden ser introducidos a un proyecto opcional de ministerio usando habilidades de Ciudadanía.

Requisitos ✓ de Insignia

Elige cuatro de los cinco requisitos para completar la insignia de Ciudadanía.

☐ Ayudar con un proyecto de servicio comunitario.

☐ Aprender información básica sobre el gobierno local, estatal / provincial y nacional.

☐ Aprender las promesas a tu bandera nacional ya la bandera Cristiana.

☐ Participar en un proyecto de ministerios compasivos para beneficiar a la comunidad o la iglesia.

☐ Encontrar una manera de usar las habilidades de la Ciudadanía para ministrar a alguien más.

¡SeRViR!

Los Scouts pueden usar cualquiera de estas sugerencias para los proyectos ministeriales. (Los proyectos ministeriales son opcionales y no se requieren para completar los requisitos de la insignia.)

100 Completar los requisitos para la insignia de Ciudadanía.

200 Requisitos de uso para esta insignia, completar un proyecto ministerial. Considera un proyecto para limpiar una sección de la comunidad o proporcionar flores o arbustos.

300 Combinar habilidades de Ciudadanía y Hospitalidad. Organiza una fiesta para los niños en la iglesia. Invita a un orador especial de la comunidad para hablar sobre cómo los niños pueden ayudar a la comunidad.

Social

PALABRAS PARA SABER

Ciudadanía: Pertenecer a una comunidad.

Comunidad: Un grupo de personas que viven cerca el uno del otro y comparten intereses

Responsabilidad: Hacer tu parte para ayudar. La gente puede confiar en ti si eres responsable

PREPARADOS . . . LISTOS . . . FUERA

¡ACTO! Sesión 1

Los Scouts participarán en un proyecto de servicio comunitario.

Antes de esta sesión, planifica que tu grupo Scout participe en un proyecto de servicio comunitario local. Luego, has arreglos para el transporte. Informa a los padres antes de tiempo, y pide a todos los padres firmar los formularios de permiso cuando dejen a sus hijos.

Materiales

- Transporte
- *Estudiante Scout*
- Un globo
- Formularios de permiso para todos los estudiantes

Buscando Direcciones

- A medida que lleguen los Scouts, deja que se turnen girando un globo y apuntando a un lugar en él. Pregunta: *¿Les gustaría ser ciudadano de este lugar? ¿Por qué?* Después de que los Scouts respondan, di: *Hoy vamos a aprender sobre la buena ciudadanía. Los buenos ciudadanos son activos en sus comunidades. Como Cristianos, Dios quiere que ayudemos a otros.*

- Deja que voluntarios lean el versículo de la Biblia, la sección "¿Qué Puedes Hacer Con Esta Habilidad?", requisitos de la insignia, "ABC de la Ciudadanía" y palabras de vocabulario. Que los Scouts lean y completen la sección de "Responsabilidades" del *Estudiante Scout*.

- Participa en el evento de la comunidad. Después, di: *Ayudando hoy, hemos sido buenos ciudadanos.*

- Antes de cerrar, lee Filipenses 3:20. Di: *Los Cristianos no son sólo ciudadanos de sus países, sino ciudadanos del cielo. Eso significa que seguimos las reglas de Dios así como las leyes de la tierra.* Pregunta, *¿Cuáles son algunas de las maneras en que podemos ser buenos ciudadanos de nuestra comunidad? ¿Cómo podemos ser un buen ciudadano del cielo?*

Cierra en oración. Agradece a Dios por ayudar a los Scouts a ser buenos ciudadanos.

¡CONSCIENTE! Sesión 2

Los Scouts aprenderán información básica sobre el gobierno local, estatal / provincial y nacional.

Antes de esta sesión, familiarízate con tus líderes locales, estatales, provinciales, gubernamentales y eventos actuales! Encuentra una revista de noticias amigables para niños para que el grupo la lea.

Materiales

- Periódico local reciente
- Reciente periódico o revista nacional
- Nombres y direcciones de los líderes mencionados en el *Estudiante Scout*
- Papelería y lápices

Buscando Direcciones

- Cuando los Scouts lleguen, pídeles que cuenten lo último que aprendieron de las noticias.
- Permite que los Scouts exploren los periódicos. Discute los acontecimientos actuales.
- Ayuda a los estudiantes a completar la información en el *Estudiante Scout* sobre el gobierno local, estatal, provincial y nacional. Ayuda a los Scouts a encontrar las respuestas. Si el tiempo lo permite, deja que los Scouts escriban una breve nota a varios de los líderes para expresar su aprecio por lo que hacen.
- Lee Filipenses 3:20. Di: *No somos sólo ciudadanos de nuestro país, sino como cristianos, somos ciudadanos del cielo. Necesitamos orar por los líderes del gobierno que enumeramos hoy.* Deja que los Scouts se turnen orando una oración por cada uno de los líderes que escribieron en sus libros. Ciertamente pedimos a Dios que ayude a los Scouts a ser buenos ciudadanos.

¡CUIDADO! Sesión 3

Los Scouts participarán en un proyecto para ayudar a la comunidad.

Antes de esta sesión, configura un pequeño proyecto de servicio para que los Scouts completen en la sesión. Luego, que los Scouts completen un proyecto de ministerio compasivo para ayudar a la comunidad.

Materiales

- Los suministros varían según el proyecto que elijas
- Orador invitado de una organización de servicio comunitario

■ Que los Scouts practiquen recitando las promesas a la bandera nacional y a la bandera Cristiana.

■ Repasa la información del *Estudiante Scout* con el grupo. Di: ***Dios quiere que obedezcamos las leyes de nuestro país. Él también quiere que obedezcamos Sus leyes.***

■ Introduce un representante de una organización de servicio comunitario. Deja que el orador diga cómo su grupo sirve a la comunidad. Luego, que los Scouts participen en un proyecto de ministerio compasivo. Se creativo, pero mantenlo lo suficientemente simple como para encajar en esta sesión.

■ Cierra esta sesión leyendo Filipenses 3:20. Que los Scouts revisen lo que han aprendido sobre la ciudadanía. Señala que cuando naces en un país, te conviertes en un ciudadano naturalista de ese país. Para llegar a ser un ciudadano del cielo, tienes que nacer en la familia de Dios, convertirte a Cristiano. Para hacer esto, necesitas pedirle a Dios que perdone tus pecados y convertirte en Su hijo. Si alguno de los Scouts responde a la invitación a convertirse en ciudadano del cielo, usa el folleto *Mi Mejor Amigo, Jesús* o el ABC de Salvación.

Cierra en oración, agradeciendo a Dios que podemos tener la ciudadanía en un país aquí y también en el cielo.

PROYECTOS MINISTERIALES: Sesión 4

Elige y completa uno o más proyectos en la sección *Ir, Servir* de esta insignia. Si seleccionaste un proyecto que combina dos insignias, considera el número de semanas que tarda en completar los requisitos de insignia para ambas. Hay infinitas combinaciones de proyectos ministeriales que se pueden hacer. Usa tu imaginación. Adapta los proyectos ministeriales para satisfacer las necesidades de los Scouts, sus familias y la iglesia.

¡Envuélvelo!

Que los Scouts respondan las preguntas para reflexionar sobre lo que han aprendido a través de esta insignia de Ciudadanía.

EMPRESA

Bases Bíblicas: "No uses normas deshonestas al medir longitud, peso o calidad." (Levítico 19:35)

Punto Bíblico: Honra a Dios en todo lo que haces.

Meta de la Insignia:

■ Los Scouts aprenderán cómo crear, desarrollar y vender un producto o servicio. Sabrán cómo dar una presentación de ventas a un cliente.

■ Los Scouts aprenderán cómo mantener registros financieros y de ventas para su negocio.

■ Los Scouts encontrarán una manera de usar las habilidades Empresariales para ministrar a alguien más.

Valor Fundamental: El Carácter. Lee la información acerca de Audrey Williamson. Audrey creció en un hogar Cristiano y se le enseñó la importancia de la honestidad y la integridad. Este país necesita más dueños de negocios que sean honestos y traten de ayudar al cliente. Los Scouts pueden aprender la importancia del carácter Cristiano a medida que comienzan sus negocios.

Plan de Acción

Los niños están creciendo en una cultura definida por la ganancia y la codicia. Algunas compañías han lanzado, por completo, la ética empresarial y las prácticas adecuadas por la ventana. Por lo tanto, la insignia Empresa tiene un doble propósito. En primer lugar, la insignia Empresa está diseñada para enseñar a los Scouts habilidades en el área de creación de un negocio y la venta de un producto o servicio. Segundo, esta insignia utilizará las actividades de la sesión como una oportunidad para enseñar a los Scouts la importancia de honrar a Dios en todo lo que hacen. En un mundo que quiere obligarnos a segmentar nuestras vidas en lo espiritual y lo no espiritual, queremos enseñarles a los niños que Dios debe ser parte de sus vidas enteras.

social

273

PLANIFICADOR DE INSIGNIAS

Sesión

1 Los Scouts desarrollarán su producto o servicio, harán un inventario de sus recursos y revisarán el costo de producir su producto.

2 Los Scouts practicarán técnicas para ayudarles a vender su producto. Esto incluye el aprendizaje de las *"Cinco Cualidades Fabulosas de un Asociado de Ventas"*.

3 Los Scouts crearán un libro de registro para llevar un registro de sus productos y ventas.

4 Los Scouts pueden participar en un proyecto opcional de ministerio usando las habilidades de la insignia Empresa.

Requisitos ✓ de Insignia

Elige cuatro de los cinco requisitos siguientes para completar la insignia de Empresa.

☐ Desarrollar un producto o servicio que puedas vender.

☐ Crear un anuncio comercial para tu empresa.

☐ Enumerar las *"Cinco Cualidades Fabulosas de un Asociado de Ventas"*.

☐ Crear un cuaderno financiero para mantener tus registros financieros.

☐ Encontrar una manera de usar las habilidades Empresariales para ministrar a alguien más.

¡SERVIR!

Los Scouts pueden usar cualquiera de estas sugerencias para los proyectos ministeriales. (Los proyectos ministeriales son opcionales y no se requieren para completar los requisitos de la insignia.)

100 Completar los requisitos para la insignia Empresa.

200 Usa los requisitos para que la insignia como un proyecto ministerial que sirva a otras personas. Designa una cantidad fija de servicios o productos que donar sin cargo alguno.

300 Combina las habilidades de la insignia Empresa y la insignia Tecnología. Crea un vídeo que resalte una necesidad financiera (reproductor de DVD, utensilios de cocina, juguetes para la guardería, etc.) en la iglesia. Que la gente done dinero para el producto o servicio. Las donaciones se destinarán a la compra del artículo que hayas seleccionado.

Social

PALABRAS PARA SABER

Empresa: Una negocio

Asociado de Ventas: Una persona que vende productos o servicios para una empresa específica.

Registros: Un listado que incluye los detalles de tus ventas (producto vendido, precio del producto, cliente, fecha de venta).

Producto: Un artículo que intentas vender. Un ejemplo de un producto sería una camiseta.

Servicio: Una actividad que estás intentando vender. Un ejemplo sería cortar césped.

PREPARADOS . . . LISTOS . . . FUERA

GRAN NEGOCIO: Sesión 1

Los Scouts seleccionarán un producto o servicio para vender después de analizar su ubicación, recursos y costo. Luego, desarrollarán una declaración de misión, decidirán cómo anunciarán, escribirán un eslogan y crearán una pieza publicitaria.

Antes de esta sesión, recoge los materiales. Los Scouts seleccionarán los artículos que quisieran utilizar para su campaña publicitaria.

Materiales

■ Pizarra y marcadores
■ Bolígrafos y / o lápices
■ Cámara de vídeo
■ Computadora (equipado con software de publicación)
■ Cámara digital o Polaroid
■ Cartulina y varios materiales de artesanía

■ Cuando los Scouts lleguen, deja que escriban en la pizarra los productos y servicios que los niños pueden vender. Que voluntarios lean el versículo de la Biblia, la sección "¿Qué Puedes Hacer Con Esta Habilidad?", los requisitos de la insignia, las cuestiones de seguridad y las palabras del vocabulario. Que los Scouts completen la sección "Preguntas de Cualquier Persona".

■ Luego, deja que los Scouts desarrollen un anuncio usando la información que han decidido. Si tienes un grupo grande, puedes crear dos grupos y hacer que cada grupo desarrolle una pieza de publicidad separada.

■ Cierre la sesión leyendo nuevamente Levítico 19:35. Di: *Es fácil actuar como un Cristiano delante de nuestros padres o en la iglesia. Sin embargo, es mucho más difícil honrar a Dios dónde estamos y en todo lo que hacemos. Una vida que honra a Dios fue el deseo de Audrey Williamson. Ella era conocida por su carácter Cristiano. Como esposa, madre, esposa del pastor, esposa de un superintendente general, modeló la vida Cristiana. Dios quiere que le honren en la iglesia, en casa, en la escuela, en el patio de recreo, mientras hacen su tarea o una prueba, cuando la gente está mirando, y cuando no lo están. Honra a Dios en todo lo que hagas.*

Cierre esta sesión en oración. Pídele a Dios que ayude a los Scouts a honrarlo dondequiera que estén.

LOS FABULOSOS CINCO: **Sesión 2**

Los Scouts aprenderán sobre las cualidades de un asociado de ventas y empezarán a practicar su monólogo de ventas.

Antes de esta sesión, recopila los elementos sugeridos en el "Materiales". Asigna un lugar en la sala para que grabes a cada Scout dando el monólogo de ventas. Esta área debe estar a un lado y libre de la mayoría de ruido y distracciones.

Materiales

■ Bolígrafos y/o lápices
■ Cámara de vídeo

■ Habla acerca de productos o servicios que los niños pueden vender.

■ Que los Scouts desarrollen un monólogo de ventas. Un monólogo de ventas debe consistir en su nombre, el producto / servicio que están vendiendo, por qué están vendiendo el producto / servicio, una descripción del producto / servicio y por qué el cliente se beneficiaría del producto / servicio.

■ Luego, que los Scouts graben sus monólogos. Esto les dará a los Scouts la oportunidad de criticar su técnica.

■ Concluye esta sesión leyendo Levítico 19:35. Que los Scouts hagan dos listas. Una lista debe incluir acciones que honren a Dios. La otra lista debe ser acciones que no honran a Dios.

Cierra en oración. Pídele a Dios que ayude a los Scouts a hacer que lo honren.

¡SEGUIMIENTO DE VENTAS! Sesión 3

Los Scouts crearán un cuaderno para ayudarles a rastrear sus ventas, productos, clientes, costos y ganancias.

Materiales

Antes de esta sesión, reúne los materiales enumerados en el "Materiales".

■ Cuaderno en espiral (uno para cada Scout)

■ Computadora con software de publicación (opcional)

■ Carpeta de tres anillos (una por Scout, necesaria sólo si no se usa la computadora)

■ Materiales de artesanía (pegatinas, brillos, reglas, pegamento, marcadores, crayones, etc.)

🧭 Buscando Direcciones

■ Que los voluntarios lean la información del *Estudiante Scout*. Que los Scouts registren su información de ventas. Los Scouts usarán la información para crear un cuaderno para mantener un registro de sus ventas y finanzas.

Que los Scouts diseñen el bloc de notas para reflejar su producto. Siéntete libre de hacer adiciones a la información descrita en el libro del estudiante. El portátil debe ser adaptado para satisfacer las necesidades del producto o servicio de sus Scouts.

■ Lee Levítico 19:35. Que los Scouts discutan las maneras en que su negocio honra a Dios. Señala que Dios quiere que los Scouts le honren en cada área de sus vidas.

Cierre en oración.

PROYECTOS MINISTERIALES: **Sesión 4**

Elige y completa uno o más proyectos en la sección *Ir, Servir* de esta insignia. Si seleccionaste un proyecto que combina dos insignias, considera el número de semanas que tarda en completar los requisitos de insignia para ambas. Hay infinitas combinaciones de proyectos ministeriales que se pueden hacer. Usa tu imaginación. Adapta los proyectos ministeriales para satisfacer las necesidades de los Scouts, sus familias y la iglesia. Considera la posibilidad de tener una noche de visitante.

¡Envuélvelo!

Pide a los Scouts que respondan a las preguntas para reflexionar sobre lo que han aprendido a través de la insignia Empresa.

HOSPITALIDAD

Bases Bíblicas: "Todos los días continuaban reuniéndose en las canchas del templo. Compartieron pan en sus hogares y comieron juntos con corazones alegres y sinceros, alabando a Dios y disfrutando del favor de todo el pueblo. Y el Señor añadía diariamente a los que estaban siendo salvos." (Hechos2:46-47)

Punto Bíblico: La Biblia nos enseña que debemos tratar a los demás con respeto. La hospitalidad es una manera de tratar a los demás con este honor especial. La hospitalidad responde al llamado de Jesús para dar la bienvenida al extraño y amar a los que no tienen amor. La hospitalidad es más que simplemente ser agradable. Incluye llegar a aquellos que no son Cristianos y darles la bienvenida a la familia de Dios.

Meta de la Insignia:

- Los Scouts aprenderán lo que significa la hospitalidad y cómo deben tratar a los huéspedes.
- Los Scouts sabrán que el amor de Dios es la razón para mostrar hospitalidad a los demás.
- Los Scouts serán presentados a un proyecto opcional de ministerio usando sus nuevas habilidades de Hospitalidad.

Valor Fundamental: Las Misiones. Lee la información acerca de Harmon Schmelzenbach. Dios le pidió a Harmon que compartiera el evangelio con la gente de África. Harmon tuvo que aprender muchas cosas nuevas sobre la cultura Africana. Mientras aprendía las costumbres Africanas y trataba a la gente con amor y respeto, los africanos estaban dispuestos a escucharlo mientras compartía el evangelio con ellos.

Plan de Acción

La Hospitalidad introduce a los Scouts a muchos maravillosos hábitos de toda la vida. Esta habilidad incorpora los temas básicos de ser educado y tener una preocupación divina por los demás. Los Exploradores aprenderán maneras en que las pueden mostrar el amor de Dios a través de la hospitalidad.

Social

279

PLANIFICADOR DE INSIGNIAS

Sesión

1 Los Scouts aprenderán sobre la hospitalidad y la ayuda. Los Scouts crearán una "Lista de 10 Cosas Que Harán Que la Gente Se Sienta Incómoda".

2 Los Scouts aprenderán sobre la hospitalidad y compasión. Crearán una "Lista 10 de Cosas Que Hacen Que la Gente Se Sienta Cómoda".

3 Los Scouts invitarán a los visitantes a una casa abierta o fiesta. Los Scouts practicarán mostrar hospitalidad a los huéspedes.

4 Los Scouts pueden participar en un proyecto opcional de ministerio usando las habilidades de Hospitalidad.

Requisitos ✓ de Insignia

Elige cuatro de los cinco requisitos a continuación para completar la insignia de Hospitalidad.

☐ Ayudar a dos personas con algo que necesitan antes de que te pidan ayuda.

☐ Hacer una lista de cosas que hace que la gente se sienta cómoda y una lista de cosas que hace incómoda a la gente.

☐ Explicar cinco maneras en que los Scouts pueden utilizar las habilidades de Hospitalidad para alentar a otros.

☐ Planificar una fiesta. Siguiendo las pautas de hospitalidad, has que la gente se sienta cómoda y bienvenida.

☐ Encontrar una manera de usar las habilidades de Hospitalidad para ministrar a otra persona.

RECURSOS

Social

- Invitado: invita a un orador de tu iglesia que ayude a proveer shows de boda y/o cenas funerarias para tu congregación local. Pide a esta persona que diga las habilidades que usa para ayudar a las personas que están teniendo estrés o dolor.

¡A SERVIR!

Los Scouts pueden usar cualquiera de estas sugerencias para los proyectos ministeriales. (Los proyectos ministeriales son opcionales y no se requieren para completar los requisitos de la insignia.)

100 Completar los requisitos para la insignia Hospitalidad.

200 Requisitos de uso para esta insignia, completar un proyecto ministerial. Considera la posibilidad de hacer un folleto sobre las habilidades de Hospitalidad y presentarlo a otra clase.

300 Combina las habilidades para las insignias de Hospitalidad y Cuidado de Niños. Planea una fiesta para una clase más joven. Juega juegos que enseñen a los niños más pequeños buenos modales.

PALABRAS PARA SABER

Hospitalidad: Buscar maneras de hacer que los que te rodean se sientan cómodos.

Servicial: Ofrecer tu ayuda antes de que se te pidan.

Compasión: Ver a otros en necesidad y satisfacer esa necesidad mientras no esperas nada a cambio.

PREPARADOS...LISTOS...FUERA

¡LA HOSPITALIDAD ES AYUDA! Sesión 1

Los Scouts aprenderán sobre la importancia de ofrecer ayuda antes de que alguien les pida.

Antes de esta sesión, utiliza fotos, cuadros y papel construcción para hacer carteles de maneras en que los Scouts pueden ayudar a sus padres, hermanos, amigos, maestros, etc. Crea al menos cuatro de estos carteles. También haz una lista de cosas que los Scouts pueden hacer para ayudar a preparar para la sesión o limpiar después.

Materiales

- Papel construcción
- Pegamento
- Pizarra marcador y marcadores
- Fotos de revistas de situaciones donde los Scouts podrían ayudar a alguien
- Una lista de situaciones de juego de rol para que tus Scouts ofrezcan ayuda a alguien en necesidad
- Carteles con fotos de revistas que representan situaciones donde los Scouts pueden ofrecer su ayuda

281

Buscando Direcciones

- En la pizarra, escribe "Buenas Modales" y "Malos Modales". Proporciona marcadores y permite que los Scouts escriban en estilo grafiti algunos ejemplos de cada uno.

- Que voluntarios lean el versículo Bíblico, la sección "¿Qué Puedes Hacer Con Esta Habilidad?", los requisitos de la insignia y las palabras del vocabulario.

- Permite que los Scouts escriban en sus libros, en "Corazones Serviciales", tiempos o maneras en que han disfrutado de ayudar a sus amigos o familiares en el pasado.

- Que los Scouts formen juntos lo que pueden buscar como signos de que sus amigos o familiares necesitan ayuda de ellos. Que los estudiantes escriban sus respuestas en su libro.

- Haz juego de roles con los Scouts en diferentes escenarios en los que podrían ofrecer su ayuda. Utiliza las situaciones de juego de rol que has generado.

- Que los Scouts creen una "Lista de 10 Cosas Que Harán Que la Gente Se Sienta Incómoda". Escríbelas en la pizarra. A continuación, discute cosas específicas que hacer para evitar esas cosas o superarlas.

- Utiliza los carteles que hiciste para discutir con los Scouts sus actitudes para ayudar. Señala la importancia de los corazones sinceros y una buena actitud positiva al ofrecer ayuda.

- Lee Hechos 2:46-47. Pregunta: *¿Cómo creen ustedes que estos Cristianos se sentían unos sobre otros?* (Dejen que los Scouts respondan.) *Estaban felices y listos para ayudarse mutuamente de cualquier manera que pudieran. El Valor Fundamental de esta insignia es Misiones. Harmon Schmelzenbach fue a África para enseñar a la gente acerca de Jesús. ¿Qué crees que comió cuando visitó los hogares africanos?* (Deja que los Scouts respondan.) *Harmon compartió alegremente la comida de los Africanos, y trató de seguir sus costumbres. Esto le valió en respeto y le dio la oportunidad de contarles a los africanos acerca de Jesús.*

Cierre en oración, agradeciendo a Dios por darnos la habilidad de ayudar a la gente.

¿Estás buscando una excursión interesante? Lleva a tu grupo a un refugio familiar y que tus Scouts ayuden con un proyecto allí. Esta es una gran manera para que los Scouts muestren habilidades de Hospitalidad ayudando a aquellos que realmente están en necesidad.

HOSPITALIDAD ES COMPASIÓN: **Sesión 2**

Los Scouts aprenderán el lado compasivo de la hospitalidad.

Antes de esta sesión, recopila materiales. Si es posible, pide al director de un refugio familiar o al director de una despensa de alimentos que hable con los Scouts.

Materiales

■ Cartulina o tablero marcador con utensilios de escritura apropiados
■ Director de un refugio familiar o de despensa de alimentos

Buscando Direcciones

■ Que voluntarios lean el versículo de la Biblia y la sección "¿Qué es la Compasión?".

■ Lee y discute la sección "Algunas Maneras de Mostrar Hospitalidad a Través de la Compasión".

■ Que los Scouts creen una "Lista 10 de Cosas Que Hacen Que la Gente Se Sienta Cómoda".

■ Introduce al director de un refugio familiar o de una despensa de alimentos. Deja que la persona cuente su trabajo. Deja que el orador diga cómo los Scouts podrían ayudar a alentar a una persona necesitada.

■ Proporciona un tiempo tranquilo durante el cual los Scouts registrarán en sus libros maneras específicas de mostrar hospitalidad durante las próximas semanas.

■ Señala que el Valor Fundamental de esta insignia es Misiones. Lee Hechos 2:46-47. Los primeros Cristianos sufrieron persecución por su fe en Jesús. Sin embargo, trabajaron juntos y se apoyaron mutuamente. Suplían las necesidades de cada uno. Muchas personas creyeron en Jesús y se convirtieron en Cristianos cuando vieron la compasión mostrada por los Cristianos.

Cierre en oración. Pídele a Dios que ayude a los Scouts a mostrar hospitalidad a los necesitados.

FIESTA CORTESÍA: **Sesión 3**

Los Scouts aprenderán cómo prepararse para una fiesta.

Antes de esta sesión, que los Scouts ayuden a configurar la fiesta. Discute la importancia de estar listo antes de que lleguen tus invitados.

Materiales

■ Suministros para la fiesta
■ Un juego de tipo mezclador

- Que los Scouts ayuden a preparar la sala para la fiesta. Si es apropiado, usa las "Listas Top 10" para recordar a los Scouts que hace que la gente se sienta cómoda o incómoda.
- Haz Juego de roles con tus estudiantes sobre la manera correcta de presentar a los invitados entre sí.
- Invita a los padres de los Scouts para la segunda parte de la sesión. Pide a los estudiantes que les presenten sus compañeros a sus padres. Juega un juego de tipo mezclador.
- Que los Scouts sirvan la comida y visiten informalmente con tantas personas como sea posible. (Que los Scouts ayuden con la limpieza.)
- Lee Hechos 2:46-47. Deja que un voluntario muestre brevemente lo que los Scouts han aprendido a través de esta insignia sobre la hospitalidad.

Cierre en oración. Agradece a Dios por todas Sus bendiciones. Agradece a Dios por los Scouts y sus familias.

PROYECTOS MINISTERIALES: Sesión 4

Elige y completa uno o más proyectos en la sección *Ir, Servir* de esta insignia. Si seleccionaste un proyecto que combina dos insignias, considera el número de semanas que tarda en completar los requisitos de insignia para ambas. Hay infinitas combinaciones de proyectos ministeriales que se pueden hacer. Usa tu imaginación. Adapta los proyectos ministeriales para satisfacer las necesidades de los Scouts, sus familias y la iglesia. Considere la posibilidad de tener una fiesta para dar la bienvenida a nuevos visitantes en su beca de la iglesia.

¡Envuélvelo!

Que los Scouts respondan las preguntas para reflexionar sobre lo que han aprendido a través de esta insignia de Hospitalidad.

Tabla de Asistencia

Mes																					
Día																					
Nombre de estudiante																					

Registro Individual de Seis Años

Las siguientes 3 páginas contienen el *Registro Individual de Seis Años.*

Instrucciones: (1) Escriba el año en la parte superior de la columna de rango, (2) Escriba el mes y día en que el niño completa cada insignia o proyecto de ministerio en la columna "Fecha", (3) Premios Bunker, Winans, Lilenas y Bresee los requisitos se enumeran a continuación. Escriba la fecha en el espacio en blanco cuando se complete.

Nota: La medalla de premio Milton Bunker no es necesaria para la Medalla del Premio Phineas F. Bresee.

Premio Bunker: Completar ANTES de ingresar al 3er Grado.
_____ Todas los "Yo Creo"   _____ Todas las Insignias

Premio Winans: Completar ANTES de ingresar al 5to grado.
_____ Completó 16 insignias para los años 3 y 4
_____ 2 proyectos Ministeriales   _____ 4 Valores Fundamentales

Premio Lillenas: Complete ANTES de ingresar al 7° grado.
_____ Completó 16 insignias para los años 3 y 4
_____ 2 proyectos Ministeriales   _____ 4 Valores Fundamentales

Premio Bresee: Complete todos los requisitos para los premios Winans y Lillenas ANTES de ingresar al 7° grado.

Nombre del Niño: _____

Dirección: _____

Cumpleaños: _____ Teléfono: _____

Nombre de los Padres: _____

Correo/E-mail: _____

Año 1 o 2		Año 1 o 2	
Buscador Cazador		**Buscador Investigador**	
Fecha		Fecha	
	Yo Creo		**Yo Creo**
	Dios		Dios
	La Biblia		La Biblia
	El Pecado y La Salvación		El Pecado y La Salvación
	La Vida Cristiana		La Vida Cristiana
	Jesús, Nuestro Salvador		Jesús, Nuestro Salvador
	La Iglesia		La Iglesia
	Físico		**Físico**
	Deportes y Aptitud		Seguridad en Bicicleta
	Cuidado Personal		Manualidades
	Seguridad		Dios Mi Hizo
	Social		**Social**
	Familia		Niño del Rey
	Modales		Planificación de Fiestas
	Amigos		Deportividad
	Mental		**Mental**
	Arte		Cocina
	Mascotas		Bandera
	Dinero		Música
	Espiritual		**Espiritual**
	Oración		La Biblia
	Nuestra Iglesia		Mayordomía
	Mi Biblia		Misiones
	Aire Libre		**Aire Libre**
	Botánica		Acampar
	Aves		Día de Campo
	Reciclaje		Medio Ambiente

Nombre de Niño: _____

	Año 3 o 4		Año 3 o 4
	Explorador Centinela		**Explorador Scout**
Fecha		Fecha	
	Artículos de Fe		**Artículos de Fe**
	1. El Dios Trino		5. Pecado
	2. Jesucristo		6. Expiación
	3. El Espíritu Santo		7. Libre Albedrío
	4. La Biblia		8. Arrepentimiento
	Valores Fundamentales		**Valores Fundamentales**
	Santidad		Misiones
	Evangelismo		Carácter
	Mental		**Mental**
	Cocinar		Coleccionando
	Música		Primeros Auxilios
	Cuidado de Mascotas		Equitación
	El Gran Aire Libre		Costura
	Clima		Tecnología
	Físico		**Físico**
	Gimnasia		Deportes de Acción
	Excursionismo		Manualidades
	Aptitud Física		Ciclismo
	Deportes de Nieve		Pesca
	Nadando		Deportes Acuáticos
	Espiritual		**Espiritual**
	Memoria Bíblica		Lectura de la Biblia
	Héroes de la Santidad		Ministerios Infantiles
	Oración		Discipulado
	Escuela Dominical		Mayordomía
	Social		**Social**
	Modales		Cuidado de Niños
	Mi Comunidad		Cuidadania
	Construcción de Equipos		Empresa
	Viaje		Hospitalidad
	Proyecto de Ministerio		**Proyecto de Ministerio**

Nombre de Niño: _____

Año 5 o 6			Año 5 o 6		
Aventurero Descubridor			**Aventurero Pionero**		
Fecha			Fecha		
	Artículos de Fe			**Artículos de Fe**	
	9. Justificación, Regeneración y Adopción			13. La Cena del Señor	
	10. Entera Santificación			14. Santidad Divina	
	11. La Iglesia			15. La Segunda Venida de Cristo	
	12. Bautismo			16. Resurrección, Juicio, Destino	
	Valores Fundamentales			**Valores Fundamentales**	
	Servicio			Educación	
	Compasión			Trabajo	
	Mental			**Mental**	
	Astronomía			Cuidado del Automóvil	
	Cocinar			Medio Ambiente	
	Jardinería			Primeros Auxilios	
	Lectura de Mapa			Internet	
	Fotografía			Periodismo	
	Físico			**Físico**	
	Tiro con Arco			Atletismo	
	Salud			Acampar	
	Cometas			Carpintería	
	Nutrición			Nudos	
	Deportes			Seguridad Personal	
	Espiritual			**Espiritual**	
	Estudio Bíblica			Vida Cristiana	
	Historia de la Iglesia			Evangelismo	
	Misiones			Iglesia Local	
	Adoración			Templanza	
	Social			**Social**	
	Drama			Niñera	
	Entretenimiento			Opciones de Carrera	
	Administración Personal			Comunicaciones	
	Marionetas			Cuidado Personal y Apariencia	
	Proyecto de Ministerio			**Proyecto de Ministerio**	

EL ABC DE LA SALVACIÓN

A
dmite que has pecado (hecho mal, desobedecido a Dios)

Dile a Dios lo que has hecho, arrepiéntete de ello y debes estar dispuesto a dejarlo.

Romanos 3:23 -"Por cuanto todos pecaron y están destituídos de la Gloria de Dios"

1 Juan 1:9 -"Si confesamos nuestros pecados, Él es fiel y justo para perdonarnos, y limpiarnos de toda maldad."

B
usca de Dios, proclama a Jesús como tu Salvador.

Dí lo que Dios ha hecho por tí. Ama a Dios y sigue a Jesús.

Juan 1:12 -"A todos los que le recibieron, a los que creen en su nombre, les dio potestad de ser hechos hijos de Dios."

Romanos 10:13 -"Todo aquel que invocare el nombre del Señor, ese será salvo."

C
ree que Dios te ama y envió a su Hijo, Jesús, para salvarte de tus pecados

Pide y recibe el perdón que Dios te está ofreciendo.

Ama a Dios y sigue a Jesús.

Juan 3:16 -"Dios amó tanto al mundo que dio a su Hijo Unigénito, para que todo aquel que en Él crea, no se pierda, más tenga vida eterna."

www.ingramcontent.com/pod-product-compliance
Lightning Source LLC
LaVergne TN
LVHW051622080426
835511LV00016B/2130